Die Beendigung von Schiedsvereinbarungen

AF837138

Europäische Hochschulschriften
European University Studies
Publications Universitaires Européennes

Reihe II **Rechtswissenschaft**
Series II Law
Série II Droit

Band/Volume **6062**

Christopher Benjamin Czibere

Die Beendigung von Schiedsvereinbarungen

PETER LANG

Bibliografische Information der Deutschen Nationalbibliothek
Die Deutsche Nationalbibliothek verzeichnet diese Publikation in der Deutschen Nationalbibliografie; detaillierte bibliografische Daten sind im Internet über http://dnb.d-nb.de abrufbar.

Zugl.: Düsseldorf, Univ., Diss., 2018

Gutachter:
Herr Professor Dr. Christian Kersting, LL.M. (Yale)
Frau Professorin Dr. Katharina Lugani.

D 61
ISSN 0531-7312
ISBN 978-3-631-78055-8 (Print)
E-ISBN 978-3-631-78190-6 (E-PDF)
E-ISBN 978-3-631-78191-3 (EPUB)
E-ISBN 978-3-631-78192-0 (MOBI)
DOI 10.3726/b15287

© Peter Lang GmbH
Internationaler Verlag der Wissenschaften
Berlin 2019
Alle Rechte vorbehalten.
Peter Lang – Berlin • Bern • Bruxelles • New York • Oxford • Warszawa • Wien

Das Werk einschließlich aller seiner Teile ist urheberrechtlich geschützt. Jede Verwertung außerhalb der engen Grenzen des Urheberrechtsgesetzes ist ohne Zustimmung des Verlages unzulässig und strafbar. Das gilt insbesondere für Vervielfältigungen, Übersetzungen, Mikroverfilmungen und die Einspeicherung und Verarbeitung in elektronischen Systemen.

Diese Publikation wurde begutachtet.

www.peterlang.com

Meinen Eltern

Vorwort

Die vorliegende Arbeit entstand zum großen Teil während meiner Zeit als wissenschaftlicher Mitarbeiter am Lehrstuhl für Bürgerliches Recht sowie deutsches und internationales Unternehmens-, Wirtschafts- und Kartellrecht an der Heinrich-Heine-Universität Düsseldorf.

Mein ganz besonderer Dank gilt zunächst meinem hochverehrten Doktorvater, Herrn Professor Dr. *Christian Kersting*, LL.M. (Yale), für das große Vertrauen und allzeit offene Ohr sowie die Unterstützung im Laufe der letzten Jahre. Seine Ratschläge und Hinweise haben einen ganz entscheidenden Teil zum Gelingen dieser Arbeit beigetragen. Ebenfalls sehr herzlich bedanken möchte ich mich bei Frau Professorin Dr. *Katharina Lugani* für ihre hilfreichen Anmerkungen sowie die zügige Erstellung des Zweitgutachtens. Mein Dank gilt ebenfalls Frau Professorin Dr. *Nicola Preuß* sowie Herrn Professor Dr. *Jan Busche* für die Mitwirkung an der Prüfungskomission. Ebenfalls großer Dank gebührt Frau *Monika Scheithauer* sowie dem gesamten Lehrstuhlteam für eine allzeit angenehme Atmosphäre sowie Unterstützung mit Rat und Tat.

Diese Arbeit wäre zudem nicht dieselbe gewesen ohne die vielen Diskussionen und hilfreichen Anmerkungen meiner Kollegen und Freunde sowie ihr außerordentlich hilfreiches Korrekturlesen. Hier sind insbesondere Herr Dr. *Alexander Belk*, LL.M. (Columbia), Herr Dr. *Sebastian Dworschak*, Herr Dr. *Sebastian Kleine*, Herr *Kay Pipoh*, Herr *Thomas Scherer* und Herr *Denis Schütz* zu nennen. Mein Dank gilt zudem Herrn *Yannick Niedergethmann* für die Inspiration hinsichtlich Disputationsvortragsthemen.

Zuletzt wäre diese Arbeit nicht möglich gewesen ohne die Unterstützung meiner Familie. Hier sind neben meinen Geschwistern und ihren Partnern zuvorderst meine Eltern, Frau *Maria* und Herr *Gabor Czibere*, zu nennen, die nicht nur meine Ausbildung, sondern meinen gesamten bisherigen Lebensweg erst ermöglicht und immer bedingungslos unterstützt haben.

Lima, im November 2018
Christopher Benjamin Czibere

Inhaltsübersicht

Inhaltsverzeichnis

Gegenstand der Untersuchung

Gegenstand dieser Arbeit ist die Untersuchung der Frage der Beendbarkeit von Schiedsvereinbarungen. Ausgangspunkt der Überlegung ist dabei, dass die Schiedsvereinbarung genau an der Schnittstelle von materiellem und prozessualem Recht angesiedelt ist und sich daraus eine Reihe von Wechselwirkungen und Spannungsfelder hinsichtlich der Beendigung einer Schiedsvereinbarung ergeben, die eine genauere Untersuchung verdienen.

Grundsätzlich gibt es zwei Ansatzpunkte, nach denen die Bindungswirkung einer Schiedsvereinbarung für Parteien entfallen könnte: auf der einen Seite eine materiell-rechtliche Beendigung der Schiedsvereinbarung, welche die Rechtsgrundlage für die schiedsrichterliche Streitbeilegung beseitigt und damit die Zuständigkeit der Schiedsgerichte entfallen lässt.

Fällt nicht schon die materielle Rechtsgrundlage weg, besteht auf der anderen Seite auch die Möglichkeit, dass es den Parteien nicht mehr möglich ist, sich noch auf die Schiedsvereinbarung zu berufen. Dieses prozessuale Element ist gerade in Ländern des Common-Law häufig anzutreffen. Das entsprechende Pendant im deutschen Recht wäre eine Verwirkung von Rechten aus der Schiedsklausel. Auf diese Problematik soll nicht eingegangen werden. Stattdessen konzentriert sich diese Arbeit auf die erste Frage, nämlich die Beendigung der vertraglichen Grundlage.

Der Schwerpunkt der Untersuchung liegt zunächst auf der (konsensualen) materiell-rechtlichen Beendbarkeit von Schiedsvereinbarungen. Im ersten Teil werden zunächst die Rechtsnatur der Schiedsvereinbarung und die Rechtsgrundlage des Schiedsverfahrensrechts herausgearbeitet, woraus sich ein Bewertungsmaßstab für die Beendigung ergibt. Ein Schwerpunkt liegt dabei auf der Untersuchung, ob die Schiedsvereinbarung auch nach dem neuen Schiedsverfahrensrecht seit 1998 noch eine privatautonome Alternative zur außergerichtlichen Streitbeilegung ist. In Teilen des Schrifttums wurde ihr durch Erweiterung der schiedsfähigen Streitgegenstände, der diskutierten Abkehr vom Prinzip der Notwendigkeit eines freiwilligen Abschlusses sowie der Behandlung als gleichwertige Alternative zum staatlichen Verfahren eine neue Charakteristik gegeben.

An diesen einleitenden Grundlagenteil schließt sich die Hauptuntersuchung an, welche sich in drei Abschnitte gliedert. Zunächst wird die beidseitige Beendbarkeit der Schiedsvereinbarung untersucht, insbesondere die Beendigung durch Aufhebungsvertrag. Im Anschluss daran werden die einseitigen

Beendigungsmöglichkeiten untersucht und zum Abschluss das Erlöschen der Schiedsvereinbarung *ipso iure*.

Im ersten Abschnitt zur beidseitigen Beendbarkeit wird zunächst überprüft, ob tatsächlich immer dann ein vertragliches Loslösen von der Schiedsvereinbarung möglich ist, wenn dies dem Willen der Parteien in diesem Moment entspricht, unabhängig von der Form oder der Art und Weise, in der dies geschehen soll, denn grundsätzlich findet die Privatautonomie immer dort ihre Grenze, wo die Parteien durch ihr Verhalten den (bindenden) gesetzlichen Rahmen verletzen[1].

Der zweite Abschnitt der Arbeit betrifft daran anschließend die einseitige Beendbarkeit von Schiedsvereinbarungen. Dabei wird schwerpunktmäßig auf die Beendbarkeit durch Kündigung oder durch Rücktritt eingegangen. Hier stellt sich insbesondere die Frage, welche Auswirkungen die im ersten Teil gewonnen Erkenntnisse über Rechtsnatur und privatautonomes Leitbild auf die unilaterale Beendbarkeit von Schiedsvereinbarungen haben. Weiterhin wird untersucht, ob gegebenenfalls zwischen „einfachen" Zweiparteienschiedsvereinbarungen, Schiedsvereinbarungen, welche mehrere Verträge erfassen oder einseitigen Optionsschiedsvereinbarungen differenziert werden muss.

Ebenso wird untersucht, ob bei der einseitigen Beendigung eine zeitliche Komponente zu beachten ist, es also einen Unterschied macht, wann die Beendigung der Schiedsvereinbarung angestrebt wird. Hier lassen sich grundsätzlich vier Zeiträume ausmachen, die eine Betrachtung verdienen: die Beendigung der Schiedsvereinbarung vor Beginn des Schiedsverfahrens, die Beendigung bei laufenden Verfahren, die Beendigung nachdem bereits ein Schiedsspruch erlassen wurde und letztlich eine Beendigung nach Vollstreckbarerklärung des Schiedsspruchs.

Der dritte Abschnitt der Arbeit untersucht sodann die Beendigung von Schiedsvereinbarungen *ipso iure*, das bedeutet ohne eigene Gestaltungserklärung der Parteien. Dabei wird analysiert, ob ein solches Erlöschen möglich ist, welche Rechtsnormen dafür als Grundlage dienen könnten und ob sich eine *ipso iure* Beendigung mit der Privatautonomie der Parteien in Einklang bringen lässt.

Zusammenfassend sind folgende Thesen zu untersuchen beziehungsweise zu überprüfen:

- Das Schiedsverfahrensrecht ist – auch nach neuem Schiedsrecht – immer noch eine auf der Privatautonomie basierende Möglichkeit der Streitbeilegung.

---

1 *Olzen* in Staudinger, BGB (2009), Einleitung zum Schuldrecht, Rn. 50.

- Für eine konsensuale Aufhebung der Schiedsvereinbarung ist der Gedanke der Privatautonomie der Leitgedanke. Eine Schutzwürdigkeit des Schiedsverfahrensrechts „als solches" gibt es nicht. Die Schiedsvereinbarung kann damit jederzeit, unabhängig von Form, Stand des Verfahrens oder Fristen aufgehoben werden. Dies gilt auch für eine teilweise Aufhebung der Schiedsvereinbarung.
- Die Parteien haben unter bestimmten Voraussetzungen während des gesamten Verfahrens die Möglichkeit, sich einseitig von der Schiedsvereinbarung zu lösen. Die Voraussetzungen hierfür bestimmen sich nach der Phase des Schiedsverfahrens.
- Der privatautonomen Natur der Schiedsvereinbarung widerspricht es nicht, dass diese unter bestimmten Voraussetzungen ohne Gestaltungserklärung einer Partei *ipso iure* erlischt.

Erster Teil: Rechtliche Einordnung der Schiedsvereinbarung

Bevor die Beendbarkeit von Schiedsvereinbarungen im Detail untersucht werden kann, ist eine Reihe von Vorfragen zu klären. Im ersten Schritt wird ein Überblick über die Rechtsnatur des Schiedsvertrages gewonnen, um sich auf diesem Wege der Schiedsvereinbarung rechtlich anzunähern (**A**). Im zweiten, zentralen Abschnitt des ersten Teils wird die erste These der Arbeit untersucht und die Frage beantwortet, ob das Schiedsverfahrensrecht (weiterhin) seine Basis in der Privatautonomie der Parteien findet (**B**). Dabei wird nach einer kurzen isolierten Einordnung der Privatautonomie sowie einer Auseinandersetzung mit den wesentlichen Grundbegriffen ein Schwerpunkt auf der Charakteristik des Schiedsverfahrensrechts in Deutschland ab der Reform im Jahre 1998 liegen. Im Anschluss daran werden die anwendbaren Rechtsvorschriften auf die Beendbarkeit der Schiedsvereinbarung bestimmt und damit die Grundlage der Untersuchung der folgenden Teile gelegt (**C**).

A. Rechtsnatur der Schiedsvereinbarung

Um sich mit den Beendigungsmöglichkeiten einer Schiedsvereinbarung auseinandersetzen zu können, stellt sich zunächst die Frage nach der Rechtsnatur der Schiedsvereinbarung. Denn nur wenn klar ist, welche Natur der Schiedsvereinbarung tatsächlich beigemessen werden kann, wird man auch untersuchen können, welche Maßstäbe zu der Beendbarkeit herangezogen werden können.

Die große Schwierigkeit bei der Bestimmung der Rechtsnatur der Schiedsvereinbarung liegt in ihrer Verortung an der Schnittstelle von materiellem und prozessualem Recht. Gerade weil sie Wirkungen in beiden Rechtsbereichen entfaltet, ist ihre Einordnung Gegenstand kontroverser Diskussionen sowohl im Schrifttum als auch der Rechtsprechung[2]. Nähert man sich der Frage abstrakt,

---

2 Neue Relevanz hat die Frage der Rechtsnaturbestimmung zuletzt vor dem Hintergrund des Inkrafttretens der Rom-1 Verordnung im Dezember 2012 erhalten. Anhänger der materiell-rechtlichen Theorien standen plötzlich vor dem Problem, dass die bisher angewendeten Kollisionsnormen der Art. 27 ff. EGBGB durch die Rom-1 VO ersetzt wurde, letztere aber gleichzeitig in Art. 1 Abs. 2 lit. e ausdrücklich die Anwendbarkeit auf Schiedsvereinbarungen ausschließt. Während die Vertreter der prozessualen Theorie weiterhin auf § 1059 Abs. 2 Nr. 1 lit. a ZPO abstellen konnten, war eine unmittelbar anwendbare materiell-rechtliche Kollisionsnorm nicht mehr vorhanden. Dies führte

kommen drei Vertragstypen in Betracht: ein materiell-rechtlicher Vertrag, ein Prozessvertrag sowie, als Mischform beider Varianten, ein doppelfunktionaler Vertrag mit sowohl prozessualer als auch materieller Rechtsnatur.

§ 1 Schiedsvereinbarungen als Prozessvertrag

Vielerorts wird die Schiedsvereinbarung als Prozessvertrag eingestuft[3]. Hierfür wird insbesondere angeführt, dass die primäre Rechtsfolge der Schiedsvereinbarung eine prozessuale sei, nämlich der Ausschluss des ordentlichen Rechtswegs bei gleichzeitiger Eröffnung der Zuständigkeit des Schiedsgerichts[4]. Dabei wird die Abgrenzung von Prozessvertrag und materiell-rechtlichem Vertrag anhand der Fallgruppen des „*Verpflichtungsvertrags*" auf der einen Seite, sowie des „*Verfügungsvertrags*" auf der anderen Seite vorgenommen[5]. Der Prozessvertrag sei demnach ein Verfügungsvertrag, weil er unmittelbar gestaltende Wirkung auf die prozessuale Lage hat[6]. Konstitutives Merkmal des Prozessvertrages sei damit eine unmittelbar verfügende Wirkung.

Eine andere, insbesondere im Schrifttum vertretene, Auffassung legt den Prozessvertrag dagegen weiter aus und will auch die Verpflichtung erfassen, ein bestimmtes Prozessverhalten später vorzunehmen. Dies umfasst beispielsweise die Vereinbarung, später keine Rechtsmittel einzulegen oder auf die Verwendung bestimmter Beweismittel zu verzichten beziehungsweise diese zurückzunehmen[7].

---

jedoch mitnichten zu einer endgültigen und abschließenden Klärung der Rechtsnaturbestimmung, sondern stattdessen nur zu einer Vielzahl von Ansätzen, wie man das Rechtswahlproblem auf materieller Ebene überwinden könnte. So sollen wahlweise entweder weiterhin die alten, außerkraftgetretenen EGBGB-Vorschriften, trotz ihres Wortlauts die Rom-1 VO oder, unter Einstufung als spezialgesetzliche Kollisionsnorm § 1059 Abs. 2 Nr. 1 lit. a ZPO Anwendung finden. Vgl. dazu *König*, Zur Bestimmung des Schiedsvertragsstatuts bei fehlender Gesetzesgrundlage nach Inkrafttreten der Rom-1 VO, SchiedsVZ 2012, 129 (130).

3 *Schwab/Walter*, Schiedsgerichtsbarkeit[7] (2005), Kapitel 7, Rn. 37; *Rosenberg/Schwab/Gottwald*, Zivilprozessrecht[18] (2018), § 176 Rn. 9.

4 *Schwab/Walter*, Schiedsgerichtsbarkeit[7] (2005), Kapitel 7, Rn. 37; *Wolf/Eslami* in BeckOK-ZPO[29] (2018), § 1029 Rn. 18.

5 Vgl. dazu beispielsweise: *Rosenberg/Schwab/Gottwald*, Zivilprozessrecht[18] (2018), § 66 Rn. 2.

6 *Wagner*, Prozessverträge (1998), S. 35.

7 *Rauscher* in MüKo-ZPO[5] (2016), Einleitung, Rn. 436; *Saenger* in Saenger-ZPO[7] (2017), Einführung, Rn. 131; vgl. auch *Schäfer*, Die Verträge zur Durchführung des Schiedsverfahrens (2010), S. 101.

Als typisches Beispiel für den Prozessvertrag im engeren Sinne wird regelmäßig die Prorogation genannt, da hier durch die Vereinbarung die gesetzliche Zuständigkeitsregelung unmittelbar modifiziert wird und eine Klage am *de lege* zuständigen Gericht unzulässig wäre[8]. Ausschließlich zuständig ist stattdessen das in dem Prorogationsvertrag vereinbarte Gericht. Gleiches soll nach in Teilen des Schrifttums vertretener Auffassung auch für die Schiedsvereinbarung gelten. Kernfunktion einer Schiedsvereinbarung sei es, dass sich die Parteien darauf einigten, den nach § 1055 ZPO bindenden Schiedsspruch zu akzeptieren und gleichzeitig zur Durchsetzung ihrer Vereinbarung die Schiedseinrede nach § 1032 ZPO zur Verfügung zu stellen[9]. Dieser Ausschluss des ordentlichen Rechtswegs und das Unterwerfen unter den Schiedsspruch werden als ein solches, verfügendes, Element gesehen[10]. Dass sich aus der Schiedsvereinbarung auch bürgerlich-rechtliche Pflichten ergeben könnten, ändere an der schwerpunktmäßig prozessrechtlichen Einstufung nichts[11]. Eine solche bürgerlichrechtliche Pflicht ist insbesondere die Prozessförderungspflicht der Parteien, welche ihnen die Verpflichtung auferlegt, alles Notwendige zu tun, um einen Schiedsspruch zu ermöglichen[12]. Dies beinhaltet die Pflicht zur Bestellung eines Parteischiedsrichters, sofern die entsprechende Verfahrensordnung dies vorsieht, die Zahlung von Gebühren an die Schiedsinstitution, um das Verfahren betreiben zu können sowie die Zahlung von Vorschüssen an die Schiedsrichter[13]. Parallel zu diesen „*Förderungspflichten*" entstehen gleichzeitig „*Loyalitätspflichten*" gegenüber der anderen Partei, alles zu unterlassen, was den erfolgreichen Abschluss des Schiedsverfahrens gefährden könnte[14].

Verfechter der Qualifikation der Schiedsvereinbarung als Prozessvertrag führen zudem an, dass sich nur aus der prozessualen Qualifikation die Handhabung ausländischer Schiedssprüche durch deutsche Gerichte erklären lasse: erfüllt ein ausländischer Schiedsspruch nicht die Voraussetzungen zur Vollstreckung in Deutschland, etwa weil er nicht auf einer wirksamen Schiedsvereinbarung beruhe, sei die Rechtsfolge des § 1061 ZPO[15] nur die fehlende Anerkennung

8 *Rauscher* in MüKo-ZPO[5] (2016), Einleitung, Rn. 436.
9 *Voit* in Musielak/Voit-ZPO[15] (2018), § 1029 Rn. 3.
10 *Rosenberg/Schwab/Gottwald*, Zivilprozessrecht[18] (2018), § 66 Rn. 2.
11 *Schwab/Walter*, Schiedsgerichtsbarkeit[7] (2005), Kapitel 7, Rn. 37.
12 *Hartmann* in Baumbach/Lauterbach-ZPO[76] (2018), § 1029 Rn. 19.
13 Vgl. dazu die umfangreiche Auflistung des Pflichtenkatalogs bei *Hartmann* in Baumbach/Lauterbach-ZPO[76] (2018), § 1029, Rn. 19.
14 *Voit* in Musielak/Voit-ZPO[15] (2018), § 1029 Rn. 27.
15 Sowie der Vorgängerregelungen in § 1044 ZPO.

ausländischer Schiedssprüche, nicht jedoch deren Aufhebung[16]. Ausländische, privatrechtliche Vereinbarungen dagegen werden durch die deutsche Rechtsprechung auch aufgehoben[17]. Daran sei erkennbar, dass durch den ZPO-Gesetzgeber schon von vornherein von einer prozessvertraglichen Natur der Schiedsvereinbarung ausgegangen worden sei, ohne dass dies ausdrücklich niedergelegt worden ist.

Ein weiterer Ansatzpunkt ist die Einordnung der Schiedsvereinbarung etwas plakativ als Gerichtsstandsvereinbarung *sui generis*, beziehungsweise als Vereinbarung über einen privaten Gerichtsstand, was den prozessvertraglichen Charakter noch einmal unterstreichen soll[18]. Begründet wird dies damit, dass die Schiedsvereinbarung zunächst eine ähnliche Funktion wie eine Gerichtsstandsvereinbarung erfüllt. So wird dem gesetzlich zuständigen Gericht die Zuständigkeit durch Parteiwillen entzogen und stattdessen eine andere Stelle für zuständig erklärt. Zusätzlich zur Modifikation der sachlichen und örtlichen Zuständigkeit tritt dazu noch die Entscheidung für ein privates Streitentscheidungsforum.

§ 2 Schiedsvereinbarungen als materiell-rechtliche Vereinbarung

Gerade im Hinblick auf die mannigfaltigen Pflichten, welche die Parteien im Zuge der Vereinbarung einer schiedsrichterlichen Streitbeilegung treffen[19], ist die Schiedsvereinbarung auch als materiell-rechtlicher Vertrag qualifiziert worden. Diese Strömung ist dabei selbst nicht komplett kohärent, sodass hier noch einmal zwischen denjenigen unterschieden werden muss, welche die Schiedsvereinbarung als genuin materiell-rechtlichen Vertrag ansehen[20] und denjenigen, welche sie als materiell-rechtlichen Vertrag über prozessuale Bestimmungen qualifizieren[21].

---

16 *Schlosser,* Recht der internationalen Schiedsgerichtsbarkeit² (1989), Rn. 42.

17 *Schlosser,* Recht der internationalen Schiedsgerichtsbarkeit² (1989), Rn. 42, der als Beispiele eine ausländische Eheschließung oder ein schuldrechtliches Geschäft nennt.

18 *Schäfer,* Die Verträge zur Durchführung der Schiedsvereinbarung (2010), S. 196.

19 Vgl. dazu nochmals oben, Erster Teil, A, § 1.

20 *Blomeyer,* Betrachtungen über die Schiedsgerichtsbarkeit in Festgabe für Rosenberg (1949), S. 62 ff; *Lorenz,* Die Rechtsnatur von Schiedsvertrag und Schiedsspruch, AcP 157, 265 (270).

21 So bspw. RG, Urteil v. 09.03.1934 – VII 262/33 RGZ 144, 96 (98); RG, Urteil v. 15.07.1933 – VII 120/37, RGZ 156, 101 (104); BGH, Urteil v. 30.01.1957 – V ZR 80/55 BGHZ 23, 198 (200); BGH, Urteil v. 28.11.1963 – VII ZR 112/62, BGHZ 40, 320; BGH, Urteil v. 22.05.1967 – VII ZR 188/64, NJW 1967, 2057 (2059).

I. Eine genuin materiell-rechtliche Vereinbarung

In der Mitte des vergangenen Jahrhunderts kamen eine Reihe von Stimmen auf, welche die Schiedsvereinbarung als genuin materiell-rechtliche Vereinbarung einordnen wollten[22]. Diese Auffassung folgt einem rechtshistorischen Ansatz. So sei das Äquivalent im römischen Recht, das *Compromissum*, als privatrechtliche Vereinbarung einzuordnen gewesen. Es wurde als Verfahren beschrieben, in dem Streitigkeiten „durch einem Privatmann" aufgrund eines von den Parteien geschlossenen Vergleichs entschieden wurden. Ein wesentlicher Unterschied zur heutigen Ausgestaltung des Schiedsverfahrens besteht jedoch darin, dass das *Compromissum* weder zu einer Unzuständigkeit des staatlichen Gerichts bei Anrufung trotz bestehenden Kompromissvertrag führte noch vollstreckbar war[23]. Aufgrund der fehlenden prozessualen Wirkung blieb damit im Ergebnis auch keine andere Möglichkeit als die Einordnung als eine materiell-rechtliche Vereinbarung[24].

Die Verfechter der materiellen Theorie sehen somit auch heute noch die Schiedsvereinbarung in der Tradition und der Weiterentwicklung dieses *Compromissums*. So sah die Ausgestaltung des Schiedsverfahrens in der Civilprozessordnung von 1877 zunächst auch nur eine materiell-rechtliche Wirkung vor. Der Entwurf der Civilprozessordnung ordnete die Schiedsvereinbarung lediglich als Vergleich ein[25], ferner wurde erst mit der ZPO-Reform 1924 die Vollstreckbarkeit von Schiedssprüchen gesetzlich festgeschrieben[26]. Entsprechend galt zu dieser Zeit auch die Rechtsnatur des Schiedsvertrags entweder ganz allgemein als Vergleichsvertrag oder „privat-rechtlicher Feststellungsvertrag"[27].

---

22 *Blomeyer*, Betrachtungen über die Schiedsgerichtsbarkeit in Festgabe für Rosenberg (1949), S. 62 ff; *Lorenz*, Die Rechtsnatur von Schiedsvertrag und Schiedsspruch, AcP 157, 265 (270).

23 Vgl. dazu die Übersicht in *Schäfer*, Verträge zur Durchführung des Schiedsverfahrens (2010), S. 104 f. sowie S. 108, unter Hinweis auf § 851 CPO sowie § 1025 Abs. 1 ZPO a.F., die jeweils die Schiedsvereinbarung als Vergleich einordneten.

24 Ohnehin glich das *Compromissum*, trotz Vornahme eines Verfahrens, in seiner Wirkung mehr einem materiell-rechtlichen Vergleich nach § 779 BGB als dem heutigen Verständnis eines Schiedsverfahrens.

25 Vgl. den Verweis auf § 762 CPO Entwurf, zitiert nach *Schäfer*, Verträge zur Durchführung des Schiedsvertrages (2010), S. 106.

26 Verordnung über das Verfahren in bürgerlichen Rechtsstreitigkeiten, RGBl 1924, 135 (147).

27 *Schäfer*, Verträge zur Durchführung des Schiedsvertrages (2010), S. 106.

Dieser materiell-rechtliche Ansatz wurde nach 1945 insbesondere durch *Lorenz* wieder aufgegriffen[28]. Unter dem Begriff der Gegenstandstheorie lehnte er eine prozessvertragliche Natur der Schiedsvereinbarung mit der Begründung ab, dass eine unmittelbar prozessgestaltende Wirkung durch den Abschluss der Schiedsvereinbarung fehle. Entschließen sich die Parteien, vor einem staatlichen Gericht zu klagen, und erhebt keine der Parteien Schiedseinrede nach § 1032 Abs. 2 ZPO, so verhandelt das Gericht das Verfahren als hätte es die Schiedsklausel niemals gegeben, unabhängig davon, ob es selbst Kenntnis von der Schiedsvereinbarung hat. Entsprechend liefere der Schiedsvertrag lediglich den Rechtsgrund für eine spätere Prozesshandlung, eben die Schiedseinrede[29].

II. Eine materiell-rechtliche Vereinbarung über prozessuale Bestimmungen

Eine Auffassung, die sich begrifflich dem Spannungsfeld zwischen dem Verständnis als Prozessvertrag und der Einstufung als materiell-rechtlicher Vereinbarung im engeren Sinne annimmt, ist die Bewertung der Schiedsvereinbarung als materiell-rechtliche Vereinbarung über prozessuale Bestimmungen. Diese wurde insbesondere von Seiten der älteren Rechtsprechung sowie kürzlich in einer neuen Entscheidung seitens des Bundesgerichtshofs vertreten[30]. Auch Teile der zivilprozessualen Literatur verwenden dieses Konstrukt zur Einordnung der Schiedsvereinbarung[31]. Dabei erfolgt die Einordnung dieser Ansicht in eine separate Unterkategorie des materiell-rechtlichen Vertrages vor allem zur begrifflichen Klarstellung. Die materiell-rechtliche Vereinbarung über prozessuale Bestimmungen stellt keinen besonderen Fall oder eine Untergruppe dar, sondern schlicht einen gewöhnlichen materiell-rechtlichen Vertrag, der lediglich in seiner Begrifflichkeit die Wirkungen auf das Prozessrecht aufgreift. In den Rechtsfolgen unterscheidet sich dieser Ansatz nicht von dem genuin materiellrechtlichen Vertrag[32].

---

28 *Lorenz,* Die Rechtsnatur von Schiedsvertrag und Schiedsspruch, AcP 157, 265 ff.

29 *Lorenz,* Die Rechtsnatur von Schiedsvertrag und Schiedsspruch, AcP 157, 265 ff.

30 BGH, Urteil v. 30.01.1957 – V ZR 80/55, BGHZ 23, 198 (200); BGH, Urteil v. 28.11.1964 – VII ZR 112/62 BGHZ 40, 320 (322); BGH Urteil v. 29.02.1968 – VII ZR 102/65 BGHZ 49, 384 (386); BGH Urteil v. 08.06.2010 – XI ZR 349/09, SchiedsVZ 2011, 46 (48); unter Bezugnahme auf die vorangehende Rechtsprechung des RG: RG, Urteil v. 09.03.1934 – VII 262/33, RGZ 144, 96 (98); RG, Urteil v. 02.11.1938 – VII 120/37, RGZ 156, 101 (105).

31 Vgl. *Hartmann* in Baumbach/Lauterbach-ZPO[76] (2018), § 1029 Rn. 10.

32 *Wagner,* Prozessverträge (1998), S. 36.

§ 3 Gemischt prozessual-materiell-rechtliche Vereinbarung

Zusätzlich zu den beiden historisch gewachsenen Strömungen der prozessualen und materiellen Theorien hat sich in der ersten Hälfte des 20. Jahrhunderts eine vermittelnde Ansicht herausgebildet, die versucht, sowohl die materiellen als auch die prozessualen Elemente der jeweiligen Ansichten aufzugreifen und miteinander zu vereinen. Die so genannte vermittelnde Theorie oder gemischt prozessual-materiell-rechtliche Theorie geht auf *Kisch* zurück und teilt die Schiedsvereinbarung in prozessrechtliche sowie materiell-rechtliche Elemente auf[33]. Die materiell-rechtliche Seite der Schiedsvereinbarung wird dabei als Vergleich eingestuft[34]. Als primär prozessuale Merkmale werden das Entstehen der Schiedseinrede sowie die Rechtskraft des Schiedsspruches eingeordnet. Auch die Vollstreckbarkeit des Schiedsspruchs stellt ein klar prozessuales Merkmal dar, auch wenn dieses aufgrund der Zwischenschritte von Erlass und Vollstreckbarerklärung des Schiedsspruches nur mittelbar auf der Schiedsvereinbarung beruht. Damit greift diese vermittelnde Ansicht auf die Argumente der Verfechter der materiellen beziehungsweise prozessualen Theorie zurück[35]. Anstelle jedoch eine Hauptwirkung einem der beiden Rechtsgebiete zuzuordnen, wird die Doppelnatur der Schiedsvereinbarung anerkannt und diese damit sowohl dem Privat- als auch dem Prozessrecht zugeordnet. Ein solches Verständnis einer Doppelnatur der Schiedsvereinbarung teilt auch *Voit,* wobei er zwischen der Perspektive der Parteien und des staatlichen Gerichts unterscheidet. So liege aus Sicht der Parteien eine materiell-rechtliche Vereinbarung vor, welche dem Schiedsgericht die Entscheidungskompetenz über den Streitgegenstand überträgt, gleichzeitig jedoch aus der Perspektive des staatlichen Gerichts, wenn beispielsweise mit der Schiedseinrede nach § 1032 Abs. 2 ZPO konfrontiert, eine prozessuale Vereinbarung[36].

Damit knüpft die gemischte Theorie an die heute vorherrschende Einordnung des Prozessvergleichs an. Auch dieser hat nach herrschender Meinung eine Doppelwirkung, das heißt seine Natur ist weder rein prozessrechtlich, noch rein materiell-rechtlich, sondern wirkt sich sowohl materiell als auch prozessual aus[37]. Ebenso wie die Schiedsvereinbarung trotz ihrer verschiedenen Charakteristika

---

33 *Kisch,* Einige Bemerkungen zum Wesen des Schiedsvertrages, ZZP 51, 321 ff.

34 *Kisch,* Einige Bemerkungen zum Wesen des Schiedsvertrages, ZZP 51, 321 (322).

35 Vgl. zur prozessualen Einordnung der Schiedsvereinbarung Erster Teil, A, § 1; zur materiellen Einordnung Erster Teil, A, § 2.

36 *Voit* in Musielak/Voit-ZPO[15] (2018), § 1029 Rn. 3.

37 St. Rspr. BGH, Urteil v 10.03.1955 – II ZR 201/53 BGHZ 16, 388; BGH, Urteil v. 06.04.2011 – XII ZR 79/09 NJW 2011, 2141f; *Habersack* in MüKo-BGB[7] (2017),

unteilbar bleibt und in ihrer Wirksamkeit einheitlich beurteilt wird, gilt gleiches auch für den Prozessvertrag[38]. Ausnahmen bilden insoweit lediglich formale prozessuale Mängel, wie etwa eine fehlende Beurkundung, welche sich nicht auf die materielle Einigung der Parteien über den Streitgegenstand auswirken sollen und stattdessen nur die prozessbeendende prozessuale Seite des Vergleichs berühren.

Auch wenn die Schiedsvereinbarung eine andere Wirkung hat, ist der Rechtsgedanke vergleichbar: Auch hier ist eine einheitliche Betrachtung sinnvoll. Ist die Schiedsvereinbarung prozessual undurchführbar oder unwirksam, gibt es keinen Grund, die Schiedsvereinbarung nicht auch materiell zu beenden beziehungsweise zumindest den Parteien eine Beendigungsmöglichkeit einzuräumen[39].

§ 4 Stellungnahme

Die zuvor dargestellten Ansichten zeigen das breite Spektrum der Bewertung der Schiedsvereinbarung. Die folgende Stellungnahme extrahiert dabei die wesentlichen Grundgedanken dieser bereits seit Jahrzehnten geführten Debatte und macht diese für den weiteren Gang der Untersuchung zur Beendbarkeit von Schiedsvereinbarungen fruchtbar.

Wendet man sich zunächst der derzeit wohl vorherrschenden Auffassung im Schrifttum zu und ordnet die Schiedsvereinbarung als Prozessvertrag ein, stößt man relativ zügig auf ein Subsumtionsproblem vor dem Hintergrund der vorherrschend verwendeten Definition eines Prozessvertrags. Nach der

---

§ 779 Rn. 71; neben der herrschenden Meinung hat sich im Schrifttum ein ähnlich differenziertes Bild hinsichtlich der Rechtsnatur des Prozessvertrages herausgebildet. Erwähnenswert erscheint noch die Strömung im Schrifttum, die der sog. Trennungslehre anhängt und nicht eine Doppelnatur, sondern einen Doppeltatbestand annimmt. Die Trennung in zwei einzelne Tatbestände ermöglicht es, die Wirksamkeit jeweils des prozessualen und des materiellen Teils des Vergleichs separat zu prüfen und so zu getrennten Ergebnissen zu gelangen. Vgl. dazu *Hoffmann* in BeckOK-ZPO[29] (2018), § 794 Rn. 1.1.

38 *Habersack* in MüKo-BGB[7] (2017), § 779 Rn. 86, 90.

39 Insoweit zutreffend: *Voit* in Musielak/Voit-ZPO[15] (2018), § 1029 Rn. 3, der hinsichtlich der Schiedsvereinbarung ebenfalls von einer Doppelwirkung spricht. Ebenso BGH, Urteil v. 29.02.1968 – VII ZR 102/65, BGHZ 49, 384 (386), der zur Behandlung der Rechtsnatur des Prorogationsvertrages eine parallele zur Schiedsvereinbarung zieht und diese gleich behandeln möchte. Siehe zur Kündigung der Schiedsvereinbarung bei Undurchführbarkeit ausführlich unten Dritter Teil, A, § 1, II, 1, b.

Gegenstandstheorie ist nämlich konstitutive Voraussetzung für einen Prozessvertrag, dass es sich bei dem Vertrag um einen Verfügungsvertrag handelt[40]. Entsprechend sind unstreitig all jene Verträge Prozessverträge, die eine unmittelbare, gestaltende Wirkung auf die Prozessrechtslage entfalten. Klassisches Beispiel dafür ist, wie zuvor bereits dargestellt, der Prorogationsvertrag[41]. Insgesamt ist man sich einig, dass jedenfalls alle Verträge, die eine solche Verfügungswirkung auf die Prozessrechtslage haben, Prozessverträge sind. Umstritten ist dagegen jedoch die Frage, ob auch ein Verpflichtungsvertrag Prozessvertrag sein kann[42]. Relevant wird dies im Rahmen einer Schiedsvereinbarung in zweierlei Hinsicht.

Einerseits stellt sich bereits die Frage, ob der Abschluss der Schiedsvereinbarung überhaupt unmittelbar gestaltende Wirkung auf die Prozessrechtslage hat. Diese gestaltende Wirkung scheint in dem Ausschluss der staatlichen Gerichtsbarkeit und der Entscheidung zu einer schiedsrichterlichen Streitbeilegung auf den ersten Blick gegeben zu sein. Anderseits lässt sich diese unmittelbare Wirkung in ihrer Art der Ausgestaltung im Wege einer Schiedseinrede durchaus bezweifeln: Wird abredewidrig ein staatliches Gericht angerufen, wird das Verfahren nicht automatisch als unzulässig abgewiesen, Voraussetzung ist vielmehr, dass die andere Partei Schiedseinrede gemäß § 1032 Abs. 1 ZPO erhebt. Geschieht dies nicht, wird der Rechtsstreit vor dem staatlichen Gericht verhandelt, als sei die Schiedsvereinbarung nie geschlossen worden. Eine verfügende Veränderung der Prozessrechtslage gegenüber dem staatlichen Gericht entsteht also unmittelbar nicht. Entsprechende Zweifel äußerte auch bereits *Lorenz* Mitte des letzten Jahrhunderts, der aus eben jenen Gründen eine prozessrechtliche Verfügungswirkung der Schiedsvereinbarung ablehnt – Prozesshandlung und damit sich unmittelbar auf die Prozesslage auswirkend ist lediglich die Erhebung der Schiedseinrede[43]. Diese Problematik wird von den Befürwortern der Einordnung als Prozessvertrag teilweise auch durchaus erkannt, jedoch entweder, ohne daraus Konsequenzen zu ziehen[44] oder durch eine flexible Handhabung der

---

40 Vgl. statt vieler *Rosenberg/Schwab/Gottwald*, Zivilprozessrecht[18] (2018), § 66 Rn. 2.

41 Siehe oben Erster Teil, A, § 1.

42 *Rauscher* in MüKo-ZPO[5] (2016), Einleitung Rn. 436, 439; *Greger* in Zöller-ZPO[32] (2018), Vor. §§ 128 ff. Rn. 26.

43 *Lorenz*, Die Rechtsnatur von Schiedsvertrag und Schiedsspruch, AcP 157, 265 (280).

44 So bspw. *Rauscher* in MüKo-ZPO[5] (2016), Einleitung, Rn. 439, die die Ausgestaltung als Prozesshindernis als einen rein technischen Umstand bezeichnet, der an der verfügenden Wirkung der Schiedsvereinbarung nichts ändere. Ebenso: *Soehring*, Die Nachfolge in Rechtslagen aus Prozessverträgen (1968), S. 15 ff., die allein aus der Ausgestaltung des Rechts keinen Rückschluss auf die Natur des Rechts ziehen möchte.

Definition von „Gestaltungswirkung" gelöst, indem diese bereits alleine durch die Begründung einer prozessualen Aussicht eintrete[45]. Die verfügende Wirkung soll damit im Entstehen der prozessualen Möglichkeit liegen, die Schiedseinrede erheben zu können. Misst man der Schiedsvereinbarung also richtigerweise keine unmittelbare verfügende Wirkung auf die Prozessrechtslage zu, scheitert eine Einordnung als Prozessvertrag jedenfalls nach dem Verständnis der herrschenden Meinung eines Prozessvertrags.

Weiterhin problematisch vor dem Hintergrund eines strikten Verständnisses der Gegenstandstheorie ist die Bewertung der Pflichten aus dem Schiedsvertrag, welche unzweifelhaft lediglich verpflichtenden Charakter haben[46].

Auch die Anhänger einer Einordnung als Vertrag mit Doppelwirkung können die fehlende unmittelbare Verfügungswirkung der prozessualen Hälfte der Schiedsvereinbarung nicht auflösen, auch wenn diese Einordnung zumindest den Vorteil bietet, die materiell-rechtlichen Pflichten besser zu erfassen[47].

An dieser Stelle böten sich jetzt zwei naheliegende Anknüpfungspunkte: Entweder man erkennt an, dass es der Schiedsvereinbarung an einer unmittelbar verfügenden Wirkung fehlt. Konsequenz daraus wäre dann ein materiell-rechtlicher Vertrag mit der Verpflichtung, im Streitfall eben nicht vor ein staatliches, sondern ein Schiedsgericht zu ziehen[48]. Oder man verändert die Definition des Prozessvertrags insoweit, dass ein verfügendes Element kein konstituierendes Merkmal mehr darstellt[49].

---

45 *Goldschmidt,* Der Prozess als Rechtslage (1962), S. 363 f.

46 BGH, Urteil v. 30.01.1957 – V ZR 80/55, BGHZ 23, 198 (200); BGH, Urteil v. 30.01.1964 – VII ZR 5/63, BGHZ 41, 104 (108); BGH, Urteil v. 22.02.1971 – VII ZR 110/69, BGHZ 55, 344 (349); *Hartmann* in Baumbach/Lauterbach-ZPO[76] (2018), § 1029 Rn. 19; *Münch* in MüKo-ZPO[5] (2017), § 1029 Rn. 117; *Voit* in Musielak/Voit-ZPO[15] (2018), § 1029 Rn. 26. Zu den materiell-rechtlichen Pflichten der Parteien vgl. im Einzelnen auch nochmals oben Erster Teil, A, § 1.

47 Vgl. zu dieser Ansicht nochmals oben Erster Teil, A, § 2.

48 So im Ergebnis *Blomeyer,* Betrachtungen über die Schiedsgerichtsbarkeit in Festgabe für Rosenberg (1949), S. 62 ff; *Lorenz,* Die Rechtsnatur von Schiedsvertrag und Schiedsspruch, AcP 157, 265 (270). Gleiches gilt auch für die Vertreter der Schiedsvereinbarung als materiell-rechtlicher Vertrag über prozessuale Bestimmungen, vgl. dazu nochmals oben Erster Teil, A, § 2.

49 *Wagner,* Prozessverträge (1998), S. 37 f.; abgeschwächt, jedoch im Ergebnis vorliegend keinen Unterschied machend *Rauscher* in MüKo-ZPO[5] (2016), Einleitung, Rn. 436; *Saenger* in Saenger-ZPO[7] (2017), Einleitung Rn. 131; vgl. auch *Schäfer,* Die Verträge zur Durchführung des Schiedsverfahrens (2010), S. 101, welche die Verpflichtung zur Vornahme einer prozessualen Handlung ausreichen lassen wollen.

Die Einordnung als materiell-rechtliche Vereinbarung vermag allerdings die unstreitig vorhandenen mittelbaren prozessualen Wirkungen der Schiedsvereinbarung nicht zu erklären. Dabei wird die materiell-rechtliche Charakteristik der Schiedsvereinbarung mit der Nähe zum Vergleich nach § 779 BGB begründet. Diese Nähe der Schiedsvereinbarung zum Vergleich ist allerdings nur auf dem ersten Blick gegeben. *Schäfer* schreibt dazu, dass sowohl der Vergleich als auch der Abschluss der Schiedsvereinbarung dazu dienen, die Meinungsverschiedenheit über ein Rechtsverhältnis zu beenden[50].

Dabei bleiben jedoch zwei gravierende Unterschiede unberücksichtigt. Einerseits steht der Abschluss des (Prozess-)vergleichs am Ende einer bereits bestehenden Streitigkeit und beendet diese durch gegenseitiges Nachgeben auch materiell-rechtlich[51]. Die Schiedsvereinbarung demgegenüber wird in der Regel präventiv geschlossen, um für potentiell entstehende Streitigkeiten abgesichert zu sein. Während weiterhin der Vergleich direkt die Grundlage der Streitigkeit angeht und den materiellen Streit als solchen beendet, geben die Parteien bei Abschluss der Schiedsvereinbarung die Entscheidung ihrer Streitigkeit lediglich in die Hände eines anderen Forums. Zwar handelt es sich dabei um ein anderes Forum, bei dem sie gegenüber dem staatlichen Gerichtsverfahren deutlich mehr Möglichkeiten haben, direkten Einfluss auf Ausgestaltung und Ablauf des Verfahrens durch Wahl beziehungsweise Ausarbeitung einer eigenen Schiedsordnung nehmen zu können. Dennoch obliegt die Entscheidung über den materiellen Streit im Schiedsverfahren weiterhin einem Dritten und damit gerade nicht den Schiedsparteien, wie im Rahmen des Vergleichs. Auch bezüglich der prozessualen Wirkungen unterscheiden sich Vergleich und Schiedsvereinbarung deutlich. Beruft sich eine der Parteien auf die Schiedsvereinbarung nach § 1032 Abs. 2 ZPO, ist das staatliche Gericht unzuständig. Beruft sich dagegen eine der Parteien auf einen materiell-rechtlichen Vergleich, berücksichtigt das Gericht den Inhalt des Vergleichs in seiner rechtlichen Würdigung[52].

---

50 *Schäfer,* Die Verträge zur Durchführung des Schiedsverfahrens (2010), S. 110.

51 *Habersack* in MüKo-BGB[7] (2017), § 779 Rn. 24; *Stadler* in Jauernig-BGB[17] (2018), § 779 Rn. 1.

52 *Habersack,* in MüKo-BGB[7] (2017), § 779 Rn. 38; *Stadler* in Jauernig-BGB[17] (2018), § 779 Rn. 11 f.; *A. Staudinger* in HK-BGB[9] (2017), § 779 Rn. 7. Im Ergebnis nicht anders die Rechtsprechung, die zwar von prozessualer Einrede spricht, welche aus einem materiell-rechtlichen Vergleich entstehen kann, jedoch handelt es sich dabei um eine Einrede gegen einen geltend gemachten materiellen Anspruch und wirkt sich damit auf die materielle Sachentscheidung des Gerichts aus, wirkt aber im Gegensatz zur Erhebung der Schiedseinrede nicht auf die Prozessrechtslage ein, vgl. BAG, Urteil

Damit greift die Anknüpfung an die materielle Seite des Vergleichs nach § 779 BGB zu kurz, um die prozessuale Seite der Schiedsvereinbarung zu erklären. Denn der außergerichtliche Vergleich hat selbst keine Auswirkungen auf ein schwebendes gerichtliches Verfahren[53]. Wie soeben festgestellt, wird dieser durch das Gericht nur auf Vorbringen einer der Parteien berücksichtigt. So ist es möglich, dass eine gerichtliche Entscheidung Rechtskraft erlangt, obwohl sie von den Ergebnissen eines außergerichtlichen Vergleichs abweicht. Unmittelbare prozessuale Wirkung entfaltet der Vergleich nur, wenn es sich um einen Prozessvergleich nach § 794 ZPO handelt. Dieser führt dazu, dass es unmittelbar zur Beendigung der Rechtshängigkeit der Streitigkeit führt, ohne dass es zu einer Entscheidung des Gerichts bedarf[54]. Die verfügende Komponente des Vergleichs, also die unmittelbare Einwirkung auf die Prozessrechtslage, ergibt sich damit ausschließlich aus der prozessualen Seite des Vergleichs.

Damit eignet sich der Prozessvergleich jedoch weder als Begründung für die materiellen Theorien, noch als Ansatzpunkt zur Belegung einer Doppelnatur der Schiedsvereinbarung. All diejenigen Anhänger, die eine unmittelbare Verfügungswirkung der Schiedsvereinbarung durch Entstehen der prozessualen Möglichkeit zur Erhebung einer Schiedseinrede sehen, verkennen, dass der Vergleich eine solche Möglichkeit gerade nicht schafft – der materiell rechtliche Vergleich wird zwar ebenfalls nur auf Vorbringen einer der Parteien berücksichtigt, dieses Vorbringen schafft jedoch keine prozessuale Aussicht, sondern beeinflusst nur die gerichtliche Sachentscheidung. Gleichzeitig unterscheidet sich der Prozessvergleich wesentlich von der Schiedsvereinbarung dadurch, dass dessen Abschluss unmittelbar zur Beendigung der Rechtshängigkeit führt und damit eine Verfügungswirkung in Bezug auf die Prozessrechtslage im Gegensatz zur Schiedsvereinbarung gerade gegeben ist.

Dennoch gibt es eine Parallele, die jedoch weiter vorgelagert ist: Sowohl der Vergleich der Parteien, insbesondere in seiner Ausprägung als Prozessvergleich, als auch die Entscheidung durch das Schiedsgericht ersetzen eine Entscheidung durch das staatliche Gericht. Damit stellen beide eine privatautonome

---

v. 21.12.1972 – 5 AZR 324/72, NJW 1973, 918 (919); BGH, Urteil v. 07.03.2002 – III ZR 73/01, NJW 2002, 1503 (1504).

53 *Habersack* in MüKo-BGB[7] (2017), § 779 Rn. 38; *Stadler* in Jauernig-BGB[17] (2018), § 779 Rn. 14.

54 Vgl. den Wortlaut von § 794 Abs. 1 Nr. 1 ZPO: „*Vergleichen […] zur Beilegung eines Rechtsstreits*"; siehe auch: *Habersack* in MüKo-BGB[7] (2017), § 779 Rn. 79; *Kindl* in Saenger-ZPO[7] (2017), § 794 Rn. 4f; *Lackmann* in Musielak/Voit-ZPO[15] (2018), § 794 Rn. 19.

Alternative zur gerichtlichen Streitbeilegung dar[55]. Dieser Umstand alleine kann jedoch für eine Gleichbehandlung bezüglich der Rechtsnatur nicht genügen.

Alternativ – und vorzugsweise – ließe sich jedoch auch die starre Voraussetzung, dass ein Prozessvertrag zwingend unmittelbar verfügenden Charakter haben muss, in Frage stellen. Dieser Ansatz wurde bereits von *Wagner* aufgeworfen und stellte darauf ab, dass einzig aus dem Umstand, dass ein Vertrag (auch) verpflichtenden Charakter hat, keineswegs automatisch geschlossen werden kann, dass er deswegen schuldrechtlich und im Endeffekt somit privatrechtlich sei[56]. So hat beispielsweise der öffentlich-rechtliche Vertrag regelmäßig verpflichtenden Charakter, ohne dass man diesen in einen materiell-privatrechtlichen Vertrag „umdeuten" möchte[57]. Genauso wie es verfügende und verpflichtende Verträge auf Seiten des materiellen Rechts gibt, spricht nichts dagegen, ebenso verfügende und verpflichtende Verträge auf dem Gebiet des Prozessrechts zuzulassen. Diese Einordnung hat den Vorteil, dass sie einerseits die Hauptwirkung der Schiedsvereinbarung, welche auf der Ebene des Prozessrechts liegt, einordnet und gleichzeitig nicht in ein Subsumtionsproblem bei der Begründung einer unmittelbaren Wirkung auf die Prozessrechtslage gerät. Weiterhin lassen sich so die weitgehenden verpflichtenden (gesellschaftsrechtlichen) Elemente[58] der Schiedsvereinbarung ebenso erfassen. Die Schiedsvereinbarung stellt also richtigerweise einen Prozessvertrag dar.

B. Schiedsverfahren als privatautonome Alternative zum Staatsgericht

Wie oben bereits angesprochen, wird die Schiedsvereinbarung im Allgemeinen als eine auf der Privatautonomie der Parteien basierende Art der Streitbeilegung betrachtet. Ob dies vor dem Hintergrund der Schiedsverfahrensreform von 1998 noch der Fall ist, soll als Untersuchung der ersten These dieser Arbeit hier beantwortet werden. Dazu wird zunächst eine kurze Einführung in die

55 So auch: *Schäfer*, Die Verträge zur Durchführung des Schiedsverfahrens (2010), S. 111.

56 Vgl. *Wagner*, Prozessverträge (1998), S. 37 f.

57 Zum öffentlich-rechtlichen Vertrag *Bonk/Neumann/Siegel* in Stelkens/Bonk/Sachs, Verwaltungsverfahrensgesetz[9] (2018), § 56 VwVfG Rn. 16; die einen öffentlich-rechtlichen Austauschvertrag unter anderem auch bei einer synallagmatischen Verknüpfung der Leistungspflichten annehmen und somit klar den Verpflichtungscharakter manch öffentlich-rechtlicher Verträge anerkennen.

58 Siehe zur Einordnung der Schiedsvereinbarung als Gesellschaftsvertrag ausführlich unten Erster Teil, C, § 2.

Privatautonomie gegeben und anschließend ihre Wirkung als Basis des Schiedsverfahrensrechts untersucht.

§ 1 Privatautonomie – Begriff und Bedeutung

Die Privatautonomie ist Kernbestandteil der Zivilrechtsordnung. Es gilt der Grundsatz, dass die Privatrechtssubjekte selbstbestimmt und freiverantwortlich über ihre eigenen rechtlichen Beziehungen entscheiden können[59]. Rechtsprechung und Schrifttum haben sich dabei an einer ganzen Reihe von Definitionen versucht. So versteht das Bundesverfasungsgericht die Privatautonomie als *„ein Strukturelement einer freiheitlichen Gesellschaftsordnung, indem Vertragspartner ihre Vertragsbeziehungen eigenverantwortlich gestalten"*[60]. Etwas lebhafter formuliert *Flume* diese als *„Anerkennung der Selbstherrlichkeit des Einzelnen in der schöpferischen Gestaltung der Rechtsverhältnisse"*[61]. Heruntergebrochen ist die Privatautonomie damit die zivilrechtliche Ausprägung des Selbstbestimmungsrechts des Menschen[62] und damit der Allgemeinen Handlungsfreiheit nach Art. 2 Abs. 1 GG[63]. Ausprägung findet die Privatautonomie im materiellen Recht insbesondere in den Instituten der Vertragsfreiheit, der Testierfreiheit, der Eigentumsfreiheit, sowie der Vereinigungsfreiheit[64].

Von zentraler Bedeutung für die weitere Untersuchung wird als Erstes die Vertragsfreiheit sein. Als materiell-rechtlich wichtigste Ausprägungsform der Privatautonomie ist diese in zwei Ausprägungen relevant[65]. Zum einen beinhaltet

---

59 *Busche* in Staudinger BGB (2012), Eckpfeiler des Zivilrechts, F, Rn. 3.

60 BVerfG, Beschluss v. 07.021990 – 1 BvR 26/84, NJW 1990, 1469 (1470); vgl. auch die Übersicht bei *Artunc*, Vertragsfreiheit als Erscheinungsform der Privatautonomie im deutschen Zivilrecht, Annales XL, N. 57, 295 (296).

61 *Flume*, Allgemeiner Teil des Bürgerlichen Rechts, Band I/I (1977), § 1 Rn. 5.

62 *Sedlmeier*, Die Rechtsgeschäftliche Selbstbestimmung im Verbrauchervertrag (2012), S. 24 m.w.N.

63 BVerfG, Beschluss v. 13.05.1986 – 1 BvR 1542/84, BVerfGE 72, 155 (170); *Di Fabio* in Maunz/Dürig[82 EL](2018), Art. 2 GG Rn. 101f.

64 *Busche* in Staudinger BGB (2012), Eckpfeiler des Zivilrechts, F, Rn. 4; *Hollerbach*, Selbstbestimmung im Recht (1996), S. 20.

65 Auch wenn Privatautonomie und Vertragsfreiheit häufig synonym verwendet werden, sind diese Begriffe nicht deckungsgleich. Die Vertragsfreiheit ist Unterfall der Privatautonomie und trägt einen wichtigen Teil zur Verwirklichung der rechtlichen Selbstbestimmung im Zivilrecht bei. Gleichzeitig bedarf sie jedoch eines Korrektivs im Sinne der Vertragsgerechtigkeit, die sozial oder wirtschaftlich Unterlegene schützt und ihnen dabei hilft, tatsächlich so frei wie möglich in ihren rechtlichen Entscheidungen zu sein. Ohne die besonderen Schutzvorschriften aus dem Mietrecht, der AGB Kontrolle oder

die Vertragsfreiheit die positive Abschlussfreiheit, also die Freiheit, Verträge selbst, nach eigenen Vorstellungen und mit so wenigen Einschränkungen von außen wie möglich, abschließen zu können[66]. Zum anderen ist im Rahmen der negativen Abschlussfreiheit auch die Freiheit geschützt, einen Vertrag nicht abzuschließen[67].

Flankiert wird die materiell-rechtliche Vertragsfreiheit zum anderen als zweites wesentliches Element von der prozessualen Dispositionsbefugnis als prozessrechtliches Gegenstück der Vertragsfreiheit, welche die Einleitung des Verfahrens, die Bestimmung des Streitgegenstands und die Verfügung über den Rechtsstreit als Ganzes in die Hände zunächst des Klägers und im späteren Verfahrensstadium der Parteien legt[68].

Zuletzt ebenfalls relevant im Zusammenhang mit einem Schiedsverfahren und trotz ähnlicher Begrifflichkeit keineswegs synonym zu sehen, ist die Bedeutung der Parteiautonomie als besondere Ausprägung der Privatautonomie in Bezug auf die Rechtswahl der Parteien[69]. Nach diesem Grundsatz steht es den Parteien frei, selbstständig die Wahl des anwendbaren Rechts zu bestimmen[70]. Schiedsverfahrensrechtlich hat die Parteiautonomie eine zweifache Dimension: sie umfasst einerseits die Wahl des Sachstatuts, also des Rechts, welches durch das Schiedsgericht zur materiellen Entscheidung des Rechtsstreits angewendet werden soll. Weiterhin erfasst die Parteiautonomie bei Schiedsverfahren mit Sitz in Deutschland auch das Verfahrensstatut abseits der zwingenden Normen der ZPO[71]. Auch wenn die Parteiautonomie eine große Bedeutung für die Schiedsparteien erlangen kann, wird sie im weiteren Verlauf der Arbeit hinter die Vertragsgestaltungsfreiheit und die Dispositionsfreiheit zurücktreten, da die Untersuchung unter der Prämisse steht, dass die Parteien sich im Wege

---

etwa dem Verbraucherrecht würden diese Teilnehmer am Rechtsverkehr ansonsten durch überlegene Vertragspartner in der Ausübung ihrer Privatautonomie gehindert. Vgl. dazu auch *Busche*, Privatautonomie und Kontrahierungszwang (1999), S. 51.

66 *Becker* in Dauner-Lieb/Langen BGB[3] (2016), § 311 Rn. 10.

67 *Busche*, Privatautonomie und Kontrahierungszwang (1999), S. 67 f.

68 *Musielak* in Musielak/Voit-ZPO[15] (2018), Einleitung, Rn. 35; *Musielak* in MüKo-ZPO[5] (2016), § 308 Rn. 1; *Saenger* in Saenger-ZPO[7] (2017), § 308 Rn. 1.

69 Vgl. *Berger*, Parteiautonomie in der internationalen Wirtschaftsschiedsgerichtsbarkeit, RiW 1994, 12 (14).

70 Zum Begriff der Parteiautonomie und ihrer Bedeutung *Magnus* in Staudinger BGB (2012), Vor. Art. 27–37 EGBGB, Rn. 33; *Martiny* in MüKo-BGB[7] (2018), Rom-I VO Art. 3 Rn. 8.

71 *Schmidt-Ahrendts/Höttler*, Anwendbares Recht bei Schiedsvereinbarungen in Deutschland, SchiedsVZ 2011, 267 (268).

ihrer Parteiautonomie für die Anwendbarkeit des deutschen Rechts entschieden haben.

Dispositions- und Vertragsgestaltungsfreiheit wiederum stehen unabhängig nebeneinander. Die Dispositionsfreiheit ist zunächst auch nur auf den verfahrensrechtlichen Teil des Schiedsverfahrens anzuwenden, also Einleitung und Betreiben des Schiedsverfahrens sowie Vornahme von Prozesshandlungen, nicht jedoch auf die vertragliche Grundlage der Schiedsvereinbarung, diese bestimmt sich, unabhängig von der Rechtsnatur der Schiedsvereinbarung als solches, nach der Vertragsfreiheit.

I. Historischer Überblick

Zum besseren Verständnis der Bedeutung der Privatautonomie für unsere Rechtsordnung lohnt ein kurzer Blick in die Rechtsgeschichte. Das Prinzip der freien Gestaltung der Privatrechtsbeziehungen reicht bereits weit zurück und lässt sich in vielen Zivilrechtsordnungen der Gegenwart und Vergangenheit finden. So galt bereits in den römischen und griechischen Rechtsordnungen der Antike der Grundsatz, dass das Verfügungsrecht über das Eigentum einzig beim Eigentümer lag. Ebenso findet sich auch in der Zeit des römischen Reiches die erste Kodifizierung der Vertragsfreiheit als Grundsatz der dortigen Zivilrechtsordnung[72]. Die Vertragsfreiheit fand sich auch in Gemeinen Recht des 11. und 12. Jahrhunderts wieder[73], bevor sie im Rahmen des Merkantilismus zunächst durch ein streng reglementiertes Vertragsrecht ersetzt wurde, welches sich durch eine Reihe von Kontrahierungszwängen auszeichnete und den Parteien wenig Wahl hinsichtlich der Vertragspartner und des Inhalts der Verträge ließ[74]. Einerseits wurde der Personenkreis für bestimmte Geschäfte eingeschränkt, andererseits mussten bestimmte Dienstleister, wie beispielsweise Schankwirte oder Fuhrleute, mit jedermann kontrahieren. Diese strenge staatliche Einmischung in die private Vertragsgestaltung stand in engem Zusammenhang mit den absolutistischen Regierungen bis zur Aufklärung und der französischen Revolution. Erstmals in einer modernen Rechtsordnung tauchten die Grundsätze der Selbstbestimmung des Individuums und die Vertragsfreiheit im französischen Code Civil von 1804 auf[75]. Diese Strömungen beeinflussten im 19. Jahrhundert auch

72 „*Cum nexum faciet mancipiumque, uti lingua nucupassit, ita ius esto*" – „Wird ein Darlehen versprochen oder ein Kauf, so gilt das mündlich besprochene", *Busche*, Privatautonomie und Kontrahierungszwang (1999), S. 46.

73 *Busche*, Privatautonomie und Kontrahierungszwang (1999), S. 46.

74 Vgl. den Aufriss bei *Busche*, Privatautonomie und Kontrahierungszwang (1999), S. 47.

75 *Busche*, Privatautonomie und Kontrahierungszwang (1999), S. 48.

den deutschen Rechtskreis, konnte sich zunächst in kodifizierter Form aufgrund der Vielstaaterei jedoch noch nicht durchsetzen[76].

Dies änderte sich schließlich grundlegend mit der Einführung des BGB im Jahre 1900. Das BGB steht unter dem Leitbild der freien Gestaltung der Privatrechtsverhältnisse und hat die Vertragsfreiheit zum zivilrechtlichen Grundsatz erhoben[77]. Dieser Grundsatz galt damals noch deutlich umfassender als heute, wo durch eine Zunahme an Schutzvorschriften für schwächere Vertragsteilnehmer eine gewisse Korrektur in Richtung von mehr Vertragsgerechtigkeit vorgenommen wurde[78].

Während die Privatautonomie in der Ausprägung der Vertragsfreiheit damit die Zivilrechtsordnung spätestens seit 1900 in Deutschland bestimmte, hat sie ausdrücklichen Einzug in das deutsche Recht wiederum erst relativ spät gehalten. *Hollerbach* hat das kodifizierte Recht auf das erstmalige Auftreten der Begriffe Privatautonomie beziehungsweise dem synonym verstandenen Begriff der Selbstbestimmung untersucht[79]. Der erste deutsche Rechtstext, der den Gedanken der Selbstbestimmung aufgreift, ist Art. 2 der Weimarer Reichsverfassung, der die Möglichkeit eröffnete, andere Gebiete an das Deutsche Reich anzugliedern, wenn es die Bewohner kraft ihres Selbstbestimmungsrechts so wünschten. Dieses Beispiel, wie auch eine Reihe anderer sowohl nationalen als auch internationalen Ursprungs, knüpfen jedoch an das Selbstbestimmungsrecht von Völkern beziehungsweise Volksgruppen an, nicht jedoch des Individuums[80]. Löst man sich jedoch von dem starren Begriffspaar „Privatautonomie" und „Selbstbestimmungsrecht", wird man erkennen, dass auch schon zur Weimarer Zeit zumindest Teilaspekte gekannt und geschützt wurden. Zum ersten

---

76 *Hedemann,* Die Fortschritte des Zivilrechts im XIX. Jahrhundert (1910), S. 7 ff.

77 *Limbach,* Das Rechtsverständnis in der Vertragslehre, JuS 1985, 10 (10); *Schlosser,* Grundzüge der Neueren Privatrechtsgeschichte[10] (2005), S. 183 f.

78 Im Zusammenhang mit Karenzentschädigungen für Handelsvertretet: BVerfG, Beschluss v. 07.02.1990 – 1 BvR 26/84, BVerfGE 81, 242 (255); Zur gestörten Vertragsparität bei einer Bürgschaft naher Familienangehöriger: BVerfG, Beschluss v. 19.10.1993 – 1 BvR 567/89, BVerfGE 89, 214 (229); *Busche,* Privatautonomie und Kontrahierungszwang (1999), S. 51f.; *Schubert* in MüKo-BGB[7] (2016), § 242 Rn. 501.

79 *Hollerbach,* Selbstbestimmung im Recht (1996), S. 8 ff.

80 So *Hollerbach,* Selbstbestimmung im Recht (1996), S. 8 ff., der als weitere Beispiel aus dem frühen 20. Jahrhundert Woodrow Wilsons 14 Punkte Plan sowie Art. 1 der Charta der Vereinten Nationen aufführt, bevor es ab spätestens Mitte des 20. Jahrhunderts im Völkerrecht allgemein anerkannt wurde. Auf ähnlichen Pfaden bewegt sich Hollerbachs zweites Beispiel, welches an das Selbstbestimmungsrecht der Religionsgemeinschaften anknüpft.

Mal verfassungsrechtliche Erwähnung fand die Vertragsfreiheit in Art. 152 Abs. 1 der Weimarer Reichsverfassung, der ausdrücklich festlegte, dass für den Wirtschaftsverkehr Vertragsfreiheit gilt. In späterer Zeit wurde das Selbstbestimmungsrecht dann sowohl in strafrechtlichen, als auch öffentlich-rechtlichem Kontext verankert[81].

II. Verwendung der Privatautonomie in dieser Arbeit

Wie zuvor bereits angerissen umfasst die Privatautonomie als Übergriff eine ganze Reihe von Facetten, wovon die bedeutendste die rechtsgeschäftliche Selbstbestimmung darstellt[82], welche wiederum im Zivilrecht vor allem in Form der positiven und negativen Vertragsfreiheit in Erscheinung tritt. Da diese Arbeit die Beendigung von Schiedsvereinbarungen und damit eines Vertragsverhältnisses untersucht, wird der Schwerpunkt auf der Privatautonomie in Form der Vertragsfreiheit liegen.

§ 2 Privatautonomie als Quelle des Schiedsverfahrensrechts

Nach diesem ersten, einleitenden Überblick hat sich herausgestellt, dass die Privatautonomie Leitgedanke unserer Zivilrechtsordnung ist. Im Folgenden soll gezeigt werden, dass sie auch (weiterhin) tragender Pfeiler der Schiedsgerichtsbarkeit in Deutschland ist und deshalb die Grundlage der weiteren Untersuchung zur Beendigung von Schiedsvereinbarungen bildet.

I. Privatautonomie als Leitgedanke des alten Schiedsrechts

Hinsichtlich des alten Schiedsverfahrensrechts war die Verankerung der Schiedsgerichtsbarkeit in der Privatautonomie unbestritten anerkannt[83]. Unterschiede ergaben sich hier einzig in der jeweiligen detaillierten Verortung. So wurde durchaus unterschiedlich entweder auf die Privatautonomie ganz im Allgemeinen abgestellt[84],

---

81 *Hollerbach*, Selbstbestimmung im Recht (1996), S. 12 – bezugnehmend auf Reform des Sexualstrafrechts (Straftaten gegen die sexuelle Selbstbestimmung) sowie die Rechtsprechung des Bundesverfassungsgerichts zum Recht auf informationelle Selbstbestimmung.

82 Siehe oben Erster Teil, B.

83 Statt vieler nur: *Saenger* in Saenger-ZPO[7] (2017) Vor. §§ 1025 ff. Rn. 7.

84 *Kiesow*, Die Vereinbarkeit von Schiedsgerichtswesen und mit dem Grundgesetz, KTS 1962, 224 (227); *Saenger* in Saenger-ZPO[7] (2017)˒ Vor. §§ 1025 ff. Rn. 7; *Schiffer*, Wirtschaftsschiedsgerichtsbarkeit (1999), S. 52; *Schulze*, Grenzen der objektiven Schiedsfähigkeit im Rahmen § 1030 ZPO (2003), S. 9; *Distler*, Private Schiedsgerichtsbarkeit

auf die Vertragsfreiheit[85] oder die Dispositionsbefugnis der Parteien[86]. Hinsichtlich der Dispositionsbefugnis wiederum wird teilweise – begrifflich nicht ganz klar – zwischen prozessualer und materieller Dispositionsbefugnis unterschieden[87]. Wird auf die materielle Dispositions- beziehungsweise Verfügungsbefugnis abgestellt, wird die Zulässigkeit von Schiedsvereinbarungen dann durch einen Gleichlauf von Schieds- und Vergleichsfähigkeit begründet[88]. Diese unterschiedlichen Anknüpfungen folgen aus den unterschiedlichen Anschauungen in Bezug auf die Rechtsnatur der Schiedsvereinbarung.

Die Freiheit zum Abschluss einer Schiedsvereinbarung ist damit wiederum Folge der materiellen oder auch der prozessualen Vertragsfreiheit, je nachdem welche Ausgangsbasis gewählt wurde.

Insbesondere aus verfassungsrechtlicher Sicht wurde die Zulässigkeit des Schiedsverfahrensrechts begründet mit der Freiwilligkeit des Abschlusses der Schiedsvereinbarung und der (materiell-rechtlichen) Vergleichsbefugnis der Parteien über die betreffenden Streitgegenstände, sodass die Entscheidungsfähigkeit des Schiedsgerichts im Ergebnis auf Art. 2 Abs. 1 GG zurückgeführt werden konnte[89]. Als Schranke der Privatautonomie fungierte wiederum § 1025 ZPO a.F., welcher festlegte, welche Streitgegenstände schiedsfähig waren[90].

---

und Verfassung (2000), S. 117, nimmt hier insofern eine Sonderstellung ein, als er die Zulässigkeit der Schiedsgerichtsbarkeit zwar an der allgemeinen Handlungsfreiheit nach Art. 2 Abs. 1 GG verankert, jedoch nicht ausdrücklich eine Anknüpfung an die Privatautonomie vornimmt. Stattdessen betrachtet er sie als eine Form der Konfliktlösung, zwischen denen im Rahmen des rechtlich erlaubten frei gewählt werden könne.

85 *Nicklisch,* Privatautonomie und Schiedsgerichtsbarkeit bei internationalen Bauverträgen, RiW 1991, 89 (90).

86 *Gottwald/Adolphsen,* Das neue deutsche Schiedsverfahrensrecht, DStR, 1998, 1017 (1018); *Stober,* Staatsgerichtsbarkeit und Schiedsgerichtsbarkeit, NJW 1979, 2001 (2005), der auf eine *„formellrechtliche Verfügungsbefugnis"* abstellt und damit im Ergebnis auf die prozessuale Dispositionsbefugnis der Parteien.

87 Die Schiedsgerichtsbarkeit nach dem alten Recht beispielsweise auf die materielle Dispositionsbefugnis stützend: *Voit,* Die Privatisierung der Gerichtsbarkeit, JZ 1997, 120 (125); ausdrücklich dagegen eine prozessuale Dispositionsbefugnis annehmend *Beckmann,* Statutarische Schiedsklauseln im deutschen Recht und internationalen Kontext (2007), S. 27 f.

88 *Gottwald/Adolphsen,* Das neue deutsche Schiedsverfahrensrecht, DStR 1998, 1017 (1018); *Voit,* Die Privatisierung der Gerichtsbarkeit, JZ 1997, 120 (122f).

89 *Hesselbarth,* Schiedsgerichtsbarkeit und Grundgesetz (2004), S. 17 f.

90 *Hesselbarth,* Schiedsgerichtsbarkeit und Grundgesetz (2004), S. 18.

II. Privatautonomie als Leitgedanke des neuen Schiedsrechts

Mit der Einführung des neuen Schiedsrechts 1998 ist Bewegung in die Diskussion um die verfassungsrechtliche Rechtfertigung und Charakteristik des deutschen Schiedsverfahrensrechts gekommen. Anlass war die Neugestaltung des deutschen Schiedsrechts anhand des UNCITRAL-Modellgesetzes von 1985[91]. Aus zum Teil sehr unterschiedlichen Gründen wurde argumentiert, dass das Schiedsverfahrensrecht seine Legitimationsgrundlage in der Privatautonomie verloren habe.

Diese Annahme wird an einer Reihe von Aspekten der Schiedsreform festgemacht. So gibt es in der Literatur Stimmen, die in der Erweiterung der Schiedsfähigkeit auf alle vermögensrechtlichen Ansprüche gemäß § 1031 Abs. 1 ZPO und der damit verbundenen Loslösung von der Vergleichsfähigkeit sowie der Dispositionsfähigkeit der Parteien eine Loslösung von der Privatautonomie als solcher sehen[92]. Weiterhin wird argumentiert, dass auch der Verzicht auf das speziell normierte Freiwilligkeitserfordernis nach § 1025 Abs. 2 1. Alt. ZPO a.F. zu einer Abkehr von einer auf der Privatautonomie basierenden Schiedsgerichtsbarkeit geführt hat[93]. Zudem wird, anknüpfend an die Gesetzesbegründung, vertreten, dass das Schiedsverfahrensrecht seit der Reform eine eigenständige, aus sich selbst heraus legitimierte Rechtsprechungsalternative sei und damit „über“ der Privatautonomie der Parteien stehe[94].

Soweit ersichtlich, erfolgte die Diskussion im Schrifttum zu diesen Komplexen zumeist isoliert oder nur in Hinblick auf Einzelfragen oder aus einer rein verfassungsrechtlichen Perspektive. Im folgenden Abschnitt soll zunächst ein Überblick über den Streitstand in Schrifttum und – soweit vorhanden – Rechtsprechung bezüglich der einzelnen Kritikpunkte gewonnen werden und sodann die Auswirkungen auf die Verankerung des Schiedsverfahrensrechts in der Privatautonomie untersucht werden.

1. Freiwilligkeitskontrolle und Privatautonomie

Gegenstand lebhafter Diskussion ist die behauptete Loslösung des Abschlusses der Schiedsvereinbarung vom Prinzip der Freiwilligkeit[95]. Dieses Freiwilligkeitsprinzip ist dabei keine schiedsverfahrensrechtliche Besonderheit, sondern

91 *Gottwald/Adolphsen,* Das neue deutsche Schiedsverfahrensrecht, DStR 1998, 1017.
92 Vgl. *Voit,* Die Privatisierung der Gerichtsbarkeit, JZ 1997, 120, (122 f.).
93 *Hesselbarth,* Schiedsgerichtsbarkeit und Grundgesetz (2004), S. 22.
94 So bspw. *Voit,* Die Privatisierung der Gerichtsbarkeit, JZ 1997, 120, (124 f.).
95 Vgl. dazu grundlegend: *Hesselbarth,* Schiedsgerichtsbarkeit und Grundgesetz (2004), S. 201 ff.

Ausdruck der negativen Vertragsabschlussfreiheit und damit der Privatautonomie[96]. Anknüpfungspunkt für die diskutierte Abschaffung des Freiwilligkeitsprinzips ist dabei die ersatzlose Streichung von § 1025 Abs. 2 ZPO.
§ 1025 Abs. 2 ZPO a.F.:

„*(2) Der Schiedsvertrag ist unwirksam, wenn eine Partei ihre wirtschaftliche oder soziale Überlegenheit dazu ausgenutzt hat, den anderen Teil zu seinem Abschluß oder zur Annahme von Bestimmungen zu nötigen, die ihr im Verfahren, insbesondere hinsichtlich der Ernennung oder Ablehnung der Schiedsrichter, ein Übergewicht über den anderen Teil einräumen*".

Durch diese Bestimmung sollte sichergestellt werden, dass eine Partei nicht aus einer Situation der Schwäche heraus gezwungen wird, auf ihr durch Art. 92 GG/101 GG garantiertes Recht auf einen gesetzlichen Richter zu verzichten. Hier ist zunächst zu untersuchen, ob dieses Merkmal heute noch Voraussetzung für den Abschluss einer wirksamen Schiedsvereinbarung ist. Sodann ist in einem zweiten Schritt zu klären, was das Ergebnis für die Beurteilung der Verankerung des Schiedsverfahrensrechts in der Privatautonomie bedeutet.

a) Notwendigkeit eines freiwilligen Abschlusses der Schiedsvereinbarung

Zunächst lohnt sich ein Blick in die Rechtsprechung der vergangenen Jahre seit Reform des Schiedsverfahrensrechts. Dabei stößt man zunächst auf die sogenannte *Körbuch* – Entscheidung des Bundesgerichtshofs aus dem Jahre 2000, wo das Gericht betonte, dass „*der Verzicht auf die Entscheidung eines staatlichen Rechtsprechungsorgans grundsätzlich auf dem freien Willen des Betroffenen beruhe*"[97]. Eine per Mehrheitsbeschluss in die Satzung eines Tierschutzvereins aufgenommene Schiedsvereinbarung wurde darin zwischen den Parteien als nicht bindend angesehen, weil der Schiedsbeklagte der Satzungsänderung nicht zugestimmt hatte. Diese Entscheidung ist jedoch trotz des neueren Datums noch zum alten Schiedsrecht getroffen worden, sodass sich hier noch kein Rückschluss auf das neue Schiedsverfahrensrecht treffen lässt.

An dieser Rechtsauffassung hat der Bundesgerichtshof jedoch auch in der *Schiedsfähigkeit-II* – Entscheidung aus dem Jahr 2009 festgehalten, als bekräftigt wurde, dass für Schiedsvereinbarungen im gesellschaftsrechtlichen Kontext zwingend die Zustimmung aller Gesellschafter, entweder durch Einzelvereinbarung oder Gesellschaftsvertrag, erforderlich ist[98]. Aus dem Umstand, dass der

96 *Saenger* in Saenger-ZPO[7] (2017), Vor § 1015 Rn. 7.
97 BGH, Urteil v. 03.04.2000 – II ZR 373/98, BGHZ 144, 146.
98 BGH, Urteil v. 06.04.2009 – II ZR 255/08, BGHZ 180, 221 Rn. 23.

Bundesgerichtshof ausdrücklich auf diesem Kriterium der Zustimmung aller Gesellschafter beharrte, zeigt sich, dass, jedenfalls indirekt, am Gedanken der Freiwilligkeit festgehalten wird. In dem Kontext des Sportschiedsgerichtsbarkeit setzte sich in ähnlicher Richtung im Jahr 2006 das Landgericht Köln mit der Frage auseinander, ob die Schiedsvereinbarung zwischen einem Athleten und der Welt-Doping-Agentur eventuell unter Zwang abgeschlossen worden ist[99]. Auch wenn das Gericht im Ergebnis keinen Abschluss unter Zwang angenommen hat, zeigt sich allein in der Prüfung dieses Umstands, dass aus Sicht des Gerichts weiterhin der unfreiwillige Abschluss einer Schiedsvereinbarung Unwirksamkeitsgrund sein kann[100].

Dieser Ansatz ist in der Rechtsprechung auch weiterhin verbreitet, so hat jüngst das Landgericht München I eine Sportschiedsgerichtsvereinbarung im Fall Pechstein für unwirksam erklärt, weil es an dem Element der Freiwilligkeit im Rahmen des Abschlusses fehlte[101]. In diesem Fall wendete das Gericht § 138 BGB auf die Wirksamkeitskontrolle der Schiedsvereinbarung an und nahm dabei auch ausdrücklich Bezug auf die Begründung des Gesetzgebers zur Abschaffung von § 1025 Abs. 2 ZPO a.F.[102].

Dort führte der Gesetzgeber zwar aus, dass „*die […] vorgesehene Folge der Nichtigkeit für den Fall, dass eine Partei ihre wirtschaftliche und soziale Überlegenheit dazu ausgenutzt hat, die andere Partei zum Abschluss der Schiedsvereinbarung zu nötigen, angesichts der Tatsache, dass die Schiedsgerichtsbarkeit einen der staatlichen Gerichtsbarkeit grundsätzlich gleichwertigen Rechtsschutz bietet, zu weitgehend [erscheine]…*“[103].

Dies bedeute jedoch im ersten Schritt nur, dass der Gesetzgeber keine Notwendigkeit für eine spezialgesetzliche Kontrolle der Freiwilligkeit des Abschlusses der Schiedsvereinbarung gesehen hat. Daraus zu folgern, dass eine solche Kontrolle abgeschafft werden sollte, führe jedoch zu weit[104]. Selbst wenn dies

---

99 LG Köln, Urteil v. 13.09.2006 – 28 O (Kart) 38/05, SpuRt 2007, 30 (32).

100 So auch: *Heermann,* Die Freiwilligkeit von Schiedsvereinbarungen in der Sportgerichtsbarkeit, SchiedsVZ 2014, 66 (71).

101 LG München I, Urteil v. 26.02.2014, 37 O 28331/12, SchiedsVZ 2014, 100.

102 LG München I, Urteil v. 26.02.2014, 37 O 28331/12, SchiedsVZ 2014, 100 (106).

103 Bt-Drs. 13/5274, S. 34.

104 LG München I, Urteil v. 26.02.2014, 37 O 28331/12, SchiedsVZ 2014, 100 (106), welches die Freiwilligkeit des Abschlusses als Gut von Verfassungsrang einstuft und als Bedingung jeder Schiedsvereinbarung unter Verweis auf die *Körbuch*-Entscheidung des Bundesgerichtshofs bezeichnet. A.A.: *Hesselbarth,* Schiedsgerichtsbarkeit und Grundgesetz (2004), S. 203 f., die von einer bewussten Abschaffung der

bezweckt gewesen sei, fehlt es dem einfachgesetzlichen Gesetzgeber bereits an der Möglichkeit, die Privatautonomie durch einfachgesetzliche Reformen derart einzuschränken, da hier verfassungsrechtlich über Art. 101 Abs. 1 S. 2 GG (Justizgewährungsanspruch) sowie Art. 2 Abs. 1 GG i.V.m. mit Art. 1 Abs. 1 GG (Rechtsgeschäftliche Selbstbestimmung) geschützte Rechtsgüter berührt werden[105].

Entsprechend soll der Verzicht des Gesetzgebers auf die Übernahme einer dem § 1025 Abs. 2 Alt. 1 ZPO a.F. vergleichbaren Regelung, also Sanktionierung der Ausübung von Übermacht in Hinblick auf den Abschluss der Schiedsvereinbarung, nicht dazu führen, dass eine Freiwilligkeitskontrolle nicht mehr stattfindet[106]. Sie hat sich stattdessen jetzt an den allgemeineren Vorschriften der §§ 138, 242 BGB zu messen, die grundsätzlich auf den Abschluss einer Schiedsvereinbarung ebenfalls Anwendung finden, nach dem alten Recht aber lediglich teilweise hinter die speziellere Vorschrift des § 1025 Abs. 2 ZPO a.F. zurücktraten[107]. Selbst während der Geltungsdauer von § 1025 Abs. 2 ZPO a.F. wurde seitens des Bundesgerichtshofs auf § 138 BGB zur Begründung Unwirksamkeit einer Schiedsklausel aufgrund unfreiwilligen Abschlusses zurückgegriffen[108].

In der Rechtsprechung scheint im Ergebnis auch nach der Schiedsreform an dem Kriterium der Freiwilligkeit festgehalten zu werden. So hat der Bundesgerichtshof in der Revision zur zuvor bereits thematisierten Entscheidung im *Pechstein*-Verfahren an der Notwendigkeit der Freiwilligkeit des Abschlusses der Schiedsvereinbarung festgehalten, insbesondere in Hinblick auf die grundrechtliche Dimension dieser Entscheidung[109]. Der Bundesgerichtshof prüfte diese

Freiwilligkeitskontrolle durch den Gesetzgeber ausgeht und entsprechend im Ergebnis eine Teilverfassungswidrigkeit des reformierten Schiedsverfahrensrechts annimmt.

105 *Monheim,* Das Ende des Schiedszwangs im Sport, SpuRt 2014, 90 (92).

106 *K. Schmidt*, Neues Schiedsverfahrensrecht und Gesellschaftsrechtspraxis, ZHR 1998, 265 (282); *Pfeiffer,* Rechtsgeschäftliche Entscheidungsfreiheit beim Abschluss von Schiedsvereinbarungen, SchiedsVZ 2014, 161 (164).

107 *Haas/Hauptmann,* Schiedsvereinbarungen in Ungleichgewichtslagen, SchiedsVZ 2004, 175 (181 f.); *Schütze,* Schiedsgericht und Schiedsverfahren[5] (2012), Rn. 208.

108 BGH Urteil v. 26.01.1989 - X ZR 23/87, BGHZ 106, 336. Zustimmend dazu: *Voit* in Musielak/Voit-ZPO[15] (2018), § 1029 Rn. 10; *Heermann,* Freiwilligkeit von Schiedsvereinbarungen in der Sportgerichtsbarkeit, SchiedsVZ 2014, 66 (73).

109 Auch wenn in der Konstellation ein faktischer Zwang zum Abschluss der Schiedsvereinbarung bestanden hat, sieht der BGH nur dann eine Verletzung des Freiwilligkeitserfordernisses als gegeben, wenn der Abschluss auf einer Drohung oder Täuschung basierte, sich der Verzichtende der Tragweite seiner Entscheidung nicht bewusst war oder es an einer wirksamen Abgabe einer Willenserklärung insgesamt

Frage, anders als noch die erste Instanz, im Kontext des Missbrauchs einer marktbeherrschenden Stellung, sodass es bisher an einer höchstrichterlichen Entscheidung fehlt, ob das Freiwilligkeitserfordernis auch abseits des Kartellrechts noch eine Voraussetzung für den wirksamen Abschluss einer Schiedsvereinbarung ist. Vor dem Hintergrund der zuvor dargestellten verfassungsrechtlichen Dimension sowie der Rechtsprechungstradition des Bundesgerichtshofs spricht jedoch einiges dafür, dass auch außerhalb von kartellrechtlichen Fragestellungen an diesem Kriterium noch festgehalten wird.

Im Schrifttum wird die Frage, ob und wie freiwillig der Abschluss einer Schiedsvereinbarung sein muss, differenziert diskutiert. Eine Reihe von Stimmen im zivilprozessualen Schrifttum sowie insbesondere auch die verfassungsrechtliche Literatur hält an dem Merkmal der Freiwilligkeit fest[110], während andere Teile des Schrifttums etwas großzügiger sind und eine Reihe von Ausnahmen akzeptieren[111].

Ausgangspunkt der Teile des Schrifttums, welche an der Notwendigkeit eines freiwilligen Abschlusses festhalten wollen, ist eine Entscheidung des Bundesverfassungsgerichts in der sich das Gericht mit den Auswirkungen zu Ungleichsgewichtslagen zwischen den Parteien bei Abschluss der Vereinbarung äußerte[112].

---

gefehlt hat. Basiert der Verzicht dagegen auf einer vertraglichen Vereinbarung zwischen zwei Parteien, sei im Grundsatz davon auszugehen, dass dieser Verzicht auch freiwillig erfolgt ist. Gleichzeitig misst der BGH die Wirksamkeit dieses Verzichts an einer Interessenabwägung zwischen den Interessen des Sportverbands, dem Zweck der Dopingbekämpfung sowie den Grundrechten der Athletin und kommt zu dem Ergebnis, dass der Verzicht hier freiwillig und damit wirksam war. Siehe BGH, Urteil v. 07.06.2016 – KZR 6/15, NJW 2016, 2266 (2271f). Kritisch dazu: *Heermann,* Die Sportschiedsgerichtsbarkeit nach dem Pechstein-Urteil des BGH, NJW 2016, 2224 (2225 f.).

110 Vgl. hierzu die Gegenüberstellung bei *Heermann,* Freiwilligkeit von Schiedsvereinbarungen in der Sportgerichtsbarkeit, SchiedsVZ 2014, 66 (71 f.); die Notwendigkeit des freiwilligen Abschlusses bejahend *Beckmann,* Statutarische Schiedsklauseln im deutschen Recht und internationalem Kontext (2007), S. 35; *Haas,* Internationale Sportschiedsgerichtsbarkeit und EMRK, SchiedsVZ 2009, 73 (79); *Hofmann,* Zur Notwendigkeit einer institutionellen Sportschiedsgerichtsbarkeit in Deutschland (2009), S. 349; *Longrée/Wedel,* Die Entscheidung über die Einrede der Schiedsvereinbarung nach § 1032 Abs. 1 ZPO als finaler verfassungs- und europarechtlicher Kontrollgegenstand, SchiedsVZ 2016, 237 (238); *Saenger* in Saenger-ZPO[7] (2017), Vor §§ 1025 Rn. 6.

111 Dazu siehe unten Erster Teil, B, § 2, II, 1, b.

112 Das Bundesverfassungsgericht schreibt im Zusammenhang mit der Berufsfreiheit zu dem entsprechenden Spannungsfeld: „*Hat einer der Vertragsteile ein so starkes Übergewicht, dass er vertragliche Regelungen faktisch einseitig setzen kann, bewirkt dies für den anderen Vertragsteil Fremdbestimmung. Wo es an einem annähernden*

Diese Entscheidung erging zwar nicht zum Schiedsverfahrensrecht, sondern zu Karenzentschädigungen von Handelsvertretern, die aufgestellten Grundsätze sind jedoch allgemeiner Natur und lassen sich somit übertragen. Im Ergebnis wurde dort entschieden, dass der Gesetzgeber aufgerufen ist, das Verfügen über Grundrechte in Ungleichsgewichtslagen auszuschließen und so die schwächere Partei zu schützen.

Gleichzeitig hält das Bundesverfassungsgericht fest, dass eine Abwägung zwischen dem Schutz der negativen Vertragsabschlussfreiheit der schwächeren Partei mit der Gewährleistung der positiven Vertragsabschlussfreiheit der anderen Seite vorgenommen werden müsse[113]. Dem lässt sich entnehmen, dass nicht automatisch jede unter ungleichen Kräfteverhältnissen abgeschlossene Vereinbarung auch unwirksam ist. Die Notwendigkeit einer Korrektur besteht zum Beispiel dann nicht, wenn sich der Verzicht auf das grundrechtsgarantierte Recht im Einzelfall nicht negativ auf die Partei auswirke – im Rahmen des Abschlusses einer Schiedsvereinbarung also zum Beispiel dann, wenn die gewählte Art der schiedsrichterlichen Streitbeilegung der Entscheidung durch einen staatlichen Richter gleichzustellen ist[114].

Andere Stimmen sehen die Voraussetzungen der Freiwilligkeit durch die verfahrensrechtlichen Vorschriften des § 1034 Abs. 2 ZPO als ausreichend geschützt an[115]. Gemäß § 1034 Abs. 2 ZPO kann in Fällen, in denen die Auswahl der

---

Kräftegleichgewicht der Beteiligten fehlt, ist mit den Mitteln des Vertragsrechts allein kein sachgerechter Ausgleich der Interessen zu gewährleisten. Wenn bei einer solchen Sachlage über grundrechtliche Positionen verfügt wird, müssen staatliche Regelungen ausgleichend eingreifen, um den Grundrechtsschutz zu sichern […] Der Verfassung lässt sich nicht unmittelbar entnehmen, wann Ungleichgewichtslagen so schwer wiegen, dass die Vertragsfreiheit durch zwingendes Gesetzesrecht begrenzt oder ergänzt werden muss. Auch lassen sich die Merkmale, an denen etwa erforderliche Schutzvorschriften ansetzen können, nur typisierend erfassen. Dem Gesetzgeber steht dabei ein besonders weiter Beurteilungs- und Gestaltungsspielraum zur Verfügung. Allerdings darf er offensichtlichen Fehlentwicklungen nicht tatenlos zusehen. Er muss dann aber beachten, dass jede Begrenzung der Vertragsfreiheit zum Schutz des einen Teils gleichzeitig in die Freiheit des anderen Teils eingreift." BVerfG, Beschluss v. 07.02.1990 – 1 BvR 26/84, BVerfGE 81, 242, (255).

113 BVerfG, Beschluss v. 07.02.1990 – 1 BvR 26/84, BVerfGE 81, 242, (254).

114 Kritisch in Bezug auf die Abwägung und insgesamt Reformbedarf sehend: *Bleistein/ Degenhart*, Sportschiedsgerichtsbarkeit und Verfassungsrecht, NJW 2015, 1353 (1356).

115 So z.B. *Steiner*, Das Verhältnis von Schiedsgerichtsbarkeit und staatlicher Gerichtsbarkeit, SchiedsVZ 2013, 15 (17 f.). Wohl auch *Münch* in MüKo-ZPO[5] (2017), § 1034 Rn. 2.

Schiedsrichter unter ungleichen Kräfteverhältnissen zustande gekommen ist, eine Ersatzbestellung durch einen staatlichen Richter beantragt werden[116].

Interessanterweise wird unter den Verfechtern einer fortbestehenden Freiwilligkeitskontrolle die dogmatische Anknüpfung dieser Frage zumeist nicht thematisiert. Ob sich die Freiwilligkeitskontrolle damit aus §§ 138, 242 BGB oder aus extensiver Auslegung des § 1034 Abs. 2 ZPO ergibt, bleibt unklar. Einen weiteren Ansatzpunkt liefert, noch zum alten Recht argumentierend, *Geimer*, der die Durchsetzung der verfassungsrechtlich gebotenen Freiwilligkeit beim Abschluss der Schiedsvereinbarung im Wege der *ordre-public* Kontrolle bei Vollstreckung des Schiedsspruchs für möglich hielt – dieser Ansatz ließe sich problemlos auch nach neuem Schiedsverfahrensrecht im Rahmen des § 1059 Abs. 2 Nr. 2 lit b. ZPO anwenden[117]. Dieser Ansatz hat jedoch den Nachteil, dass den Parteien während des Verfahrens die Möglichkeit fehlt, bereits gegen die Schiedsvereinbarung vorzugehen, was aus Effizienzgesichtspunkten wenig sinnvoll erscheint.

Zusammengefasst lässt sich also festhalten, dass sowohl die Rechtsprechung als auch Teile des Schrifttums zum Schiedsverfahrensrecht weiterhin an der Erforderlichkeit eines freiwilligen Abschlusses der Schiedsvereinbarung festhalten.

b) Gegenauffassung: keine Notwendigkeit einer Freiwilligkeitskontrolle

Wie zuvor bereits angesprochen, wird die Notwendigkeit einer Freiwilligkeitskontrolle, die Rechtsprechung und Teile des Schrifttums vornehmen[118], in Teilen der zivilprozessualen Literatur nicht geteilt[119].

Gestützt wird sich dabei insbesondere auf die zuvor bereits thematisierte Gesetzesbegründung zur Abschaffung von § 1025 Abs. 2 ZPO a.F., wo ein besonderer Schutz vor dem Hintergrund der Gleichwertigkeit des Schiedsverfahrensrechts

---

116 *Saenger* in Saenger-ZPO[7] (2017), § 1034 Rn. 12; *Voit* in Musielak/Voit-ZPO[15] (2018), § 1034 Rn. 3.

117 *Geimer*, Schiedsgerichtsbarkeit und Verfassung, in Integritätsprobleme im Umfeld der Justiz (1997), S. 164.

118 Siehe oben Erster Teil, B, § 2, II, 1, a.

119 *Hilpert*, Die Geschichte des Sportrechts (2011), S. 425; *Oschütz*, Zur Überprüfung von Schiedssprüchen des TAS/CAS durch das schweizerische Bundesgericht, SpuRt 2004, 177 (178); unter Berufung auf eine abschließende Wirkung von § 1034 Abs. 2 ZPO sich gegen eine Prüfung der Freiwilligkeit des Abschlusses aussprechend, *Schlosser* in Stein/Jonas[23] (2014), § 1034 Rn. 2 f. Ebenfalls kritisch in Bezug auf eine fortbestehende Freiwilligkeitskontrolle: *Adolphsen*, Internationale Dopingstrafen (2003), S. 562.

für nicht notwendig erachtet und die alte Regelung als zu weitreichend kritisiert wurde[120]. Vor diesem Hintergrund wird dem Bundesgerichtshof vorgeworfen, er ignoriere das neue Schiedsverfahrensrecht und wolle lediglich seine zum alten Recht entwickelte Rechtsprechung fortsetzen[121].

Argumentiert wird vor allem, dass § 1034 Abs. 2 ZPO den Problemkreis eines freiwilligen Abschlusses der Schiedsvereinbarung abschließend regele und dem Rechtsschutzbedürfnis der Partei, welche eine Schiedsvereinbarung unter Zwang zugestimmt habe, durch die Möglichkeit einer Korrektur der Besetzung eines Schiedsgerichts von unter ungleichen Kräfteverhältnissen ernannten Schiedsrichtern durch ein staatliches Gericht genüge getan werde[122]. Ein nach § 1034 Abs. 2 ZPO auf zwei Wochen nach Benennung des Schiedsgerichts begrenzter Rechtsschutz sei dabei vorzugswürdig gegenüber der Rechtsunsicherheit, dass sich ein bereits erlassener Schiedsspruch später aufgrund des Basierens auf einer unfreiwilligen, und damit unwirksamen, Schiedsvereinbarung wieder aufheben ließe[123].

Teilweise, jedoch ohne weitergehende Begründung als die durch den Gesetzgeber aufgeworfene Gleichwertigkeit des Schiedsverfahrens wird der Gesetzgeber sogar derart weitgehend verstanden, dass auf das Merkmal der Freiwilligkeit vollständig verzichtet werden kann[124].

c) Einordnung und Bewertung

Die oben dargestellte Diskussion entbrannte an der Frage, ob das neue Schiedsverfahrensrecht noch verfassungsgemäß ist. Die Frage, die sich jedoch in Hinblick auf die Untersuchung der Beendbarkeit von Schiedsvereinbarungen stellt, ist ein wenig anders gelagert. Hier soll nicht im Vordergrund stehen, ob der Gesetzgeber verfassungsrechtlich befugt ist, Schiedszwang unter bestimmten Umständen zu billigen, sondern was die aktuelle gesetzliche Ausgestaltung für die Verankerung des Schiedsverfahrensrechts in der Privatautonomie bedeutet. Besteht diese Verankerung nicht mehr oder wurde sie gelockert, kann dies die Untersuchungsparameter der Arbeit entscheidend verändern[125].

---

120 Bt-Drs. 13/5274, S. 34.

121 *Adolphsen*, Internationale Dopingstrafen (2003), S. 562.

122 *Schlosser* in Stein/Jonas[23] (2014), § 1034 Rn. 2 f.

123 *Schlosser* in Stein/Jonas[23] (2014), § 1034 Rn. 3.

124 *Hilpert*, Die Geschichte des Sportrechts (2011), S. 425; *Oschütz*, Zur Überprüfung von Schiedssprüchen des TAS/CAS durch das schweizerische Bundesgericht, SpuRt 2004, 177 (178).

125 So etwa bei der Frage des Umfangs der konsensualen Aufhebungsmöglichkeiten der Schiedsvereinbarung. Leitet sich die Rechtfertigung der Schiedsgerichtsbarkeit nicht

Dahinstehen kann an dieser Stelle damit auch die ebenfalls vielerorts umstrittene Frage, ob nach aktuellem Recht die Freiwilligkeit des Abschlusses der Schiedsvereinbarung ausreichend sichergestellt ist. An dieser Stelle deckt die Bandbreite vertretener Auffassungen das gesamte Spektrum von vollständig unzureichendem Schutz[126], über Rückgriffe auf allgemeine Vorschriften wie §§ 138, 242 BGB oder Sicherstellung der Freiwilligkeit über das Schriftformerfordernis des § 1031 ZPO[127] bis hin zu der Auffassung, dass der Freiwilligkeitskontrolle durch den Schutz vor Übervorteilung im Verfahren bereits genüge getan ist, wie § 1034 Abs. 2 S. 1 ZPO es für die Bestellung der Schiedsrichter vorsieht[128].

Erstaunlicherweise ist die Frage der Verankerung der Schiedsgerichtsbarkeit in der Privatautonomie im Schrifttum soweit ersichtlich nicht weiter vor dem Hintergrund der Auswirkungen in Hinblick auf die vertragliche Natur der Schiedsvereinbarung erörtert worden. Auch diejenigen Stimmen, die erklären, das Schiedsverfahrensrecht basiere nicht mehr auf der Privatautonomie, erklären nicht, was denn stattdessen die Basis des Schiedsverfahrensrechts sein soll[129] und was dies ganz konkret für den Abschluss und die Beendigung von Schiedsvereinbarungen bedeutet. Hier sind ohnedies zwei Fragen voneinander zu trennen: auf der einen Seite steht die Frage nach der dogmatischen Begründung und „Rechtfertigung" des Schiedsverfahrensrechts als solche, mit der sich auch die dargestellten Stimmen befassen. Dieser vorgelagert steht jedoch noch eine andere, grundlegendere Frage: wie kommen die Parteien zum Schiedsverfahren?

Die Antwort hierauf ist immer dieselbe: weil es eine entsprechende Schiedsvereinbarung gibt. Losgelöst von der Freiwilligkeit des Abschlusses dieser Vereinbarung lässt sich also festhalten, dass jedenfalls ohne die Entscheidung der Beteiligten ein Schiedsverfahren nicht stattfindet. Zwang seitens Dritter oder der vollständige Ausschluss der staatlichen Gerichtsbarkeit für einzelne Streitigkeiten oder Formen gibt es auch nach dem neuen Recht nicht – und würde sich vor dem Hintergrund des Art. 101 Abs. 2 GG auch kaum rechtfertigen lassen. Ausnahmen, wie beispielsweise den zuvor thematisierten faktischen „Schiedszwang" auf dem Gebiet der Sportschiedsgerichtsbarkeit, ändern daran zunächst einmal nichts. Erstens ist es wie gesehen fraglich, ob diese überhaupt zulässig

---

mehr aus der Privatautonomie der Parteien ab, so könnte dies auch deren Dispositionsbefugnis über die Schiedsvereinbarung einschränken.

126 *Hesselbarth,* Schiedsgerichtsbarkeit und Grundgesetz (2004), S. 203 f.

127 BGH, Urteil v. 03.04.2000 – II ZR 373/98, BGHZ 144, 146.

128 So bspw. Bt-Drs. 13/5274, S. 34.

129 So z.B.: *Voit,* Die Privatisierung der Gerichtsbarkeit, JZ 1997, 120 (124 f.).

sind – auch wenn sich die derzeitige Rechtsprechung eher für ein Ja zu entscheiden scheint[130]. Zweitens begründen selbst diejenigen, die solch faktischen Schiedszwang in bestimmten Bereichen für zulässig erachten, dies mit Sachnotwendigkeiten oder Praktikabilität, wie, um am Beispiel des Sports zu bleiben, mit einer einheitlichen internationalen Rechtsprechung beispielsweise in Dopingfragen[131]. Da eine einheitliche Überprüfung und die Möglichkeit effektiver Rechtsfortbildung auch im Interesse des Sportlers lägen, führe auch eine Abwägung nach §§ 138, 242 BGB zu einer Wirksamkeit der Schiedsvereinbarung[132].

Damit entspricht die Diskussion jedoch den Parametern eines Regel/Ausnahme-Verhältnisses, beziehungsweise angelehnt an die grundrechtliche Dimension, der Frage des Eingriffs und der Rechtfertigung[133]. Eine Abkehr von der Privatautonomie als Grundlage des Schiedsverfahrensrechts wird in diesem Zusammenhang jedoch nicht als Begründung herangezogen. Somit bleibt immer eine irgendwie geartete Verankerung der Einleitung des Schiedsverfahrens in der Entscheidung der Parteien. Oder umgekehrt formuliert: *ohne* den Willen der Beteiligten wird es nie zu einem Schiedsverfahren kommen[134]. Aus der Streichung von § 1025 Abs. 2 ZPO a.F. lässt sich somit keine Abschaffung der Notwendigkeit eines freiwilligen Abschlusses von Schiedsvereinbarungen und damit auch keine Loslösung aus der Privatautonomie herleiten.

2. Streitgegenstandserweiterung als Abkehr von der Privatautonomie

Ein weiterer Ansatz zur Begründung der These, dass das Schiedsverfahrensrecht nicht mehr in der Privatautonomie verankert sei, ist die Heranziehung der Erweiterung der objektiven Schiedsfähigkeit auf alle vermögensrechtlichen Ansprüche nach § 1030 Abs. 1 S. 1 ZPO[135].

---

130 Siehe nochmals oben Erster Teil, B, § 2, II.

131 BGH, Urteil v. 07.06.2016 – KZR 6/15, NJW 2016, 2266 (2271 f.).

132 *Duve/Rösch*, Der Fall Pechstein – kein Startschuss für eine Neugestaltung der Sportschiedsgerichtsbarkeit, SchiedsVZ 2014, 216 (223), die auf Seiten der Sportverbände weiterhin auch auf die Verbandsautonomie aus Art. 9 Abs. 1 GG sowie § 25 BGB als ebenfalls verfassungsrechtlich geschützte Interessen abstellen.

133 Vgl. auch *Saenger* in Saenger-ZPO[7] (2017), Vor §§ 1025 Rn. 7a.

134 So auch: *Beckmann*, Statutarische Schiedsklauseln im deutschen Recht und internationalen Kontext (2007), S. 28.

135 *Hesselbarth*, Schiedsgerichtsbarkeit und Grundgesetz (2004), S. 174; *Voit*, Die Privatisierung der Gerichtsbarkeit, JZ 1997, 120 (124 f.); *Voit* in Musielak/Voit-ZPO[15] (2018), § 1030 Rn. 1.

a) Darstellung der Auffassung

Begründet wird dies damit, dass nach den entsprechenden Regelungen des Schiedsrechts heute auch Streitgegenstände Gegenstand einer Schiedsvereinbarung sein können, bei denen den Parteien die materiell-rechtliche Befugnis fehlt, einen Vergleich abzuschliessen[136]. Dieser Gleichlauf aus Vergleichsbefugnis und Schiedsfähigkeit sei jedoch eine der Rechtfertigungen gewesen, warum Parteien in Schiedsverfahren über diese Streitgegenstände voll verfügen konnten – wenn sie sich nach ihren Gutdünken vergleichen durften, dann sollte es ihnen nach dem selben Gutdünken möglich sein, darüber ein Schiedsgericht entscheiden zu lassen[137]. Diese weitreichende Befugnis soll den Parteien jedoch nicht über alle Rechtsverhältnisse zugestanden werden, stattdessen ist dies nur dort möglich, wo den Parteien die Gestaltung der Rechtsverhältnisse ihrer Privatautonomie überlassen bleibt – dies schloss damit insbesondere eine Reihe von familien-, erb-, oder gesellschaftsrechtlichen Konstellation aus[138]. Eben jene weitreichende Vergleichsbefugnis galt nach altem Recht als die primäre Begründung dafür, ein solches Rechtsverhältnis zur Entscheidung einem Schiedsgericht übertragen zu können[139].

b) Einordnung und Bewertung

Leitet man die Rechtfertigung des Schiedsverfahrensrecht ausschließlich aus der Vergleichsbefugnis der Parteien ab, bekommt diese Begründung mit dem neuen Schiedsrecht und der Erweiterung der Schiedsfähigkeit auf alle vermögensrechtlichen Ansprüche tatsächlich eine Unwucht. Die Gesetzesbegründung gibt den Gleichlauf aus Vergleichsbefugnis und Schiedsfähigkeit ausdrücklich unter Verweis darauf auf, dass die Schiedsgerichtsbarkeit als gleichwertige Alternative zur

---

136 *Voit,* Die Privatisierung der Gerichtsbarkeit, JZ 1997, 120 (124 f.).

137 Diese umfassende Verfügungsbefugnis über den Streitgegenstand im Rahmen von Vergleichen zeigt sich gut daran, dass es den Parteien in sogar möglich ist, sich auch über zwingendes Gesetzesrecht hinwegzusetzen, Siehe BGH, Urteil v. 03.04.1963 – VIII ZR 217/61, NJW 1963, 1197 (1198), wo das Gericht feststellte, dass es den Parteien eines sittenwidrigen Darlehensvertrages sehr wohl möglich sei, über den Inhalt des Vertrages einen Vergleich zu schließen, solange dieser nicht ebenfalls nach § 138 BGB nichtig sei – Voraussetzung ist jedoch, dass an dieser Unwirksamkeit zumindest gewisse Zweifel bestehen und der Vergleich nicht einen reinen Umgehungscharakter hat. Vgl. dazu im Detail: *Marburger* in Staudinger BGB (2015), § 779, Rn. 78.

138 Siehe dazu die detaillierte Übersicht bei *Habersack* in MüKo-BGB[7] (2017), § 779 Rn. 5 ff.

139 *Voit,* Die Privatisierung der Gerichtsbarkeit, JZ 1997, 120 (124).

staatlichen Gerichtsbarkeit anerkannt wird und damit eine Differenzierung in vergleichsfähige und nicht vergleichsfähige Streitgegenstände bei vermögensrechtlichen Ansprüchen nicht mehr notwendig sei[140]. Der Gesetzgeber dreht damit die Bewertung der Schiedsfähigkeit um. Die Frage lautet nicht mehr: Ist es unbedenklich, dass ein Anspruch durch ein Schiedsgericht entschieden werden kann? Die Frage lautet nun vielmehr: Gibt es einen Grund, dass die staatliche Gerichtsbarkeit ein Entscheidungsmonopol behält[141]? So kann beispielsweise ein Schadensersatzanspruch gegen den Geschäftsführer einer Gesellschaft wegen Zahlungen aus dem Stammkapital gemäß § 43 Abs. 3 S. 2 GmbHG i.V.m. § 9b Abs. 1 GmbHG nicht vergleichsweise beigelegt werden, ist jedoch vermögensrechtlich und steht damit der Entscheidung durch ein Schiedsgericht offen[142]. Weiterhin stellte der Gesetzgeber in seiner Gesetzesbegründung klar, dass auch etwa die Anordnung eines ausschließlichen Gerichtsstandes keine Anordnung eines solchen Rechtsprechungsmonopols begründet[143].

Zunächst ist festzuhalten, dass diese Streitgegenstandserweiterung zwar eine Abkehr von der bis dahin im Gesetz festgeschriebenen Ausgestaltung des Schiedsverfahrensrechts darstellt, die höchstrichterliche Rechtspraxis jedoch bereits deutlich näher an der Regelung des Reformgesetzgebers lag[144]. In der Literatur war bereits zum alten Recht unter Anwendung unterschiedlicher Ansätze Konsens, dass ein starres Festhalten auf der materiellen Vergleichsfähigkeit der Parteien nicht zweckmäßig sei[145].

Nach dem „materiellen Ansatz" waren unter Bezugnahme auf den materiellen Vergleichsbegriff gemäß § 779 BGB alle Ansprüche schiedsfähig, wenn den Parteien zwingendes Recht nicht die Dispositionsbefugnis über die Ansprüche

140 Bt-Drs. 13/5274, S. 34.

141 Bt-Drs. 13/5274, S. 34.

142 Weiterhin schiedsfähig sind auch die Gegenstände der materiell-rechtlich von Verfügungs- und Vergleichsverboten betroffenen Ansprüche wie Forderungen der Gesellschaft aus der Gründungshaftung nach §§ 9a, 9b Abs. 1 S. 1 GmbHG, die Haftung nach Kapitalerhöhung gemäß § 57 Abs. 4 GmbHG, Ansprüche gegen Gründer, Vorstände sowie Aufsichtsratsmitglieder der AG nach §§ 50, 93 Abs. 4 S. 3, 116 AktG, die Ausgleichspflicht des Konzerns nach § 302 AktG oder Ausgleichsansprüche von Handelsvertretern nach § 89b Abs. 4 S. 1 HGB. Vgl. dazu die Übersicht bei *Wagner*, Prozessverträge (1998), S. 586 f.

143 Bt-Drs. 13/5274, S. 35, wo der Gesetzgeber an dieser Stelle im Prinzip auch die Schiedsfähigkeit von Anfechtungsklage in der Aktiengesellschaft für möglich erachtet.

144 So etwa: BGH Urteil v. 06.06.1991 – III ZR 68/90, NJW 1991, 2215 (2216).

145 Vgl. dazu die Übersicht bei *Schulze*, Grenzen der objektiven Schiedsfähigkeit (2003), S. 23 f.

nahm[146]. Aus dem Umstand, dass die Schiedsvereinbarung zeitlich dem Rechtsstreit vorangeht und daher nicht zwingend ersichtlich war, ob die später einmal streitigen Ansprüche der Dispositionsbefugnis der Parteien entzogen sein würden, knüpfte diese Ansicht an eine hypothetische Betrachtung des Schiedsspruchs an. Verstoße dieser gegen zwingendes Recht, sei die Schiedsvereinbarung unwirksam[147]. Im Ergebnis waren also alle Ansprüche schiedsfähig, bei denen nicht im zugrundeliegenden Rechtsverhältnis ein Verstoß gegen zwingendes Recht vorlag[148].

Eine andere Auffassung knüpfte an die objektive Verfügungsbefugnis der Parteien über den Streitgegenstand an und bejahte solange die Schiedsfähigkeit, wie nicht die Entscheidung durch ein staatliches Gericht zwingend geboten sei[149]. Diese Argumentation ist weitestgehend deckungsgleich mit der Begründung des Reformgesetzgebers und dessen Anknüpfung an ein Rechtsprechungsmonopol des Staates.

Die Rechtsprechung wendete zunächst die materielle Theorie an[150], schien aber gegen Ende der Geltung des alten Schiedsverfahrensrechts ebenfalls zu einer extensiveren Auslegung zu tendieren. So hat der Bundesgerichtshof 1991 bei der Frage, ob eine Streitigkeit über ein an einer ausländischen Börse abgewickeltes Warentermingeschäft in Deutschland schiedsfähig ist, entschieden, dass die *„objektive Schiedsfähigkeit fehlt, wenn der Staat sich im Interesse besonders schutzwürdiger Rechtsgüter ein Rechtsprechungsmonopol [...] vorbehalten hat, dass nur der staatliche Richter in der Lage sein soll, durch seine Entscheidung eine bestimmte Rechtsfolge herbeizuführen“*[151]. Oder an anderer Stelle noch deutlicher: *„Dem Gegenstand [...] fehlt auch deswegen nicht die Schiedsfähigkeit, weil die Parteien über ihn keinen wirksamen Vergleich schließen konnten“*[152]. Diese

---

146 *Bärmann,* Schiedsfähigkeit in FS Weber (1975), S. 3 f.

147 *Maier,* Schiedsgerichtsbarkeit (1979), S. 46 f.

148 *Schulze,* Grenzen der objektiven Schiedsfähigkeit (2003), S. 24.

149 *Bork,* Begriff der objektiven Schiedsfähigkeit, ZZP 100, 249 (258).

150 OLG Hamm, Urteil v. 08.12.1986 – 8 U 73/86, NJW-RR 1987, 1319 (1320); OLG Köln, Urteil v. 28.02.1996 – 5 U 101/95, VersR 1998, 112 (113); *Schulze,* Grenzen der objektiven Schiedsfähigkeit (2003), S. 27.

151 BGH, Urteil v. 06.06.1991 – III ZR 68/90, NJW 1991, 2215 (2216).

152 BGH, Urteil v. 06.06.1991 – III ZR 68/90, NJW 1991, 2215 (2216). Zustimmend dazu *Geimer,* Schiedsgerichtsbarkeit und Verfassung, in Integritätsprobleme im Umfeld der Justiz (1994), S. 152 f., der bereits zur alten Rechtslage ausführte, dass aus verfassungsrechtlicher Sicht keinesfalls ein Gleichlauf von Schiedsfähigkeit und materiellrechtlicher Verfügungsbefugnis erforderlich sei – er geht sogar so weit und hält eine Schiedsfähigkeit von Ehe- und Kindschaftsstreitigkeiten ebenfalls *de lege ferenda* für schiedsfähig.

Auffassung bestätigte er später dann in der *„Schiedsfähigkeit – I“* Entscheidung zur Schiedsfähigkeit von GmbH-rechtlichen Beschlussmängelstreitigkeiten[153]. Damit nahm der Bundesgerichtshof dem Gesetzgeber beinahe wortwörtlich die Begründung zum § 1031 Abs. 1 ZPO vorweg. Somit war die Schiedsrechtsform, jedenfalls bezügliches dieses Aspektes, im Grunde nur eine konsequente Umsetzung der zuvor bereits praktizierten Regelung[154].

Dennoch kommt *Voit* zum Schluss, dass der Gesetzgeber durch die Reform eine breit angelegte, private, Parallelgerichtsbarkeit *sui generis* geschaffen habe, da er scheinbar der Schiedsgerichtsbarkeit eine höhere Legitimität und Gewähr auf Richtigkeit zuspricht, als den Parteien selbst[155]. Dies erscheint tatsächlich vor dem Hintergrund, dass es den Parteien im Schiedsverfahren freigestellt ist, ihr eigenes Regelwerk zu entwickeln und sich auch die Schiedsrichter selbst auszuwählen, fragwürdig.

Gegen letzteres sind jedoch zwei Einwände vorzubringen. Zum einen gibt es eine Reihe guter Gründe, die durchaus für eine höhere Entscheidungskompetenz der Schiedsgerichte im Vergleich zu den Parteien streiten, wie beispielsweise im Regelfall institutionalisierte Verfahren auf der Grundlage von erprobten Schiedsregeln sowie, ebenfalls im Regelfall, die Entscheidung durch erfahrene Schiedsrichter. Dies ist aber gar nicht der entscheidende Punkt, denn die Frage bleibt eine dogmatische. Eine Entkoppelung von der Privatautonomie als Legitimationsgrundlage fände nur dann statt, wenn der Umfang der Privatautonomie prozessrechtlich und materiell-rechtlich immer gleich wäre. Damit der Gesetzgeber also die Dispositionsbefugnis im Rahmen eines Vergleichs enger fassen dürfte, als den Umfang der schiedsfähigen Streitgegenstände, müsste er die Kompetenz besitzen, die Privatautonomie unterschiedlich auszugestalten; denn auch die Vergleichsfähigkeit und Dispositionsbefugnis der Parteien selbst als Teile der Verfahrensautonomie sind nur eine Facette der Privatautonomie, aber nicht ihre Grundlage[156]. *Steiner* sieht in der entsprechenden Ausgestaltung eine

---

153 BGH Urteil v. 29.03.1996, II ZR 124/95, BGHZ 132, 278, wo der BGH zwar die Schiedsfähigkeit von GmbH-rechtlichen Beschlussmängelstreitigkeiten zunächst ausschloss, andererseits jedoch ausführte, *„die objektive Schiedsfähigkeit fehlt demnach im wesentlichen* [sic] *nur dann, wenn sich der Staat im Interesse besonders schutzwürdiger, der Verfügungsmacht privater Personen entzogener Rechtsgüter ein Rechtsprechungsmonopol in dem Sinne vorbehalten hat, daß allein der staatliche Richter in der Lage sein soll, durch seine Entscheidung den angestrebten Rechtszustand herbeizuführen“*.

154 *Trittmann/Hanefeld* in Arbitration in Germany (2007), § 1030 Rn. 5.

155 *Voit,* Die Privatisierung der Gerichtsbarkeit, JZ 1997, 120 (125).

156 *Rauscher* in MüKo-ZPO[5] (2016), Einleitung Rn. 312; *Steiner*, Das Verhältnis von Schiedsgerichtsbarkeit und staatlicher Gerichtsbarkeit, SchiedsVZ 2013, 15 (16). So

Ausprägung der Justizgestaltungsfreiheit des Staates[157], weiterhin wird vielfach betont, dass nirgendwo ein Gleichlauf von materieller und prozessualer Dispositionsbefugnis angeordnet wird[158].

Tatsächlich bietet das Prozessrecht eine ganze Reihe von Möglichkeiten, im Wege einer privatautonomen Entscheidung auf Streitgegenstände zu verzichten oder über diese zu verfügen, ohne dass dafür eine materielle Verfügungsbefugnis Voraussetzung wäre. Zu denken ist hier insbesondere an die Möglichkeit, durch Säumnis den Ausgang eines Verfahrens zu verändern (§§ 330 ff. ZPO) oder durch Präklusion am Berufen auf bestimmte Umstände gehindert zu sein, was ebenfalls zu einem von der materiellen Rechtslage abweichenden Ergebnis des Verfahrens führen kann (vgl. dazu §§ 296, 530, 531 ZPO)[159]. Das Gesetz schreibt also nicht vor, dass eine der materiellen Rechtslage entsprechende Entscheidung umgesetzt werden *muss*. Es gibt den Parteien lediglich die entsprechenden Werkzeuge an die Hand, die Umsetzung aber bleibt ihrer eigenen Entscheidung, eben ihrer Privatautonomie, überlassen. An diesen Beispielen zeigt sich die Eigenständigkeit der prozessualen Privatautonomie gegenüber der materiell-rechtlichen[160].

Dass weiterhin die Dispositionsbefugnis, nur eben nicht zwingend die materiell-rechtliche Dispositionsbefugnis, entscheidend ist, lässt sich gut anhand eines Beispiels aus dem Insolvenzrecht erkennen, nämlich der Insolvenzanfechtung.

---

auch *Gottwald/Adolphsen,* Das neue deutsche Schiedsverfahrensrecht, DStR 1998, 1017 (1018), der die Schiedsvereinbarung weiter in der Dispositionsfreiheit der Parteien verortet sieht, jedoch feststellt, dass die Vergleichsbefugnis wiederum nur eine Unterausprägung dieser ist.

157 *Steiner,* Das Verhältnis von Schiedsgerichtsbarkeit und staatlicher Gerichtsbarkeit, SchiedsVZ 2013, 15 (16).

158 *Beckmann,* Statutarische Schiedsklauseln im deutschen Recht und internationalem Kontext (2007), S. 28 m.w.N.

159 *Prütting,* Schiedsgerichtsbarkeit und Verfassungsrecht in FS Schlosser (2005), S. 708, der als weiteres Beispiel auch noch die Freiwilligkeit der Zwangsvollstreckung als prozessuale Dispositionsmöglichkeit nennt.

160 *Schulze,* Grenzen der objektiven Schiedsfähigkeit (2003), S. 36; im Ergebnis ebenso: *Wolf/Eslami* in Beck-OK ZPO[22] (2016), § 1025 Rn. 2, der von der „*prozessualen Privatautonomie*" als Grundlage des Schiedsverfahrensrechts spricht. *Kocher* nähert sich dieser Frage rechtstheoretisch und führt dazu aus, dass sich anhand der prozessualen Präklusionsvorschriften sowie den Vorschriften zur Rechtskraft erkennen lässt, dass das Prozessrecht noch weitergehende – eigenständige – Zwecke hat, als die bloße Durchsetzung materiellen Rechts, vgl. dazu *Kocher,* Funktionen der Rechtsprechung (2007), S. 291 f.

Insolvenzanfechtungsansprüche sind vermögensrechtliche Ansprüche und damit grundsätzlich gemäß § 1031 Abs. 1 ZPO auch schiedsfähig. Der Insolvenzverwalter tritt in die rechtliche Stellung des Schuldners und ist demnach auch an etwaige Schiedsvereinbarungen, die dieser geschlossen hat, gebunden[161]. Dennoch geht die fast einhellige Meinung davon aus, dass insolvenzspezifische Rechte des Insolvenzverwalters von Altschiedsvereinbarungen nicht erfasst sind, da diese Rechte ausschließlich dem Insolvenzverwalter zustehen und damit weder von der prozessualen noch der materiell-rechtlichen Dispositionsbefugnis des Schuldners erfasst gewesen sind[162]. Hieran lässt sich erkennen, dass für die Reichweite der Schiedsvereinbarung entscheidend ist, worüber diejenigen Parteien, welche die Schiedsvereinbarung schließen, prozessual dispositionsbefugt waren. Abgerundet wird dies dadurch, dass es dem Insolvenzverwalter und den Gläubigern jederzeit frei steht, selbst eine Schiedsvereinbarung über die entsprechenden Ansprüche abzuschließen[163].

Weiterhin ist auch an dieser Stelle noch einmal auf die oben bereits aufgeworfene Differenzierung zurückzukommen[164]: Auch nach der Erweiterung der schiedsfähigen Streitgegenstände obliegt es immer noch den Parteien, ob sie ein Schiedsverfahren anstreben und wie sie es ausgestalten. Damit ist auch nach neuem Recht die einzige Legitimation des Schiedsgerichts, tätig zu werden, die Schiedsvereinbarung der Parteien. Auch die Verfahrenshoheit liegt weiterhin bei den Parteien, die weiterhin frei sind in ihrer Entscheidung, nach welchen Regeln das Gericht entscheiden soll, wie es sich zusammensetzt und welches Recht es anwenden soll.

Festzuhalten ist damit als Zwischenergebnis: Die Streitgegenstandserweiterung führt zunächst auf rein tatsächlicher Ebene nicht zu weniger Privatautonomie oder einem Wegfall von Vertragsgestaltungsfreiheiten der Parteien, sondern erweitert diese sogar noch, nämlich eben jetzt gemäß § 1031 Abs. 1 ZPO auf alle

---

161 St. Rspr. des BGH, zuletzt BGH, Urteil v. 25.04.2013 – IX ZR 49/12, NZI 2013, 934; *Münch,* in MüKo-ZPO[5] (2017), § 1029 Rn. 50; *Voit* in Musielak/Voit-ZPO[15] (2018), § 1029 Rn. 8.

162 St. Rspr. des BGH, zuletzt Beschluss v. 20.11.2003 – III ZB 24/03, ZInsO 2004, 88; *Heidbring,* Die Insolvenzanfechtung im Schiedsverfahren, SchiedsVZ 2009, 258, (259); a.A. *Paulus,* Der Anfechtungsprozess, ZInsO 1999, 242, (244), der die Insolvenzanfechtung für schiedsfähig hält. Dies jedoch nicht, weil er eine Anknüpfung an die Dispositionsbefugnis ablehnt, sondern die Insolvenzanfechtung für bereits durch Vornahme der anfechtbaren Handlung als angelegt betrachtet. Damit rechnet er die Insolvenzanfechtung noch dem Dispositionsbereich des Schuldners zu und teilt somit im Ergebnis die Auffassung einer maßgeblichen Funktion der Dispositionsbefugnis.

163 *Heidbring,* Die Insolvenzanfechtung im Schiedsverfahren, SchiedsVZ 2009, 258 (259).

164 Siehe oben Erster Teil, B, § 2, II, 1, c.

vermögensrechtlichen Ansprüche. *Beckmann* spricht insoweit etwas zugespitzt, aber durchaus treffend davon, dass die Privatautonomie die Grundlage, aber nicht die Grenze der Schiedsgerichtsbarkeit ist[165].

An dieser Stelle ist noch einmal die oben erarbeitete Definition der Privatautonomie ins Gedächtnis zu rufen:

Die Privatautonomie ist die Selbstbestimmung der Person durch rechtliche Selbstgestaltung[166]. Daraus entspringt dann wiederum die Vertragsfreiheit als Freiheit, seine Rechtsgeschäfte in freiem Umfang und freier Ausgestaltung zu regeln und zwar sowohl die Frage, ob man rechtsgeschäftlich tätig werden möchte (Abschlussfreiheit) als auch in welcher Form dies erfolgen soll (Gestaltungsfreiheit)[167]. Wendet man diese Definition an, wird zweierlei deutlich: die Frage der Abschlussfreiheit wird durch die Streitgegenstandserweiterung nicht berührt, denn genauso wie sich die Parteien zuvor überlegen konnten, ob sie eine Schiedsvereinbarung schließen oder nicht, können sie dies auch nach neuer Rechtslage. Dass im Übrigen jetzt eine größere Bandbreite mit Schiedsvereinbarungen abgedeckt werden kann, betrifft die Abschlussfreiheit nicht, sondern ist eine Frage der Wirksamkeit der Vereinbarung[168]. Auch die Gestaltungsfreiheit wird durch die Reform der objektiven Schiedsfähigkeit im Vergleich zur alten Rechtslage nicht berührt. War es zuvor den Parteien möglich, im Rahmen der Gesetzesregelungen eine Schiedsvereinbarung abzuschließen, ist dies heute ebenso möglich, nur dass der Rahmen sich erweitert hat.

Zusammengefasst bleibt damit auch nach der Streitgegenstandserweiterung immer noch die privatautonome Entscheidung der Parteien für ein Schiedsverfahren die Legitimations- und Tätigkeitsgrundlage des Schiedsgerichts.

3. *Gleichwertigkeitsthese und Privatautonomie*

Die These der Schiedsgerichtsbarkeit als gleichwertige Streitbeilegungsalternative ist ein weiterer Ansatzpunkt, um die Verankerung der Schiedsgerichtsbarkeit aus der Privatautonomie herauszulösen. Ausgangspunkt dieser Diskussion ist die bereits zuvor zitierte Begründung des Gesetzgebers zum Schiedsrechtsmodernisierungsgesetz[169]. Der Gesetzgeber hat hier ausdrücklich ausgeführt,

---

165 *Beckmann,* Statutarische Schiedsklagen im deutschen Recht und internationalen Kontext (2006), S. 27.

166 *Canaris,* Die Vertrauenshaftung im deutschen Privatrecht (1971), S. 413.

167 Vgl. dazu *Olzen* in Staudinger BGB (2009), Einleitung zum Schuldrecht, Rn. 52.

168 *Bork* in Staudinger BGB (2015), Vor. §§ 145–156 Rn. 13.

169 Bt-Drs. 13/5274, S. 34, im Folgenden noch deutlicher: „*unbestrittene Anerkennung der Schiedsgerichtsbarkeit als eine […] äquivalente Rechtsschutzordnung…*“, S. 36. Bereits

dass er das Schiedsverfahrensrecht als eine der staatlichen Gerichtsbarkeit gleichwertige Methode der Streitbeilegung ansieht. Dies wurde durch *Voit*, wenn auch gleichzeitig kritisch, zum Anlass genommen, der Schiedsgerichtsbarkeit damit einen genuin eigenen Charakter abseits der Legitimierung durch die Privatautonomie der Parteien zu geben[170].

Die deutliche Abschwächung der Formvorschriften für den Abschluss der Schiedsvereinbarung nach § 1031 ZPO, wonach unter Kaufleuten beispielsweise der Abschluss auch durch ein kaufmännisches Bestätigungsschreiben möglich ist oder durch Aufnahme der Schiedsvereinbarung in eine AGB ist eine direkte Konsequenz dieser Auffassung des Gesetzgebers. Die Vorschrift der Schriftform erfülle demnach heute keine Warnfunktion mehr (sondern lediglich Dokumentationsfunktion)[171]. Dies zeige, dass der Gesetzgeber es nicht mehr für nötig erachtet, vor dem Schiedsverfahren zu warnen, eben weil Schiedsverfahren ein gleichwertiges Maß an Rechtsschutz bieten.

Voit begründete seine These von dem Streitbeilegungsmechanismus *sui generis* weiterhin damit, dass der Staat sich entsprechend § 1051 ZPO dazu verpflichtet, die Entscheidung durch das Schiedsgericht zu akzeptieren, unabhängig davon, ob diese in Übereinstimmung mit der nationalen Rechtsordnung getroffen worden sei oder nicht[172]. Entscheidend sei demnach einzig und allein die durch die Parteien getroffene Rechtswahl. Dieser Begründungsansatz *Voits* ist insoweit interessant, als die Rechtswahlkompetenz der Parteien im Schiedsverfahrensrecht als einer der Eckpfeiler der Verwirklichung der Privatautonomie im Schiedsverfahrensrecht gesehen wird und der Grundsatz der Parteiautonomie ein ganz zentrales Element internationaler Vertragsgestaltung ist[173].

Gegen die Gleichwertigkeit von staatlicher Gerichtsbarkeit und Schiedsgerichtsbarkeit spricht zunächst, dass Schiedsgerichte auf die Schützenhilfe der staatlichen Gerichte angewiesen sind, sei es hinsichtlich einstweiligen Rechtsschutzes[174] oder jedenfalls vor dem Hintergrund der Vollstreckbarkeit

---

früh eine Gleichwertigkeit annehmend: *Stober*, Staatsgerichtsbarkeit und Schiedsgerichtsbarkeit, NJW 1979, 2001 (2005).

170 *Voit*, Die Privatisierung der Gerichtsbarkeit, JZ 1997, 120 (125).

171 Vgl. die Gesetzesbegründung, die ausschließlich § 1031 Abs. 5 ZPO in Hinblick auf Verbraucher Warnfunktion beimisst, Bt-Drs 13/5274, S. 37.

172 *Voit*, Die Privatisierung der Gerichtsbarkeit, JZ 1997, 120 (124).

173 *Magnus* in Staudinger BGB (2012), Vorb. zu Artt. 27–37 EGBGB Rn. 33; *Schwab/Walter*, Schiedsgerichtsbarkeit[7] (2005), Kapitel 55 Rn. 6.

174 Dies ändert sich auch nicht an der grundsätzlichen Zulässigkeit von sog. Emergency Arbitrations auf Anwendungsgebieten des einstweiligen Rechtsschutzes. Haben die

von Schiedssprüchen[175]. Gleichzeitig fehlt dem Schiedsgericht auch nach dem neuen Recht eine echte Kompetenz-Kompetenz, also die Möglichkeit letztgültig über seine eigene Zuständigkeit zu entscheiden. Diese liegt weiterhin gemäß § 1040 Abs. 3 S. 2 ZPO bei den staatlichen Gerichten[176]. Ein gleichwertiger Rechtsschutz ergibt sich damit nur im Zusammenspiel von Schiedsgerichtsbarkeit und staatlicher Gerichtsbarkeit. *Hesselbarth* folgert vor diesem Hintergrund, dass bei der Beurteilung der Gleichwertigkeit auch tatsächlich nur die eigentlichen Kompetenzen des Schiedsgerichts beurteilt werden dürfen und nicht der Mechanismus der Kooperation aus staatlicher und schiedsrichterlicher Gerichtsbarkeit, der durch die §§ 1025 ff. ZPO vorgesehen ist[177]. Folgt man der Auffassung *Hesselbarths*, stellt das Schiedsverfahren aus Sicht der Parteien keine gleichwertige Alternative zur staatlichen Gerichtsbarkeit dar, weil dem Schiedsgericht die Möglichkeit des Einsatzes von Zwangsmitteln sowie des Erlasses eines vollstreckungsfähigen Titels fehlt. Sieht man die Funktion der Rechtsprechung damit vor allem in der Lösung eines Rechtsstreits, wäre das Schiedsgericht schon vor diesem Hintergrund keinesfalls gleichwertig mit dem staatlichen Gericht.

Stellt man dagegen auf eine Gesamtschau der Kompetenzen des Schiedsgerichts sowie der Unterstützungs- und Assistenzfunktion des staatlichen Gerichts ab, wird aus der Sicht der Parteien ein gleichwertiges Ergebnis geschaffen. Am Ende des Verfahrens steht ein vollstreckungsfähiger Titel, weiterhin besteht während des Verfahrens die Möglichkeit des Erhalts einstweiligen Rechtsschutzes.

Nicht berücksichtigt wird in dieser Debatte zumeist noch ein anderer Punkt, der weniger die einzelnen Parteien einer Schiedsvereinbarung konkret, als das Rechtssystem als Ganzes betrifft. Die richterliche Rechtsprechung erfüllt nämlich eine Doppelfunktion, die über die Klärung eines einzelnen Rechtsstreits hinausgeht[178]. Im Wege höchstrichterlicher Rechtsfortbildung entwickeln die

---

Parteien ein solches Verfahren vereinbart, bedarf der „Emergency-Award" dennoch im zweiten Schritt der Vollstreckung durch ein staatliches Gericht.

175 *Hesselbarth*, Schiedsgerichtsbarkeit und Grundgesetz (2004), S. 21.

176 *Münch* in MüKo-ZPO[5] (2017), § 1040 Rn. 46; *Saenger* in Saenger-ZPO[7] (2017), § 1040 Rn. 1; *Schwab/Walter*, Schiedsgerichtsbarkeit[7] (2005), Kap. 7 Rn. 10; *Voit* in Musielak/Voit-ZPO[15] (2018), § 1040 Rn. 1.

177 *Hesselbarth*, Schiedsgerichtsbarkeit und Grundgesetz (2004), S. 22.

178 Zur Bedeutung und Entwicklung richterlicher Rechtsfortbildung vgl. *Knieper*, Interpretation, Analogie und Rechtsfortbildung: Delikate Abgrenzungen zwischen Judikative und Legislative, WiRO 2003, 65f; vgl. auch *Kocher*, Funktionen der Rechtsprechung (2007), S. 289 m.w.N, S. 294. In Hinblick auf die Bekräftigung der Wertungen des Gesetzgebers diese Problematik andeutend, *Voit*, Die Privatisierung der Gerichtsbarkeit, JZ 1997, 120 (121).

Gerichte dabei die Rechtsordnung weiter und schaffen so eine Rechtspraxis, die über den bloßen kodifizierten Wortlaut hinausgeht. Durch die vorwiegend vertraulichen Schiedssprüche fällt jedoch die präjudizielle Wirkung schiedsgerichtlicher Rechtsprechung verschwindend gering aus[179]. Gleichzeitig bewirkt höchstrichterliche Rechtsprechung eine Vereinheitlichung der Rechtsordnung sowie eine einheitliche Entscheidungspraxis. Nimmt man daher eine Doppelfunktion der Rechtsprechung an, eine „private" und eine „öffentliche" Komponente, wie *Lederman* treffend zum US-amerikanischen Recht formuliert hat[180], fehlt es an der Gleichwertigkeit des Schiedsverfahrens.

Letztlich lässt sich vor dem Hintergrund dieser Ausführungen erkennen, wie die Gleichwertigkeitsthese des Gesetzgebers tatsächlich zu verstehen ist. Sie stellt, betrachtet aus der Sicht der Parteien, eine subjektive Gleichwertigkeitsthese dar. Dass dies nicht ausdrücklich so in der Gesetzesbegründung ausgeführt ist, liegt daran, dass die Gleichwertigkeit nur als Begründung aufgeführt wurde, warum es dem speziellen Schutz der Freiwilligkeitskontrolle nach § 1025 ZPO a.F. aus Sicht des Gesetzgebers nicht mehr bedürfe[181]. Auch § 1025 ZPO a.F. diente ausschließlich dem Schutz der Schiedsvertragsparteien und hatte damit eine ausschließlich subjektive Schutzfunktion. Dass der Gesetzgeber mit der Aufhebung, wie vielerorts verstanden, jedoch die bisher allgemein geteilte Charakteristik des Schiedsverfahrensrecht als privatautonomes Verfahren auf den Kopf stellen wollte, lässt sich daraus nicht schließen.

Zum einen gibt die Gesetzesbegründung darauf keinerlei Hinweis. Im Gegenteil, der Gesetzgeber betont ausdrücklich, dass die Schiedsrechtsmodernisierung der Anpassung der ZPO an das UNCITRAL Modell Gesetz für internationale Wirtschaftsschiedsverfahren dienen soll[182]. Dieses wiederum basiert unstreitig auf dem Grundsatz der Privatautonomie der Parteien[183]. Zum anderen wird dieser Schluss unterstrichen durch die obigen Ausführungen, dass ein Schiedsverfahren aus Sicht der Parteien gleichwertig sein mag, sich dies aus objektiver oder öffentlicher Sicht auf die Funktionen von Rechtsprechung jedoch keinesfalls

179 *Duve/Keller*, Privatisierung der Justiz – bleibt die Rechtsfortbildung auf der Strecke?, SchiedsVZ 2005, 169; *Hirsch*, Schiedsgerichte – ein Offenbarungseid für die staatliche Gerichtsbarkeit?, SchiedsVZ 2003, 49.

180 *Lederman*, Precedent Lost, 75 Notre Dame Law Review, 221 (222).

181 Vgl. an dieser Stelle nochmals die Begründung zur Abschaffung von § 1025 ZPO a.F., Bt-Drs. 13/5274, S. 34.

182 Bt-Drs. 13/5274, S. 24.

183 *Pryles*, Limits to Party Autonomy in Arbitral Procedure, Journal of International Arbitration 2007, 327 (327 f.).

aufrechterhalten lässt. Denn die Schiedsgerichtsbarkeit erfüllt in den meisten Fällen weder Präzedenzfunktion, noch hilft sie durch Rechtsfortbildung der Entwicklung und Pflege des Rechtssystems[184]. Stattdessen findet aufgrund der Geheimhaltung der meisten Schiedssprüche auf manchen Gebieten praktisch keine Rechtsfortbildung mehr statt[185]. Vor diesem Hintergrund stellt die Schiedsgerichtsbarkeit mitnichten einen der staatlichen Gerichtsbarkeit gleichwertigen Streitbeilegungsmechanismus dar. Damit lässt sich auch nicht die These aufrechterhalten, dass aufgrund einer solchen Gleichwertigkeit mit der staatlichen Gerichtsbarkeit das Schiedsverfahren eine von der Privatautonomie losgelöste Charakteristik enthält. Die Gleichwertigkeit aus Parteisicht streitet einzig dafür, dass die Voraussetzungen an den Abschluss der Schiedsvereinbarung weniger streng bemessen werden können. Dies ist schließlich seit der Schiedsrechtsmodernisierung konsequenterweise sowohl hinsichtlich der Form gemäß § 1031 ZPO sowie der Herauslösung der Freiwilligkeitskontrolle aus den prozessualen Vorschriften, als auch, zuletzt, durch Erweiterung der schiedsfähigen Streitgegenstände nach § 1030 Abs. 1 ZPO, geschehen.

4. Ausprägungen der Privatautonomie im 10. Buch der ZPO

Das soeben gefundene Ergebnis wird noch deutlicher bei einem Blick auf das zehnte Buch der ZPO. Hier wird die Prägung als privatautonomes Verfahren vielerorts deutlich. Anknüpfungspunkt dafür ist § 1043 Abs. 3 ZPO, der den Parteien die freie Gestaltung des Verfahrensablaufs abseits zwingender gesetzlicher Bestimmungen einräumt. Dabei gibt es von diesem Primat der autonomen Verfahrensgestaltung nur einige wenige Ausnahmen, welche den Rahmen des deutschen Schiedsverfahrensrechts überhaupt erst setzen. Dies sind die Vorschriften zum Anwendungsbereich (§ 1025 ZPO), zur Schiedsfähigkeit (§ 1030 ZPO), zur Form der Schiedsvereinbarung (§ 1031 ZPO) sowie solche Vorschriften, die das Verhältnis des Schiedsverfahrens zur staatlichen Gerichtsbarkeit regeln (§§ 1032, 1026, 1028 Abs. 2, 1053 Abs. 4; 1062–1065 ZPO)[186]. Entsprechend der Begründung des Gesetzgebers ergibt sich damit folgende Systematik bei der Gestaltung des Schiedsverfahrens: an erster Stelle nach der Entscheidung

---

184 Siehe oben Erster Teil, B, § 2, II, 3.

185 *Duve/Keller* Privatisierung der Justiz – bleibt die Rechtsfortbildung auf der Strecke? SchiedsVZ 2005, 169 (170).

186 Vgl. dazu im Detail die Übersicht bei *Münch* in MüKo-ZPO[5] (2017), § 1042 Rn. 13 ff., der neben den oben genannten geschriebenen Schranken auch noch, abgeleitet aus §§ 134, 138 BGB, gesetzliche Verbote sowie die guten Sitten als ungeschriebene Schranken aufzählt.

der Parteien zu einem Schiedsverfahren steht das eben genannte zwingende Gesetzesrecht, worauf an zweiter Stelle die Parteivereinbarung folgt – entweder als Einzelfallregelungen oder als Verweis auf die Regeln einer Schiedsinstitution, welche durch die Bezugnahme in der Schiedsklausel ebenfalls Parteivereinbarungen darstellen[187], sodann gefolgt vom dispositiven Gesetzesrecht und letztlich dem Ermessen der Schiedsrichter selbst[188]. Letztlich stellt sich damit der gesamte Verfahrensablauf abseits der zwingenden Normen, entweder direkt durch Wahl oder indirekt durch Annahme der dispositiven Reglungen, als von dem Willen der Parteien getragen dar.

III. Zwischenergebnis

Das Schiedsverfahrensrecht beruht auch noch nach der Schiedsreform im Jahr 1998 auf der Privatautonomie der Parteien als Legitimationsgrundlage.

Dies ergibt sich zunächst aus der auch nach neuem Recht fortbestehenden Pflicht zur Freiwilligkeit des Abschlusses einer Schiedsvereinbarung. Die Abschaffung von § 1025 ZPO a.F. führt nur dazu, dass die Freiwilligkeitskontrolle sich nun nach den allgemeinen Regeln richtet.

Auch der Umstand, dass die Schiedsfähigkeit der Streitgegenstände von der materiell-rechtlichen Vergleichsfähigkeit abgekoppelt wurde, ändert an der Verankerung in der Privatautonomie nichts, denn die Vergleichsbefugnis der Parteien ist nicht deckungsgleich mit der Reichweite der Privatautonomie der Parteien. Stattdessen ist sie, genauso wie die prozessuale Dispositionsmaxime, nur eine weitere Ausprägung der Privatautonomie. Die Schiedsvereinbarung basiert insoweit auf dieser prozessualen Dispositionsmöglichkeit der Parteien. Der Gesetzgeber hat dabei die Möglichkeit, diese auch unterschiedlich auszugestalten. Im übrigen kodifiziert der Gesetzgeber durch die Erweiterung der schiedsfähigen Streitgegenstände im Ergebnis nur eine bereits in den Jahren zuvor entstandene Rechtspraxis.

Letztlich lässt sich auch nicht aus der Auffassung des Gesetzgebers, dass ein Schiedsverfahren eine gleichwertige Alternative zu einem staatlichen Gerichtsverfahren darstellt, ableiten, dass dieses sich nun als alternative Streitbeilegung *sui generis* aus sich selbst heraus legitimiert und damit nicht mehr der Disposition der Schiedsparteien unterliegt. Dies liegt unter anderem bereits daran, dass das Schiedsverfahren ausschließlich aus subjektiver Parteisicht gleichwertig mit einem staatlichen Gerichtsverfahren ist, nicht jedoch in Hinblick auf die

---

187 Vgl. *Voit* in Musielak/Voit-ZPO[15] (2018), § 1042 Rn. 33.

188 Bt-Drs. 13/5274, S. 46 f.

Rechtspflege im Allgemeinen. Letztlich zeigt sich dies auch in der Gestaltung des Schiedsverfahrens im 10. Buch der ZPO, wo weiterhin die Privatautonomie prägendes Merkmal eines Schiedsverfahrens ist.

C. Anwendbare Vorschriften

Nach der Einführung in die Rechtsnatur der Schiedsvereinbarung sowie der Feststellung, dass das Schiedsverfahren weiterhin von der Privatautonomie getragen wird, ist als nächstes zu untersuchen, welche Vorschriften auf die Beendigung von Schiedsvereinbarungen Anwendung finden. Dies sind insbesondere Vorschriften des Allgemeinen Teils des BGB sowie des Allgemeinen Teil des Schuldrechts (§ 1), als auch Vorschriften der Gesellschaft bürgerlichen Rechts (§ 2).

§ 1 Anwendbarkeit des Allgemeinen Teils des BGB sowie des Schuldrechts

Für die weitere Untersuchung der Beendbarkeit von Schiedsvereinbarung ist die Frage der anwendbaren Rechtsvorschriften von zentraler Bedeutung. Da sich die Arbeit mit der Frage der Beendbarkeit von Schiedsvereinbarungen nach deutschem Recht auseinandersetzt, sind die zahlreichen kollisionsrechtlichen Fragestellungen in diesem Bereich nicht von Belang[189]. Die Beendbarkeit der Schiedsvereinbarung wiederum ist eine vertragsrechtliche Frage. Da die ZPO keine eigenen Vorschriften hinsichtlich des Vertragsschlusses trifft, sind auf die Schiedsvereinbarung als Prozessvertrag die materiell-rechtlichen Vorschriften des BGB entsprechend anwendbar[190]. Mit der entsprechenden Anwendbarkeit geht einher, dass bei Frage der Beendigung der Schiedsvereinbarung die allgemeinen Vorschriften des BGB zur Rechtsgeschäftslehre immer unter Berücksichtigung der prozessualen Natur der Schiedsvereinbarung angewendet werden müssen.

§ 2 Anwendbarkeit des Gesellschaftsrechts

Neben dem Allgemeinen Teil des BGB sowie des Schuldrechts kommt auch noch die ergänzende Anwendbarkeit gesellschaftsrechtlicher Vorschriften auf die Schiedsvereinbarung in Betracht. In Betracht kommen hier die

---

189 Vgl. dazu: *König*, Zur Bestimmung des Schiedsvertragsstatuts bei fehlender Gesetzesgrundlage nach Inkrafttreten der Rom-1 VO, SchiedsVZ 2012, 129 f.

190 *Voit* in Musielak/Voit-ZPO[15] (2018), § 1029 Rn. 3; *Saenger* in Saenger-ZPO[7] (2017), § 1029 Rn. 7; *Münch* in MüKo-ZPO[5] (2017), § 1029 Rn. 16.

Vorschriften der §§ 705 ff. BGB über die Gesellschaft des bürgerlichen Rechts. Wie zuvor dargestellt handelt es sich bei der Schiedsvereinbarung um einen Prozessvertrag[191]. Dies alleine hindert jedoch die entsprechende Anwendung der Vorschriften über die Gesellschaft bürgerlichen Rechts auf Schiedsvereinbarungen nicht. Denn stuft man sie als Prozessvertrag ein, sind zwar vorrangig prozessuale Vorschriften anzuwenden. Vorschriften über eine „Verfahrensgesellschaft" fehlen der ZPO jedoch genauso wie Vorschriften über den Vertragsschluss, sodass die Vorschriften über die Gesellschaft bürgerlichen Rechts in diesem Falle ebenfalls zur analogen Anwendbarkeit kommen würden[192]. Der Umstand allein, dass das Prozessrecht keine der Gesellschaft bürgerlichen Rechts vergleichbaren Institute enthält, spricht auch nicht gegen eine mögliche Einordnung der Schiedsvereinbarung als eine solche Gesellschaft, denn Vorschriften über die Art, wie die Parteien grundsätzlich prozessuale Willenserklärung abgegeben, enthält die ZPO nicht, wie der Rückgriff auf den Allgemeinen Teil des BGB bezüglich dieser Regelungen zeigt. Stattdessen beschränkt sich die ZPO auf Sonderreglungen wie beispielweise die Formvorschrift von § 1031 ZPO.

Um die Vorschriften der Gesellschaft bürgerlichen Rechts anwenden zu können, müssen allerdings zunächst ihre konstitutiven Tatbestandsmerkmale erfüllt sein. Es muss sich also um eine Vereinigung mehrerer Gesellschafter handeln (1.), die sich zur Verfolgung eines gemeinsamen Zwecks (2.) durch Übernahme schuldrechtlicher Pflichten (3.) zusammengeschlossen haben.

I. Schiedsvereinbarungen als Vertrag

Voraussetzung ist zunächst, dass es sich um einen Zusammenschluss von mindestens zwei Vertragspartnern handelt, da die Gesellschaft bürgerlichen Rechts auf einer schuldrechtlichen Verbindung beruht[193]. Dies ist bei der

191 Siehe oben Erster Teil, A, § 4.

192 Es würde sich bei einem Prozessvertrag um eine analoge und nicht nur eine entsprechende Anwendbarkeit handeln, da die Gesellschaft bürgerlichen Rechts bereits ihrem Namen nach nicht direkt auf das Prozessrecht Anwendung finden kann. Die Analogievoraussetzungen in Form der planwidrigen Regelungslücke sowie der vergleichbaren Interessenlage wären jedoch erfüllt, vgl. dazu im Detail: *Stürmer,* Die Vereinbarung von Verfahren privater Streitbeilegung (2008), S. 25 ff.

193 *von Dithfurt* in PWW-BGB[13] (2018), § 705 Rn. 1; *Servatius* in Henssler/Strohn[3] (2016), § 705 Rn. 21; *Ulmer/Schäfer* in MüKo-BGB[6] (2013), § 705 Rn. 60.

Schiedsvereinbarung der Fall, es sind notwendigerweise immer mindestens zwei Parteien, die sich auf die Vornahme eines Schiedsverfahrens im Streitfall verpflichten.

II. Verfolgung eines gemeinsamen Zwecks

Die Parteien der Schiedsvereinbarung müssen ferner einen gemeinsamen (Gesellschafts-)Zweck verfolgen. Dieser Zweck im Sinne von § 705 BGB kann dabei jede Art von rechtlich zulässigem Zweck sein, sowohl wirtschaftlicher, als auch ideeller Art[194]. Er kann dabei sowohl einmalig als auch auf Dauer angelegt sein[195]. Der Zweck der Schiedsvereinbarung ist die Vornahme eines nach den Parteiwünschen bestimmten Schiedsverfahrens unter Ausschluss der staatlichen Gerichtsbarkeit im Streitfall[196]. Auf den Umstand, dass die Parteien im Verlauf des Schiedsverfahrens selbst gegenläufige Interessen, nämlich das eigene Obsiegen im Prozess verfolgen, kommt es dabei nicht an[197]. Hierbei handelt es sich nicht um einen Zweck im eigentlichen Sinne, sondern nur um ein Motiv der Parteien, warum sie das Schiedsverfahren betreiben. Der Gesellschaftszweck (Betreiben eines Schiedsverfahrens) fällt damit mit dem Ziel der einzelnen Gesellschafter (Streitbeilegung bei möglichst günstigem Parteiergebnis) auseinander. Ein Gleichlauf von neben dem Gesellschaftszweck stehenden Motiven und Zielen ist allerdings für die Begründung einer Gesellschaft im Sinne des § 705 BGB auch nicht erforderlich[198]. Dies muss auch insbesondere für Fälle

---

194 *Ulmer/Schäfer* in MüKo-BGB[6] (2013), § 705 Rn. 144.

195 *Servatius* in Henssler/Strohn[3] (2016), § 705 Rn. 4.

196 *Habscheid,* Die Rechtsnatur des Schiedsvertrages und ihre Auswirkungen, KTS 1955, 33 (35); *Habscheid,* Das Problem der Unabhängigkeit der Schiedsgerichte, NJW 1962, 5 (9); *Kersting,* Die Beendigung einer Schiedsvereinbarung durch Anrufung staatlicher Gerichte, SchiedsVZ 2013, 297 (303); *Prager,* Schiedsrecht (1931), S. 18; *Stürmer,* Die Vereinbarung von Verfahren privater Streitbeilegung (2008), S. 31.

197 *Habscheid,* Die Rechtsnatur des Schiedsvertrages und ihre Auswirkungen, KTS 1955, 33 (35).

198 *Ballerstedt,* Der gemeinsame Zweck als Grundbegriff des Rechts der Personengesellschaften, JuS 1963, 253 (254 f.); *Fikentscher,* Zu Begriff und Funktion des „gemeinsamen Zwecks" im Gesellschafts- und Kartellrecht, in FS Westermann (1974), S. 94; *Ulmer/Schäfer* in MüKo-BGB[6] (2013), § 705 Rn. 147. A.A. noch *Goldmann,* der eine direkte Anwendbarkeit der §§ 705 ff. mit der Begründung ablehnt, dass die Parteien keinen gemeinsamen Zweck verfolgen, da jede das für sie selbst günstigste Ergebnis herbeiführen möchte. Dennoch plädiert auch er für eine entsprechende Anwendung der gesellschaftsrechtlichen Vorschriften, da die Gesellschaft dasjenige vertragliche Institut des BGB sei, dass die größte Ähnlichkeit mit der Schiedsvereinbarung

wie den vorliegenden bei Abschluss einer Schiedsvereinbarung gelten, in denen die Parteien eine Interessenkollision in dem Zweck, nämlich dem erfolgreichen Abschluss eines Schiedsverfahrens, bereits angelegt haben.

Ob die Gesellschafter gleichmäßig an den Ergebnissen der Gesellschaft partizipieren müssen, ist umstritten[199]. Wäre eine solche Ergebnispartizipation erforderlich, könnte dies mit der Natur eines Schiedsverfahrens, wo in der Regel eine Partei obsiegt, im Widerspruch stehen. Zwar stellt die endgültige Streitbeilegung durch das Schiedsgericht und die damit einhergehende Schaffung von Rechtssicherheit und Rechtsfrieden einen Vorteil für beide Parteien dar. Neben diesem abstrakten Vorteil steht allerdings der im Schiedsverfahren obsiegenden Partei noch ein konkreter Vorteil aus den Ergebnissen des Schiedsspruchs zu, welcher wiederum einen Nachteil für die unterlegene Partei darstellt. Die Ablehnung der Notwendigkeit einer gleichen Partizipation am Ergebnis durch die herrschende Meinung ist allerdings zutreffend und ihr ist aus den folgenden Gründen zuzustimmen.

Zunächst fehlt es bereits an einer gesetzlichen Grundlage für eine gleichmäßige Teilhabe. Im Rahmen des § 705 BGB wird lediglich ein gemeinsamer Zweck verlangt, nicht jedoch auch ein Nutzen der Zweckerreichung zu gleichen Teilen. Auch verwischen durch einen Verzicht auf dieses Merkmal nicht, wie teilweise befürchtet, die Grenzen zwischen einer Schenkung oder sonstigen einseitigen Zuwendung und der Gesellschaft[200]. Denn die Gesellschaft definiert sich nicht über das Ergebnis des Erreichens des Gesellschaftszwecks und dessen Folgen, sondern durch die gemeinsame Zweckverfolgung und die damit verknüpften Zweckförderungspflichten der einzelnen Gesellschafter[201]. Dies ist im Rahmen der Schiedsgesellschaft unzweifelhaft durch die gemeinsame Führung des Schiedsverfahrens erfasst.

---

aufweise. Vgl. dazu *Goldmann*, Kündigung des Schiedsvertrages aus einem wichtigem Grunde, ZZP 51, 422 (442 f.).

199 Eine solche Partizipation ablehnend die h.M., vgl: BGH, Urteil v. 06.04.1987 – II ZR 101/86, NJW 1987, 3124 (3125); *Flume*, Allgemeiner Teil des Bürgerlichen Rechts, Band I/I (1977), § 3 II; *K. Schmidt*, Gesellschaftsrecht[4] (2002), § 59 I 3 b; a.A. RG, Urteil v. 14.03.1919 – II 393/18, RGZ 95, 147 (149).

200 So jedoch *Ballerstedt*, Der gemeinsame Zweck als Grundbegriff des Rechts der Personengesellschaften, JuS 1963, 253 (255).

201 *Stürmer*, Die Vereinbarung von Verfahren privater Streitbeilegung (2008), S. 32 f.

III. *Schuldrechtliche Pflichten zur Zweckförderung*

Weiteres konstitutives Merkmal der Gesellschaft des bürgerlichen Rechts nach § 705 BGB ist es, dass die Parteien aus dem Gesellschaftsvertrag zur Förderung des vereinbarten Zwecks verpflichtet werden[202]. Auch dies ist im Rahmen der Schiedsgesellschaft der Fall. Die Schiedsparteien treffen eine ganze Reihe von Verfahrensförderpflichten sowie Treuepflichten, die gesellschaftsrechtliche Prägung haben.

1. *Verfahrensförderpflichten der Parteien*

Die Gesellschafter müssen durch „eigene Beiträge" den Zweck der Gesellschaft fördern[203]. Der Begriff des Beitrags ist dabei weit gefasst und umfasst jegliches Handeln oder Unterlassen der Gesellschafter, auf das sich vertraglich geeinigt werden kann[204]. Bei der Schiedsvereinbarung selbst handelt es sich um ein Dauerschuldverhältnis[205], entsprechend bedarf es auch einer dauerhaften Beitragspflicht der einzelnen Parteien[206], wobei diese von unterschiedlicher Intensität sein können[207]. Im Rahmen der Schiedsvereinbarung existieren eine Reihe solcher Förderpflichten. Aufgrund der fehlenden Kodifizierung dieser Pflichten im Einzelnen hat sich über die Jahre durch die Rechtsprechung eine Konkretisierung bestimmter Parteipflichten unter dem Schlagwort der Förderungspflicht ergeben. So sind die Parteien verpflichtet, den Vorschuss an das Schiedsgericht zu zahlen[208], sie müssen ihren jeweiligen Parteischiedsrichter ernennen oder bei einem Einpersonenschiedsgericht auf eine Einigung hinwirken[209]. Sie können auch verpflichtet werden, Änderungen in den Schiedsordnungen im laufenden Verfahren anzuerkennen[210].

---

202 *Ulmer/Schäfer* in MüKo-BGB[6] (2013), § 705 Rn. 153; *Saenger* in HK-BGB[9] (2017), § 705 Rn. 5; *Servatius* in Henssler/Strohn[3] (2016), § 705 Rn. 20.

203 OLG München, Urteil v. 09.02.1968 – 8 U 2225/67, NJW 1968, 1384 (1385); *K. Schmidt*, Gesellschaftsrecht[4] (2002), § 59 I 4.

204 RG, Urteil v. 25.10.1912 – II 326/12, RGZ 80, 268 (271).

205 *Stürmer*, Die Vereinbarung von Verfahren privater Streitbeilegung (2008), S. 33.

206 RG, Urteil v. 30.09.1911 – V 591/10, RGZ 77, 223 (227 f.); *Ulmer/Schäfer* in MüKo-BGB[6] (2013), § 705 Rn. 153.

207 *Servatius* in Henssler/Strohn[3] (2016), § 705 Rn. 6.

208 BGH, Urteil v. 22.02.1971 – VII ZR 110/69, BGHZ 55, 344 (347); *Buchwitz/Schütt*, Die Durchsetzung von Vorschussansprüchen im Schiedsverfahren, SchiedsVZ 2015, 1 (2).

209 BGH, Urteil v. 05.12.1985 – III ZR 180/84, NJW-RR 1986, 2159 (2160).

210 *Hartmann* in Baumbach/Lauterbach-ZPO[76] (2018), § 1029 Rn. 19.

Sie sind insgesamt verpflichtet, alles zu tun, um einen wirksamen Schiedsspruch nach § 1054 ZPO zu ermöglichen[211].

2. Treuepflichten der Parteien

Neben den Förderpflichten ist eine Gesellschaft auch durch Treue- beziehungsweise Loyalitätspflichten zwischen den einzelnen Gesellschaftern geprägt. Die Gesellschafter sind einander verpflichtet, die Interessen und Belange der Mitgesellschafter mit zu berücksichtigen[212]. Diese Treuepflichten existieren auch im Schiedsverfahren zwischen den Schiedsparteien. Die Parteien müssen sich gegenüber der Entscheidung, ein Schiedsverfahren zu führen, loyal verhalten und dürfen dieses nicht behindern. Damit stellt die schiedsverfahrensrechtliche Treue- beziehungsweise Loyalitätspflicht die Kehrseite der oben dargestellten Beitragspflicht der Parteien dar[213]. So entspricht das Verhältnis der Schiedsparteien zueinander einer vergleichbaren rechtlichen Stellung, wie es auch dem Verhältnis der Gesellschafter in einer Gesellschaft bürgerlichen Rechts entspricht.

IV. Innenverhältnis der Gesellschafter

Die konstitutiven Elemente einer Gesellschaft bürgerlichen Rechts liegen damit bei einer Schiedsvereinbarung vor. Dennoch bestehen hinsichtlich der Beziehungen der beiden Parteien als Gesellschafter eine Reihe von Unterschieden zu einer gewöhnlichen Gesellschaft bürgerlichen Rechts, die aufgrund der Dispositivität eines Großteils der GbR-Vorschriften jedoch Ausdruck der Flexibilität dieses Instituts sind und kein Ausschlusskriterium[214].

Diese Besonderheiten zeigen sich zunächst bei der Geschäftsführung. Das Geschäft der Schiedsverfahrensgesellschaft ist das Führen eines Schiedsverfahrens. Das gesetzliche Leitbild der Gesellschaft bürgerlichen Rechts wiederum sieht nach § 709 BGB eine gemeinschaftliche Geschäftsführung der

---

211 RG, Urteil v. 04.11.1910 – III 636/09, RGZ 74, 321 (322).

212 *K. Schmidt*, Gesellschaftsrecht[4] (2003), § 59 III 1. b, § 20 IV.

213 BGH, Urteil v. 22.11.1962 – VII ZR 264/61, BGHZ 38, 254 (258); *Stürmer*, Die Vereinbarung von Verfahren privater Streitbeilegung (2008), S. 11.

214 Vgl. *Ulmer/Schäfer* in MüKo-BGB[6] (2013), § 705 Rn. 132f; im Rahmen des Außenverhältnisses stehen alle GbR-Vorschriften zur Disposition der Parteien, ebenso große Teile der Bestimmungen über das Innenverhältnis der Gesellschafter zueinander. Ausnahmen sind einzig Vorschriften über die Kontrollrechte der Gesellschafter (§ 716 Abs. 2 BGB) sowie der Kündigung (§ 723 Abs. 3/§ 724 BGB), die sich jedoch nicht auf die Besonderheiten der Schiedsverfahrensgesellschaft beziehen, da diese weder in der Beendigung der Gesellschaft liegen.

Gesellschafter vor. Die Geschäftsführung der Gesellschaft stellt dabei jede auf den Gesellschaftszweck bezogene Handlung im Innen- oder Außenverhältnis dar[215]. Diese gemeinschaftliche Geschäftsführung ist allerdings im Rahmen des Schiedsverfahrens nicht interessengerecht, denn die Führung des Schiedsverfahrens erfolgt durch die einzelnen Prozesshandlungen der Parteien. Diese Entscheidung soll jedoch ausschließlich dem einzelnen jeweiligen Gesellschafter vorbehalten sein. Entsprechend ist die Geschäftsführung der Gesellschafter nach § 710 BGB auf ihre jeweiligen Seiten hin exklusiv aufgeteilt[216]. Es handelt sich dabei um einen Unterfall der funktionell beschränkten Einzelgeschäftsführung[217]. Ein Widerspruchsrecht nach § 711 BGB besteht dabei nicht, da die Norm neben einer Einzelvertretung eine Gesamtverantwortung für die Geschäftsführung voraussetzt und dieser durch das Widerspruchsrecht Geltung verschaffen will[218]. Ebenfalls konkludent abgedungen ist die Möglichkeit, nach § 712 Abs. 1 BGB einen Geschäftsführer von der Geschäftsführung wieder abzuberufen[219].

Bei der Schiedsverfahrensgesellschaft handelt es sich ferner um eine reine Innengesellschaft, die Parteien beabsichtigen zu keiner Zeit, gemeinsam als Gesellschaft am Rechtsverkehr teilzunehmen oder gemeinsam aufzutreten[220]. Dass den Parteien einer Schiedsvereinbarung oftmals das Bewusstsein dafür fehlen wird, eine gesellschaftsrechtliche Verbindung miteinander eingegangen zu sein, schadet dabei der Charakterisierung als Innengesellschaft nicht. Im Gegenteil, viele Innengesellschaften sind oft Gesellschaften, in denen sich die Gesellschafter ihrer Verbindung nicht bewusst sind[221]. Weiterhin besitzt die Schiedsverfahrensgesellschaft kein eigenes Gesellschaftsvermögen, was ein

---

215 *Schäfer* in MüKo-BGB[6] (2013), § 709 Rn. 7; *Schöne* in BeckOK-BGB[47] (2018), § 709 Rn. 3; *Servatius* in Henssler/Strohn[3] (2016), § 709 Rn. 3.

216 *Stürmer,* Die Vereinbarung von Verfahren privater Streitbeilegung (2008), S. 38.

217 *Schäfer* in MüKo-BGB[6] (2013), § 709 Rn. 16.

218 *Stürmer,* Die Vereinbarung von Verfahren privater Streitbeilegung (2008), S. 38.

219 *Stürmer,* Die Vereinbarung von Verfahren privater Streitbeilegung (2008), S. 38. Vgl. auch S. 39 f. für weitere Besonderheiten der Schiedsverfahrensgesellschaft: so ergibt sich aus dem Gesellschaftsverhältnis, dass der geschäftsführende Gesellschafter nicht nach § 713 BGB i.V.m. mit § 665 BGB an Weisungen der anderen Gesellschafter gebunden ist; eine Auskunftspflicht den anderen Mitgesellschaftern gilt wiederum gemäß § 713 BGB i.V.m § 666 BGB nur im Umfang dessen, was durch die vereinbarte Schiedsordnung, oder im Falle eines ad-hoc Verfahrens, die Parteien selbst vorausgesetzt haben.

220 *Stürmer,* Die Vereinbarung von Verfahren privater Streitbeilegung (2008), S. 42.

221 *Schöne* in BeckOK-BGB[47] (2018), § 705 Rn. 161.

weiterer Hinweis auf das Vorliegen einer reinen Innengesellschaft ist[222]. Gleichzeitig ist dies jedoch kein Ausschluss der Anwendbarkeit der GbR-Vorschriften als solche[223], da ein gesamthänderisches Vermögen keine Voraussetzung für eine GbR an sich ist, sondern (ein) Unterscheidungsmerkmal zwischen Innen- und Außengesellschaft[224].

V. Einordnung und Rechtsfolge

Die Schiedsvereinbarung stellt damit als Schiedsverfahrensgesellschaft eine (atypische) InnenGbR dar. Aufgrund der Besonderheiten des Schiedsverfahrens und der atypischen Ausgestaltung der Schiedsverfahrensgesellschaft hat dies für die Schiedsvereinbarung vor allem in Hinsicht auf die gesellschaftsrechtlichen Erlöschensgründe Auswirkungen. Damit ist neben den bereits aus dem Allgemeinen Teil des BGB sowie dem Schuldrecht AT anwendbaren Vorschriften zusätzlich auch § 726 BGB als besonderer – gesellschaftsrechtlicher – Erlöschenstatbestand anwendbar sowie § 723 BGB in Hinblick auf die Kündigung aus wichtigem Grund[225].

Die Lösung über das Gesellschaftsrecht bietet dabei einen großen Vorteil. Denn sie hilft, dogmatische Lücken zu schließen, die hinsichtlich des Schiedsverfahrensrechts bisher bestanden haben. Dies gilt insbesondere in Bezug auf die Verfahrensförderungs- und Treuepflichten der Parteien sowie das Erlöschen der Schiedsvereinbarung bei Erlass des Schiedsspruchs[226]. Bisher basieren diese Pflichten schlicht auf Rechtsfortbildung durch die Rechtsprechung oder ergänzender Vertragsauslegung nach §§ 133, 157 BGB[227]. Die Lösung über das Gesellschaftsrecht ordnet diese Rechtsfolgen dabei dogmatisch ein und gibt ihnen so eine belastbare Grundlage.

Dabei stellt diese Auffassung auch gleichzeitige eine konsequente Anwendung des schon durch *Wagner* begründeten und vorliegend auch hinsichtlich Schiedsvereinbarungen vertretenem Verständnis des Prozessvertrages dar, wonach es

---

222 BGH, Urteil v. 22.06.1981 – II ZR 94/80, NJW 1981, 99 (100).

223 So jedoch noch: *Habscheid*, Die Rechtsnatur des Schiedsvertrages und ihre Auswirkungen, KTS 1955, 33 (35), der deswegen für eine analoge Anwendung der §§ 705 ff. BGB eintritt.

224 *Schöne* in BeckOK-BGB[47] (2018), § 705 Rn. 162.

225 *Kersting*, Die Beendigung einer Schiedsvereinbarung durch Anrufung staatlicher Gerichte, SchiedsVZ 2013, 297 (302 f.); *Stürmer*, Die Vereinbarung von Verfahren privater Streitbeilegung (2008), S. 42.

226 Siehe dazu im Detail den Viertel Teil dieser Arbeit.

227 Vgl. dazu nochmals die Darstellung oben Erster Teil, A, § 1.

für die rechtliche Einordnung eines Prozessvertrages nicht darauf ankommt, ob dieser Vertrag (auch) unmittelbar eine verfügende Wirkung auf eine Prozessrechtslage ausübt[228]. Entscheidend ist stattdessen, auf welchem Rechtsgebiet die Hauptwirkung der Vereinbarung liegt. Genausowenig wie die Verpflichtung zu einer bestimmten prozessualen Handlung der Einordnung als Prozessvertrag entgegensteht, steht die Begründung gesellschaftsrechtlicher Pflichten einer Einordnung der Schiedsvereinbarung als Prozessvertrag entgegen, da diese Gesellschaft auf Grundlage des Prozessrechts tätig ist. Auch ein Gesellschaftsvertraf kann damit ein Prozessvertrag sein.

D. Schlussbetrachtung Erster Teil

Aus dem Ersten Teil lassen sich im Kern drei wichtige Erkenntnisse ziehen:

Erstens handelt es sich bei Schiedsvereinbarungen um Verträge zur privaten Streitbeilegung unter Ausschluss der staatlichen Gerichtsbarkeit. Diese Verträge haben dabei sowohl dezidiert prozessuale, als auch genuin materiell-rechtliche Charakteristik. Aufgrund dieser verschiedenartigen Charakteristik stellte eine Zuordnung zu einzelnen Rechtsgebieten immer eine Schwierigkeit dar und war und ist bis heute Gegenstand kontroverser Diskussionen. Richtigerweise stellt die Schiedsvereinbarung einen Prozessvertrag mit verpflichtendem Charakter dar, dem es einer unmittelbar verfügenden Wirkung fehlt.

Zweitens ist die Basis von Schiedsvereinbarungen auch heute noch die Privatautonomie der Parteien. Dies ergibt sich aus den folgenden Gründen.

Zunächst ändert die Abkoppelung der Schiedsfähigkeit von der Vergleichsbefugnis der Parteien an der Verankerung in der Privatautonomie nichts, denn entscheidend ist nicht ausschließlich die materiell-rechtliche Verfügungsbefugnis der Parteien über einen Streitgegenstand. Parallel dazu existiert auch eine prozessrechtliche Dispositionsbefugnis, die nicht zwingend identisch mit der materiell-rechtlichen Verfügungsbefugnis ausgestaltet sein muss, sondern weitergehen kann. Dem Gesetzgeber steht es vielmehr zu, die Ausgestaltung im Einzelnen unterschiedlich zu regeln.

Auch die Erweiterung der schiedsfähigen Streitgegenstände nach § 1030 Abs. 1 ZPO führt nicht zu einem Wegfall der Rechtfertigung des Schiedsverfahrens als privatautonomen Streitbeilegungsmechanismus. Die Herleitung der Zulässigkeit des Schiedsverfahrensrecht aus der Vergleichsbefugnis begründet sich noch mit der historischen Ausgestaltung der Schiedsvereinbarung als

228 Siehe dazu oben Erster Teil, A, § 4.

materiell-rechtlicher Vergleich. Diese Auffassung wird jedoch dem heutigen Wesen der Schiedsvereinbarung nicht mehr gerecht. Wie oben ausgeführt, hat die Schiedsvereinbarung sowohl prozessuale als auch materiell-rechtliche Aspekte. Die Frage der Schiedsfähigkeit des Streitgegenstands ist dabei eine Frage der Zulässigkeit des Schiedsverfahrens und damit eine prozessuale Fragestellung. Konsequenterweise besteht gemäß § 1032 Abs. 2 ZPO die Möglichkeit, die Frage der fehlenden Schiedsfähigkeit im Rahmen der Frage der Zulässigkeit des Schiedsverfahrens zu klären[229]. Damit sind auch die Anknüpfungspunkte der Privatautonomie unterschiedlich, je nachdem, ob der materiell-rechtliche oder der prozessuale Teil der Schiedsvereinbarung berührt wird. Entsprechend leitet sich damit die Rechtfertigung der Schiedsvereinbarung teilweise aus materiell-rechtlicher Privatautonomie und zum anderen Teil aus prozessualer Privatautonomie (oder, wie vielerorts bezeichnet: prozessualer Dispositionsmöglichkeit) her[230]. Entscheidend an dieser Stelle ist ausschließlich, dass die Schiedsvereinbarung jedenfalls auf einer dieser Varianten fußt.

Auch die vermeintliche Abschaffung der besonderen Freiwilligkeitsprüfung bei Abschluss der Schiedsvereinbarung berührt diese Einordnung nicht. Zum einen konnte der Gesetzgeber eine solche Freiwilligkeitskontrolle alleine durch eine ZPO-Reform nicht wirksam abschaffen, denn die Freiwilligkeitsprüfung, beziehungsweise die Notwendigkeit eines freiwilligen Abschlusses, ist in der allgemeinen Handlungsfreiheit nach Art. 2 Abs. 1 GG sowie Art. 92/101 Abs. 2 begründet und damit ein Gut von Verfassungsrang. Konsequenterweise prüft auch die Rechtsprechung weiterhin die Freiwilligkeit des Abschlusses der Schiedsvereinbarung.

Zuletzt begründet auch die Gleichwertigkeitsthese des Gesetzgebers keine Abkehr von der Privatautonomie. So stellt zunächst die vermeintliche Gleichwertigkeit keine objektive oder absolute Gleichwertigkeit des Schiedsverfahrens mit staatlicher Rechtsprechung dar, sondern stellt nur eine Wertung aus Parteisicht dar. Denn hinsichtlich der (subjektiven) Streitbeilegungsfunktion stellen Schiedsverfahren tatsächlich eine gleichwertige Alternative zum staatlichen Verfahren dar, entsprechend bedürfen die Parteien selbst auch keines besonders hoch angelegten Schutzregimes bei Abschluss einer Schiedsvereinbarung.

Bei Betrachtung der öffentlichen oder objektiven Funktion von Rechtsprechung, also insbesondere der Präzedenzfunktion sowie der Pflege der Rechtsordnung durch Rechtsfortbildung, ist das Schiedsverfahren jedoch keineswegs

---

229 *Münch* in MüKo-ZPO[5] (2017), § 1030 Rn. 2.

230 So auch *Münch* in MüKo-ZPO[5] (2017), § 1030 Rn. 2.

gleichwertig. Daher kann diese vermeintliche Gleichwertigkeit auch nicht als Rechtfertigung dafür herangezogen werden, die Basis der Schiedsvereinbarung nicht mehr in der Privatautonomie der Parteien, sondern der Aufgabe des Staates zur Bereitstellung der Judikative zu sehen.

Die dritte Erkenntnis stellt die Einordnung der Schiedsvereinbarung als Gesellschaft bürgerlichen Rechts dar. Für die auf die Beendigung der Schiedsvereinbarung anwendbaren Vorschriften bedeutet dies, dass einerseits auf die Schiedsvereinbarung als Prozessvertrag die materiell-rechtlichen Vorschriften des BGB über den Vertragsschluss sowie die Beendigung von Verträgen entsprechend anwendbar. Ferner sind auf Grund der Einordnung als Schiedsverfahrensgesellschaft die §§ 705 ff. BGB anwendbar, sodass sie die Kündigung der Schiedsvereinbarung nach § 723 BGB richtet. Ferner kommt ein Erlöschen der Schiedsvereinbarung nach§ 726 BGB in Betracht. Als zusätzlichen Vorteil sichert die Einordnung als Schiedsverfahrensgesellschaft die Parteipflichten zur Förderung des Schiedsverfahrens dogmatisch ab.

Zweiter Teil: Vertragliche Beendigung

Der zweite Teil der Arbeit soll die beidseitigen, materiell-rechtlichen Beendigungsmöglichkeiten der Schiedsvereinbarung untersuchen. Hierbei soll die zweite der oben aufgestellten Arbeitsthesen untersucht werden, nämlich die Möglichkeit einer vollständig freien – konsensualen – Aufhebbarkeit von Schiedsvereinbarungen, losgelöst von Form, Stand des Verfahrens oder Fristen.

Dabei wird der Schwerpunkt auf drei Untersuchungsaspekte gelegt. Zunächst wird sich die Arbeit der Beendigung durch einen Aufhebungsvertrag zuwenden und deren einzelne Voraussetzungen herausarbeiten. Klar ist dabei, dass es den Parteien grundsätzlich möglich sein muss, durch Einigung die Schiedsvereinbarung auch wieder aufzuheben. Unklarheiten können sich allerdings bei der Frage stellen, unter welchen Voraussetzungen und in welchen Konstellationen dies möglich ist. Der erste Abschnitt des zweiten Teils setzt sich also weniger mit dem „ob" der Beendbarkeit von Schiedsvereinbarungen durch Vertrag auseinander, sondern mehr mit dem „wie" **(A)**. Im zweiten Abschnitt wird die Möglichkeit der Beendigung durch Vereinbarung einer auflösenden Bedingung bereits bei Abschluss der Schiedsvereinbarung untersucht **(B)**.

A. Beendigung durch Aufhebungsvertrag

Schiedsvereinbarungen sind Verträge und können damit durch die Parteien auch wieder aufgehoben werden[231]. Daran schließt die Frage an, unter welchen Voraussetzungen diese Aufhebung möglich ist. Wie zuvor bereits herausgearbeitet, sind die Vorschriften des BGB auf Abschluss und Beendigung der Schiedsvereinbarung anwendbar, entsprechend gelten auch die allgemeinen vertragsrechtlichen Vorschriften[232]. Das folgende Kapitel gliedert die Frage der vertraglichen Aufhebbarkeit von Schiedsvereinbarungen nach Angebot und Annahme und schlüsselt die einzelnen Voraussetzungen auf.

---

231 BGH, Urteil v. 30.1.1964 – VII ZR 5/63, NJW 1964, 1129 (1130); BGH, Urteil v. 10.4.1980 – III ZR 47/79, NJW 1980, 2136; *Kersting*, Die Beendigung einer Schiedsvereinbarung durch Anrufung staatlicher Gerichte, SchiedsVZ 2013, 297 (298); *Schwab/Walter*, Schiedsgerichtsbarkeit[7] (2005), Kapitel 8, Rn. 7; *Schlosser* in Stein/Jonas-ZPO[23] (2014), § 1029 Rn. 95.

232 Erster Teil, C, § 2.

§ 1 Aufhebungsangebot

Dieser Abschnitt untersucht die Voraussetzungen für ein wirksames Aufhebungsangebot der Schiedsvereinbarung. Es wird insbesondere auf die Frage der Formbedürftigkeit des Aufhebungsangebots sowie der Möglichkeit eines konkludenten Aufhebungsangebots eingegangen.

I. Das formlose Aufhebungsangebot

Zunächst ist der Frage der Form des Aufhebungsangebots nachzugehen. Es stellt sich dabei zunächst insbesondere die Frage, ob die Form des Abschlusses der Schiedsvereinbarung auch auf ihre Aufhebung zu übertragen ist.

1. Form der Schiedsvereinbarung

Aus den allgemeinen Regeln des BGB – insbesondere einem Umkehrschluss aus § 125 S. 1 BGB[233] – ergibt sich der Grundsatz der Formfreiheit für Rechtsgeschäfte, sofern durch Gesetz nicht etwas anderes bestimmt worden ist. Die für den Abschluss der Schiedsvereinbarung maßgebliche Form bestimmt § 1031 ZPO. Danach muss die Schiedsvereinbarung entweder in einem gegenseitig unterzeichneten Dokument oder zumindest in wechselseitig ausgetauschten Schreiben oder ähnlichen Dokumenten, die jeweils den Nachweis der Vereinbarung darstellen, enthalten sein. Absatz 2 dehnt den Anwendungsbereich dazu noch auf das Schweigen auf ein kaufmännisches Bestätigungsschreiben aus und lässt den formwahrenden Abschluss einer Schiedsvereinbarung zu, wenn diese in einem solchen Schreiben enthalten ist und unwidersprochen bleibt. Es handelt sich dabei um eine zwingende Vorschrift und eine Wirksamkeitsform[234]. Bei Nichtbeachtung der Form des § 1031 ZPO kommt es also grundsätzlich zu keinem wirksamen Abschluss einer Schiedsvereinbarung.

Diese Bestimmungen werden durch § 1031 Abs. 5 ZPO für Schiedsvereinbarungen mit Verbrauchern verschärft. Insoweit ist gegenüber Verbrauchern eine durch beide Parteien eigenhändig unterschriebene Urkunde erforderlich. Diese verschärfte Form dient nach der Gesetzesbegründung ausdrücklich dem Schutz der Verbraucher vor einem leichtfertigen Abschluss einer Schiedsvereinbarung[235]. Aus dem Umstand, dass der Gesetzgeber hier in der Begründung

---

233 *Dörner* in HK-BGB[9] (2017), § 125 Rn. 1; *Einsele* in MüKo-BGB[7] (2015), § 125 Rn. 1; *Mansel* in Jauernig[17] (2018), § 125 Rn. 1.

234 *Münch* in MüKo-ZPO[5] (2017), § 1031 Rn. 10; Bt-Drs. 13/5274, S. 36.

235 Bt-Drs. 13/5274, S. 37.

zu Absatz 5 ausdrücklich eine im Vergleich zu den vorherigen Absätzen erforderliche Schutzfunktion betont sowie § 1031 Abs. 1 ZPO, welcher lediglich ein Dokument erfordert, dass den *Nachweis* einer Schiedsvereinbarung ermöglicht, lässt sich erkennen, dass generell die Schriftform des § 1031 ZPO lediglich der Rechtssicherheit sowie dem Beweis der Schiedsvereinbarung dient[236]. Dieses Verständnis der Form als Form mit einer reinen Beweisfunktion entspricht auch dem Verständnis des Formerfordernisses aus Art. II NYC, der vorschreibt, dass die Schiedsklausel „*in writing*" abgeschlossen werden muss[237]. Neben dieser reinen Beweisfunktion wird der Schriftform bei fehlender Verbraucherbeteiligung noch die Funktion, Rechtssicherheit zu schaffen, zuerkannt, indem durch die schriftliche Fixierung der Schiedsvereinbarung Klarheit in der Abgrenzung zwischen staatlicher und privater Gerichtsbarkeit geschaffen wird[238].

2. *Das formlose Angebot zur Aufhebung der gesamten Schiedsvereinbarung*

Die durch § 1031 ZPO vorgeschriebene Form gilt unmittelbar jedoch nur für die wirksame Vereinbarung eines Schiedsverfahrens, und damit den Abschluss der Schiedsvereinbarung[239]. Nur weil der Abschluss eines Rechtsgeschäfts einer besonderen Form unterliegt, bedeutet dies nicht zwangsläufig, dass diese auch für die Aufhebung gilt. Im Gegenteil, formgebundene Rechtsgeschäfte können zumeist formlos wieder aufgehoben werden[240]. Entsprechend herrscht im Schrifttum Einigkeit, dass es den Parteien grundsätzlich möglich ist, unabhängig von den Voraussetzungen des § 1031 ZPO eine Schiedsvereinbarung wieder aufzuheben[241]. Das Aufhebungsangebot kann also formlos erfolgen. Begründet wird dies damit, dass durch die Aufhebung der Schiedsvereinbarung die Parteien

---

236 *Prütting* in PG-ZPO[10] (2018), § 1031 Rn. 1; *Thümmel*, Die Schiedsvereinbarung zwischen Formzwang und favor validitatis, FS Schütze (1999), S. 944.

237 *Wolff* in New York Convention (2012), Art. II Rn. 81 f.

238 *Münch* in MüKo-ZPO[5] (2017), § 1031 Rn. 8.

239 Vgl. den Wortlaut des § 1031 Abs. 1 ZPO: „*Die Schiedsvereinbarung* […]."

240 BGH, Urteil v. 30.04.1982 – V ZR 104/81, NJW 1982, 1639 (1640) mit der Einschränkung, dass durch die Aufhebung selbst nicht wiederum formbedürftige Pflichten geschaffen werden; OLG Karlsruhe, Urteil v. 13.04.1994 – 2 UF 228/93, NJW-RR 1994, 1414 (1414); *Dörner* in HK-BGB[8] (2014), § 125 Rn. 7; *Mansel* in Jaunernig[15] (2014), § 125 Rn. 7; *Wendtland* in Beck-OK-BGB[34] (2015), § 125 Rn. 12; *Mertens*, Die Reichweite gesetzlicher Formvorschriften im BGB, JZ 2004, 431 (433).

241 *Geimer* in Zöller-ZPO[32] (2018), § 1029 Rn. 102; *Hartmann* in Baumbach/Lauterbach-ZPO[76] (2018), § 1029 Rn. 27; *Münch*, in MüKo-ZPO[5] (2017), § 1029 Rn. 120; *Schlosser* in Stein/Jonas-ZPO[23] (2014), § 1029 Rn. 95; *Schwab/Walter*, Schiedsgerichtsbarkeit[7] (2005), Kapitel 8 Rn. 7.

wieder zum gesetzlichen Leitbild eines staatlichen Gerichtsverfahrens zurückkehren[242]. Dies wäre insbesondere vor dem Verständnis einer Schriftform als Warnfunktion schlüssig, weil die Parteien einer solchen Warnung dann nicht mehr bedürfen, wenn sie zum gesetzlichen Leitbild zurückkehren[243]. Soweit ersichtlich, scheint dies auch der Hintergrund derjenigen Stimmen zu sein, die eine formlose Aufhebung der Schiedsvereinbarung befürworten[244]. Damit wird allerdings außer Acht gelassen, dass § 1031 ZPO, abgesehen von der Sonderregelung von § 1031 Abs. 5 ZPO zugunsten von Verbrauchern, wie zuvor gesehen keinen Warnzweck hat.

Sieht man den Primärzweck der Form nun aber in dem Nachweis der Schiedsvereinbarung, erscheint es auf den ersten Blick naheliegender, diese Form auch auf die Aufhebung der Schiedsvereinbarung zu erstrecken. Denn ansonsten kommt es zu Beweisschwierigkeiten: Haben sich die Parteien auf eine Aufhebung geeinigt und erhebt eine Partei dennoch abredewidrig Schiedseinrede nach § 1032 Abs. 1 ZPO vor dem staatlichen Gericht, so ist ein erhöhter Aufwand im Rahmen der Beweisführung notwendig, bei bestehender schriftlicher Schiedsvereinbarung erfolgreich vorzubringen, dass sich die Parteien mündlich auf eine Aufhebung dieser Schiedsvereinbarung geeinigt haben. Die gleiche Problematik stellt sich auch vor dem Hintergrund des zweiten zuvor angesprochenen Formzwecks, nämlich der Schaffung von Rechtssicherheit. Auch hier erscheint auf den ersten Blick nicht erkennbar, warum das Bedürfnis nach Rechtssicherheit beim Abschluss der Schiedsvereinbarung größer ist, als bei ihrer Aufhebung. Eine formlose Aufhebung der Schiedsvereinbarung führt im vergleichbaren Maß zu Rechtsunsicherheit, wie es ein formloser Abschluss begründen würde[245].

Etwaige Probleme bei der Beweisführung können jedoch nicht darüber hinwegtäuschen, dass mit Blick auf den durch die Rechtsprechung entwickelten Grundsatz der formlosen Aufhebbarkeit formgebundener Rechtsgeschäfte die Möglichkeit einer formlosen Aufhebung der Schiedsvereinbarung zutreffend ist.

Für die formlose Aufhebung sprechen zunächst dogmatische Gründe. Gemäß § 125 S. 1 BGB gilt, wie bereits festgestellt, der Grundsatz der Formfreiheit. Die Formbedürftigkeit eines Rechtsgeschäfts stellt demnach also eine Ausnahme dar. Im Regel-Ausnahme-Verhältnis ist aber die Ausnahme nach

---

242 *Voit* in Musielak/Voit-ZPO[15] (2018), § 1031 Rn. 2.

243 Vgl. zu den unterschiedlichen Zwecken von Formvorschriften: *Einsele* in MüKo-BGB[7] (2015), § 125 Rn. 8 f.

244 Vgl. nochmals die unter Fn. 240 aufgeführten Stimmen.

245 Der allerdings zum alten Schiedsverfahrensrecht vor 1998 für Kaufleute möglich war, vgl. § 1027 ZPO a.F.

gesetzessystematischer Betrachtung eng auszulegen[246]. Dies bedeutet nicht, dass bei einer Ausnahme immer automatisch der engest mögliche Wortsinn angewendet werden soll. Stattdessen ist eine solche Auslegung zu wählen, die einerseits dem Zweck der Regelung entspricht und gleichzeitig die durch das Regel-Ausnahmeverhältnis getroffene Wertung des Gesetzgebers nicht in ihr Gegenteil umkehrt[247]. Der Gesetzeswortlaut schreibt fest, dass die Schiedsvereinbarung in einer bestimmten Form fixiert sein muss, und damit dem Wortsinn *Vereinbarung* folgend, eben die *Einigung* auf eine Schiedsvereinbarung und somit nur der Vertragsschluss und nicht die Aufhebung.

In diesem Zusammenhang ist nochmals der Wortlaut des § 125 BGB hervorzuheben. Dieser stellt *Rechtsgeschäfte* unter eine bestimmte Form. Der Abschluss einer Schiedsvereinbarung sowie die Aufhebung einer Schiedsvereinbarung sind jedoch separate Rechtsgeschäfte[248]. Somit lassen sich Vertragsschluss und Aufhebung getrennt betrachten. Dies entspricht auch dem Leitbild des BGB. In § 2290 Abs. 4 BGB wird die Aufhebung des Erbvertrages ausdrücklich unter die Form des Abschlusses des Erbvertrags gestellt, gleiches gilt für die vertragliche Aufhebung des Erbverzichts nach § 2351 BGB. Daran lässt sich erkennen: ordnet der Gesetzgeber eine besondere Form für den Abschluss eines Rechtsgeschäfts an und schweigt er gleichzeitig zu dessen Aufhebung, ist davon auszugehen, dass die Form nicht für die Aufhebung gilt.

Eine Begründung neuer, formbedürftiger Pflichten findet durch die Aufhebung der Schiedsvereinbarung ebenfalls nicht statt, sodass die neben der Rückkehr zum gesetzlichen Leitbild zweite, in der Rechtssprechung anerkannte, Ausnahme vom Grundsatz der formlosen Aufhebbarkeit formgebundener Rechtsgeschäfte ebenfalls nicht einschlägig ist[249].

Entsprechend kann das Aufhebungsangebot der Schiedsvereinbarung formlos erfolgen. Für dieses Ergebnis spricht weiterhin auch, dass ansonsten eine konkludente Aufhebung der Schiedsvereinbarung nicht möglich wäre[250]. Dies

---

246 Basierend auf dem römisch-rechtlichen Grundsatz „*singularia non sunt extenda*", grundlegend zum deutschen Recht RG, Urteil v. 14.11.1936 – I 124/36, RGZ 153, 1 (23); BGH Urteil v. 15.12.1951 – II ZR 108/51, BGHZ 4, 219 (222).

247 *Larenz*, Methodenlehre der Rechtswissenschaft[6] (1991), S. 353 f.

248 Vgl. die Definition des Rechtsgeschäfts als eine oder mehrere „*Willenserklärungen, die allein oder in Verbindung mit anderen Tatbestandsmerkmalen eine Rechtsfolge herbeiführen, weil sie gewollt ist*", *Ellenberger* in Palandt[76] (2017), Überblick vor § 104, Rn. 2.

249 Vgl: *Mansel* in Jauernig[17] (2018), § 125 Rn. 7.

250 *Saenger* in Saenger-ZPO[7] (2017), § 1032 Rn. 3; *Schwab/Walter*, Schiedsgerichtsbarkeit[7] (2005), Kapitel 8 Rn. 7.

wäre insbesondere vor dem Hintergrund unbefriedigend, dass praktisch bedeutsamster Fall für eine Aufhebung durch schlüssiges Verhalten das rügelose Einlassen vor dem staatlichen Gericht durch bewussten Verzicht auf das Erheben der Schiedseinrede nach § 1032 Abs. 1 ZPO ist[251].

Die formlose Aufhebungsmöglichkeit ist auch vor dem Hintergrund der Erkenntnisse des ersten Teils der Arbeit zutreffend. Formvorschriften stellen zunächst einen Eingriff in die Privatautonomie der Parteien dar, indem die positive Abschlussfreiheit eingeschränkt wird[252]. Zwar darf nicht außenvorgelassen werden, dass für Fälle, in denen die Warnfunktion und der Übereilungsschutz der Form im Vordergrund stehen, Formvorschriften neben der Einschränkung der positiven Abschlussfreiheit auch einen die Vertragsfreiheit schützenden Gehalt haben, indem sie den Parteien die Gelegenheit geben, über den Abschluss des Rechtsgeschäfts zu reflektieren. Damit können Formvorschriften auch die negative Abschlussfreiheit der Parteien schützen[253].

Daraus ergibt sich, dass nicht jede Formvorschrift zu einem Eingriff in die Privatautonomie führt. Entsprechend gibt es im Umkehrschluss auch keinen Automatismus zwischen gelockerten Formvorschriften auf der einen Seite und einer Stärkung der Privatautonomie der Parteien auf der anderen Seite. Stattdessen ist im Einzelfall anhand des jeweiligen Formzwecks zu bestimmen, in welcher Verhältnis die Formvorschrift zur Vertragsabschlussfreiheit der Parteien steht. Bei Schiedsvereinbarungen ist das Bild uneinheitlich. In Bezug auf Verbraucher steht, wie bereits zuvor festgestellt, die Warnfunktion als Formzweck im Vordergrund. In Rahmen des § 1031 Abs. 5 ZPO wird durch die Anordnung der Schriftform also die negative Vertragsabschlussfreiheit des Verbrauchers und damit auch seine Privatautonomie geschützt. Wie zuvor bereits herausgearbeitet erfüllt § 1031 Abs. 1–4 ZPO bei Abschluss einer Schiedsvereinbarung ohne Beteiligung von Verbrauchern jedoch keine Warnfunktion. Im Rahmen ihrer Beweisfunktion dient die Anordnung der besonderen Form hier stattdessen lediglich dem Nachweis der Schiedsvereinbarung. Die negative Vertragsabschlussfreiheit ist damit durch § 1034 Abs. 1–4 ZPO nicht berührt. Die Formanordnung stellt somit einen Eingriff in die positive Abschlussfreiheit der Parteien, und damit der Privatautonomie, dar.

---

251 Ausführlich zur konkludenten Aufhebbarkeit der Schiedsvereinbarung unten, Zweiter Teil, A, § 1, II.

252 *Häsemeyer* bezeichnet die Wirkungsweise eines Formgebots im Zivilrecht als *„in die Privatautonomie zwangdsintegrierten objektiven Ordnungsfaktor“*, *Häsemeyer,* Die gesetzliche Form der Rechtsgeschäfte (1971), S. 162.

253 Vgl. dazu *Busche,* Privatautonomie und Kontrahierungszwang (1999), S. 148 f.

Ein solches Ergebnis widerspricht jedoch dem Leitbild des Schiedsverfahrensrechts, dass auf der Privatautonomie der einzelnen Parteien aufbaut[254]. Der durch die Formerfordernisse erfolgte Eingriff in die positive Abschlussfreiheit bedarf damit dem Grunde nach einer Rechtfertigung. Dieses Rechtfertigungserfordernis führt nicht automatisch dazu, dass die Aufhebung der Schiedsvereinbarung keiner Form unterliegen dürfte. Vielmehr muss die Schwere des Eingriffs in die Privatautonomie durch die Formerfordernisse mit dem entsprechenden Formzweck abgewogen werden[255]. Die Abwägung kann dazu führen, dass Einschränkungen einerseits beim Erreichen des Formzwecks und andererseits in Hinblick der Geltung der Privatautonomie hingenommen werden müssen[256].

Der abzuwägende Formzweck ist dabei die Beweisfunktion. Welches Maß an Beweissicherheit die Parteien wünschen, sollte jedoch im Ergebnis ihnen selbst überlassen werden, denn sie sind auch die einzigen, die aus einer mangelnden Beweisbarkeit des Nichtbestehens einer Schiedsvereinbarung einen Nachteil ziehen würden. Ein übergeordneter Zweck zugunsten Dritter oder der Allgemeinheit, der zugunsten einer Formbindung sprechen würde, ist nicht ersichtlich. Im Ergebnis stützt damit auch die Abwägung von Formzweck und Privatautonomie, zusätzlich zu den oben bereits genannten Gründen, die formlose Aufhebbarkeit von Schiedsvereinbarungen.

Das Spannungsfeld zwischen der positiven Abschlussfreiheit und dem Formzweck der Beweissicherheit lässt sich auch anhand der Vorschrift des § 1031 Abs. 6 ZPO erkennen. Diese regelt mit der Heilung einer nicht formgerecht geschlossenen Schiedsvereinbarung den umgekehrten Fall der formlosen Aufhebung. Durch die Anerkennung der Heilung eines Formmangels durch rügeloses Einlassen zur Hauptsache, stellt der Gesetzgeber die privatautonome Entscheidung der Parteien, ein Schiedsverfahren zu führen, über den Beweiswert einer schriftlichen Schiedsvereinbarung[257]. Eines solchen Nachweises bedarf es zwar im Fall der rügelosen Einlassung auch nicht mehr in gleichem Maße wie bei Abschluss der Schiedsvereinbarung, denn die Heilungswirkung tritt nur für den konkreten, vor dem Schiedsgericht verhandelten Streitgegenstand ein, nicht jedoch für den gesamten sachlichen Anwendungsbereich der formungültigen

254 Siehe oben Erster Teil, B, § 2, II.

255 *Heinrich*, Formale Freiheit und materiale Gerechtigkeit (2000), S. 62.

256 Vgl. *Heinrich*, Formale Freiheit und materiale Gerechtigkeit (2000), S. 63 f.

257 In der Gesetzesbegründung zur Schiedsrechtsmodernisierung 1998 begründet der Gesetzgeber die Heilungsmöglichkeit nach § 1031 Abs. 6 ZPO ferner damit, dass möglichst schnell Unklarheiten über die Formwirksamkeit einer Schiedsvereinbarung ausgeschlossen werden sollen, Bt-Drs. 13/5274, S. 37.

Schiedsvereinbarung[258]. Dennoch lässt sich an § 1031 Abs. 6 ZPO gut erkennen, dass auch die aktuelle gesetzliche Regelung dort keine besondere Form vorsieht, wo der Formzweck, wie bei der Einlassung vor dem Schiedsgericht, durch andere Faktoren erreicht wird[259].

Im Ergebnis lässt sich damit festhalten, dass ein formloses Aufhebungsangebot hinsichtlich der gesamten Schiedsvereinbarung nach deutschem Recht richtigerweise möglich ist, denn die Beweisfunktion dient ausschließlich dem Schutz der Schiedsparteien selbst, sodass diese frei über diesen Schutz disponieren können sollten.

3. *Das formlose Angebot zur Teilaufhebung*

Im nächsten Schritt stellt sich die Frage, wie es sich mit der formlosen Teilaufhebung von Schiedsvereinbarungen verhält. Diese Frage ist insbesondere deswegen relevant, weil Schiedsvereinbarungen in der Regel einen umfassenden Anwendungsbereich haben und damit mehr als nur einen Streitgegenstand erfassen. Schon der Grundsatz der weiten Auslegung von Schiedsvereinbarungen führt dazu, dass, sofern nicht ausdrücklich etwas anderes vereinbart ist, Schiedsvereinbarungen eine ganze Reihe von potentiellen Streitgegenständen abdecken[260]. Maßgeblich für die Bestimmung der Reichweite einer Schiedsklausel ist im Grundsatz der zugrundeliegende Sachverhalt, nicht jedoch einzelne Anspruchsgrundlagen. Eine Schiedsvereinbarung für alle Streitigkeiten aus einem bestimmten Vertrag erfasst in der Regel also beispielsweise nicht nur vertragliche Ansprüche, sondern auch damit in Verbindung stehende deliktische Ansprüche[261]. Hinzu kommt, dass die meisten Musterschiedsklauseln noch weiter formuliert sind und nicht nur den einzelnen Vertrag erfassen, sondern alle

---

258 *Münch* in MüKo-ZPO[5] (2017), § 1031 Rn. 69; kritisch zur Heilungsmöglichkeit aufgrund unklarer Vollstreckung unter der New York Convention: *Granzow,* Das UNCITRAL-Modellgesetz über die internationale Handelsschiedsgerichtsbarkeit (1988), S. 90.

259 Zur *de lege ferenda* sinnvollen Möglichkeit des insgesamt formlosen Abschlusses von Schiedsvereinbarungen siehe unten Zweiter Teil, A, § 1, I, 5.

260 *Elsing,* Zur Auslegung von Schiedsvereinbarungen in FS Westphalen (2010), S. 121; *Münch* in MüKo-ZPO[5] (2017), § 1029 Rn. 110; *Voit* in Musielak/Voit-ZPO[15] (2018), § 1029 Rn. 23.

261 BGH Urteil v. 27.02.1970 – VII ZR 68/68, BGHZ 53, 315 (320 f.); BGH Urteil v. 12.11.1987 – III ZR 29–87, BGHZ 102, 199 (200); BGH Urteil v. 04.10.2001 – III ZR 281/00, NJW-RR 2002, 387 (387).

damit in Verbindung stehenden Streitigkeiten[262]. So kann durchaus das Interesse der Parteien bestehen, einzelne Streitgegenstände aus dieser Schiedsvereinbarung herauszulösen, sie jedoch insgesamt für den Rest des Vertrages aufrecht zu erhalten.

Da die Schiedsvereinbarung einen schuldrechtlichen Vertrag darstellt, sind die Parteien nicht nur in der Lage, die Schiedsvereinbarung komplett aufzuheben, sondern können diese auch modifizieren oder nur in Teilen aufheben. Dies beinhaltet insbesondere die Freiheit, die Reichweite der Schiedsvereinbarung zu verändern, also neue Streitgegenstände aufzunehmen oder bisher erfasste Streitgegenstände wieder herauszulösen sowie die Freiheit, den persönlichen Anwendungsbereich der Schiedsvereinbarung zu verändern. Diese Freiheit, Verträge zu ändern oder anzupassen, ist als sogenannte „Vertragsänderungsfreiheit" Ausprägung der Vertragsfreiheit der Parteien und Ausprägung ihrer Privatautonomie[263]. Da die Parteien also grundsätzlich in der Lage sind, die Schiedsvereinbarung in Teilen aufzuheben, soll im Folgenden der Frage nachgegangen werden, ob hierfür die Form des § 1031 ZPO gewahrt sein muss oder eine teilweise Aufhebung wie eine vollständige Aufhebung behandelt werden muss und damit formlos möglich ist.

Dabei ist zunächst zu untersuchen, ob überhaupt, und falls ja, welche Ansätze bisher zu der Teilaufhebung von Schiedsvereinbarungen in Schrifttum und Rechtsprechung vertreten werden. Diese sind dann vor dem Hintergrund der bisher gezogenen Schlüsse der Arbeit zu analysieren.

a) Formbedürftigkeit von Änderungen

Wird eine Schiedsvereinbarung nur in Teilen aufgehoben, handelt es sich zunächst einmal um eine Änderung, denn die Reichweite der Schiedsvereinbarung wird modifiziert. Die Änderung formbedürftiger Rechtsgeschäfte wiederum wird grundsätzlich unter die Form des Abschlusses des Rechtsgeschäfts gestellt[264]. Allerdings besteht dieser Grundsatz nicht ausnahmslos.

---

262 Vgl. nur die Musterklausel der DIS: „Alle Streitigkeiten, die sich im Zusammenhang mit diesem Vertrag oder über seine Gültigkeit ergeben, werden nach der Schiedsgerichtsordnung der Deutschen Institution für Schiedsgerichtsbarkeit e.V. (DIS) unter Ausschluss des ordentlichen Rechtsweges endgültig entschieden [Hervorhebungen durch den Verfasser]."

263 *Busche*, Privatautonomie und Kontrahierungszwang (1999), S. 70.

264 BGH, Beschluss v. 24.03.1994 – III ZR 65/93, NJW-RR 1994, 778 (779); BGH, Beschluss v. 09.11.1995 – V ZR 36–95, NJW 1996, 453 (453); OLG Karlsruhe, Beschluss v. 13.04.1994 – 2 UF 228/93, NJW-RR 1994, 1414; *Ahrens* in PWW-BGB[13]

aa) Durch die Rechtsprechung anerkannte Ausnahmefälle

Hinsichtlich der nachträglichen Vereinbarungen eines vertraglichen Rücktrittsrechts bei einem notariell beurkundeten Grundstückskaufvertrag hat der Bundesgerichtshof eine solche Ausnahme anerkannt und entschieden, dass die Änderung formlos möglich ist, auch wenn der Vertragsschluss selbst der notariellen Form bedurfte[265]. Begründet wurde dies mit einem Erst-Recht-Schluss aus dem Umstand, dass der gesamte Vertrag bis zu einem bestimmten Zeitpunkt formlos aufgehoben werden könne – die Vereinbarung einer Aufhebungsmöglichkeit als Minus dazu also ebenfalls möglich sein müsse.

Im Ergebnis ähnlich, aber mit erweiterter Begründung, erkannte der Bundesgerichtshof im Jahre 2001 die nachträgliche Vereinbarung eines Rücktrittsrechts bei nicht fristgerechter Fertigstellung einer Eigentumswohnung als formlos möglich an[266]. Als Kriterium wurde zugrunde gelegt, dass eine formlose Änderung dann möglich sei, wenn keine wesentliche Veränderung der formgültig begründeten Pflichten vorgenommen wird. Dies sei beispielsweise dann der Fall, wenn durch die Änderung nicht die Hauptleistungspflichten des Vertrages berührt werden, sondern nur die Abwicklung des Vertrages betroffen ist[267].

Ebenfalls noch im Rahmen des Grundstückserwerbs existiert als zweite Fallgruppe neben der Wesentlichkeit der Änderungen, wie in den ersten beiden Beispielen, die Anknüpfung an eine zeitliche Komponente. So erkennt der Bundesgerichtshof in ständiger Rechtsprechung, dass ein Grundstückskaufvertrag nach Auflassung, aber noch vor Eintragung des Erwerbers in das Grundbuch, formlos geändert werden kann[268]. Begründet hat dies bereits das Reichsgericht in einer grundlegenden Entscheidung damit, dass der Formzweck, in diesem Falle der Schutz vor Übereilung, bereits erfüllt wurde. Denn durch die Auflassung wurde die entscheidende Handlung seitens des Veräußerers vorgenommen[269]. Diese Auffassung wurde durch den Bundesgerichtshof übernommen und bildet damit neben der Anknüpfung an die Wesentlichkeit der Änderung eine zweite Ausnahmegruppe, welche auf den Formzweck abstellt.

(2018), § 125 Rn. 18; *Dörner* in HK-BGB[9] (2017), § 125 Rn. 7; *Mansel* in Jauernig[17] (2018), § 125 Rn. 7; *Wendtland* in BeckOK-BGB[47] (2018), § 125 Rn. 10.

265 BGH, Urteil v. 05.05.1976 – IV ZR 63/75, BGHZ 66, 270 (272).

266 BGH, Urteil vom 05.04.2001 – VII ZR 119/99 NJW 2001, 1932 (1933).

267 BGH, Urteil vom 05.04.2001 – VII ZR 119/99 NJW 2001, 1932 (1933).

268 Zurückgehend auf das RG, Urteil v. 15.02.1911 – V 102/10, WarnR 1911 Nr. 226, 248 (249); BGH, Urteil v. 14.05.1971 – V ZR 25/69, NJW 1971, 1450 (1450); BGH, Urteil v. 28.09.1984 – V ZR 43/83, NJW 1985, 266.

269 RG, Urteil v. 15.02.1911 – V 102/10, WarnR 1911 Nr. 226, 248 (249).

Eine weitere Ausnahme betrifft Formerfordernisse, die nur bestimmte Erklärungen und nicht das gesamte Rechtsgeschäft betreffen, wie beispielsweise die Erteilung einer Bürgschaftserklärung nach § 766 BGB oder die Abgabe eines Schenkungsversprechens nach § 518 BGB[270]. Dieser einseitige Formzwang gilt primär dem Übereilungsschutz einer der beiden Vertragsparteien. Entsprechend sollen Änderungen bei diesen einseitigen Formzwängen immer dann der Form unterliegen, wenn sie die Pflichten des Adressaten der Formvorschrift erweitern. Reduzieren die Änderungen diese jedoch oder berühren sie diese nicht, sei die Änderung formlos möglich[271]. Begründet wird dies zutreffend mit dem Sinn und Zweck der Formvorschrift. Denn wird der Pflichtenkreis des Geschützten reduziert, bedarf er in diesem Fall keines Schutzes, im Gegenteil, es sollte so leicht wie möglich für ihn sein, seine Verbindlichkeit zu reduzieren.

Systematisiert man diese Fallgruppen, lässt sich erkennen, dass der Bundesgerichtshof in den letzten beiden vorgestellten Ausnahmen eine Auslegung nach Sinn und Zweck der Formvorschrift vornimmt. Die ersten zwei Ausnahmen wiederum begründeten sich aus einer Art Wesentlichkeitskontrolle.

bb) Das Schrifttum zur Formbedürftigkeit von Änderungen

Im Schrifttum herrscht mit der Rechtsprechung Einigkeit über den Grundsatz, dass die Änderung eines formgebundenen Rechtsgeschäfts ebenfalls der Form des Abschlusses bedarf[272].

Zustimmung hat die Auslegung der Formvorschriften nach ihrem jeweiligen Formzweck zur Bestimmung der Reichweite der Form gefunden[273].

---

270 Weitere Beispiele eines nur einseitigen Formzwangs sind die Abgabe eines Schuldversprechens nach § 780 BGB; die Erklärung eines Schuldanerkenntnisses nach § 781 BGB sowie die Annahme einer Anweisung nach § 784 Abs. 2 S. 1 BGB.

271 In ständiger Rechtsprechung: BGH, Urteil v. 29.11.1967 – VIII ZR 101/65 (KG), NJW 1968, 393 (393); BGH, Urteil v. 15.05.1986 – IX ZR 96/85, NJW 1986, 3131 (3132); BGH, Urteil v. 30.01.1997 – IX ZR 133/96, NJW-RR 1997, 684 (685).

272 *Ahrens* in PWW-BGB[13] (2018), § 125 Rn. 18; *Dörner* in HK-BGB[9] (2017), § 125 Rn. 7; *Hertel* in Staudinger BGB (2017), § 125 Rn. 73 f.; *Wendtland* in BeckOK-BGB[47] (2018), § 125 Rn. 10; *Mertens*, Die Reichweite gesetzlicher Formvorschriften im BGB, JZ 2004, 431 (433).

273 *Häsemeyer*, Die gesetzliche Form der Rechtsgeschäfte (1971), S. 182; *Mertens*, Die Reichweite gesetzlicher Formvorschriften im BGB, JZ 2004, 431 (433). Wohl implizit: *Mansel* in Jauernig[17] (2018), § 125 Rn. 8, der ohne weitergehende Begründung eine formlose Teilaufhebung jedenfalls dann nicht für möglich hält, wenn durch die Aufhebung in die formgeschützte Rechtsstellung der Gegenseite eingegriffen werde. Als Beispiel nennt *Mansel* die Reduzierung einer Pflicht aus einem Grundstückskaufvertrag nach § 311b Abs. 1 BGB. Im Ergebnis legt damit auch *Mansel* die Formvorschrift

Unterschiedlich beurteilt wird indes die Reichweite der Ausnahmemöglichkeiten. Kritik hat insbesondere die Wesentlichkeitskontrolle des Bundesgerichtshofs erfahren[274]. Die Frage, was wesentlich ist, sei einzelfallabhängig, sodass die Anknüpfung an die Wesentlichkeit einen großen Unsicherheitsfaktor darstelle. Da jedoch Rechtssicherheit gerade eines der Ziele sei, das durch die Form erreicht werden solle, sei diese Ausnahme abzulehnen[275].

cc) Formbedürftigkeit der Änderung von Schiedsvereinbarungen

Der Frage, ob Änderungen von Schiedsvereinbarungen formbedürftig sind wurde bisher in Rechtsprechung und Schrifttum keine große Aufmerksamkeit gewidmet. So gibt es, soweit ersichtlich, keine Entscheidung in der Rechtsprechung, die sich dieser Frage ausdrücklich annimmt[276].

Allein die Rechtsprechung des Bundesgerichtshofs zur Rechtslage vor 1998 hinsichtlich der Form bei Abtretung einer Forderung, welche einer Schiedsvereinbarung unterlag, liefert einen Anhaltspunkt. Hier stellte sich die Frage, ob bei der Abtretung eines Geschäftsanteils einer Kommanditgesellschaft die im Gesellschaftsvertrag enthaltene Schiedsvereinbarung auf den Zessionar übergeht, ohne dass es der Form des § 1027 ZPO a.F. für den Abschluss der Schiedsvereinbarung

---

nach Sinn und Zweck aus und lässt formfreie Änderungen dann zu, wenn sie nicht formgebundene Pflichten betreffen. Irritierend ist allenfalls, im Falle der gemeinsamen Aufhebung von einer „Gegenseite" zu sprechen, da demnach die Zulässigkeit des Aufhebungsvertrags von dem Umstand abzuhängen scheint, welche Partei das Angebot auf Aufhebung abgibt.

274 *Mertens,* Die Reichweite gesetzlicher Formvorschriften im BGB, JZ 2004, 431 (433).

275 *Mertens,* Die Reichweite gesetzlicher Formvorschriften im BGB, JZ 2004, 431 (433).

276 Vgl. jedoch BGH, Beschluss v. 07.07.2016 – I ZB 45/15, ZIP 2016, 2435 (2436), wo sich der BGH der in Teilen des Schrifttums und durch einige Instanzgerichte vertretenen Auffassung anschließt, dass bei einvernehmlicher Klage vor einem staatlichen Gericht die Schiedsvereinbarung nur für den vor dem staatlichen Gericht verhandelten Streitgegenstand erlösche. Ausführungen, wie dies mit dem Formerfordernis des § 1031 ZPO in Einklang zu bringen ist, fehlen jedoch ebenso wie eine Begrüdung, weswegen es vorzugswürdig sei, dass die Schiedsvereinbarung nur für diesen Streitgegenstand aufgehoben werde. Vgl. weiterhin BGH Beschluss v. 27.06.1994 – III ZR 17/93, NJW 1994, 2300 (2301), wo sich der BGH mit der Frage auseinandersetzte, ob es möglich ist, bei einer bereits unterschriebenen Schiedsvereinbarung einvernehmliche Änderungen oberhalb der Unterschrift noch nachträglich vorzunehmen. Hier hat der BGH im Anschluss an die ständige Rechtsprechung schon des Reichsgerichts entschieden, dass das Schriftformerfordernis gewahrt ist, solange die Unterschriften die Urkunde räumlich abschließen. Eine zeitliche Reihenfolge zwischen Unterschrift und Festsetzung des Inhalts sei dagegen nicht erforderlich.

bedarf. Da eine Abtretung einer Schiedsvereinbarung im Ergebnis dazu führt, dass die Parteien der Schiedsvereinbarung wechseln, handelt es sich hierbei um eine Änderung des persönlichen Anwendungsbereichs der ursprünglichen Vereinbarung.

Der Bundesgerichtshof hat in ständiger Rechtsprechung entschieden, dass es im Falle einer Abtretung der besonderen Form der Schiedsvereinbarung nicht bedarf, da die Warnfunktion in den Hintergrund trete und es dem Erwerber eines Rechts zuzumuten sei, sich über alle Rechtserwerb anknüpfenden Verpflichtungen zu informieren[277].

Aus dieser Rechtsprechung lassen sich zwei Erkenntnisse für die aktuelle Untersuchung ziehen: Erstens, dass die Rechtsprechung in den 1970er Jahren zum alten Recht aufgrund der Betonung der Warnfunktion das Schiedsverfahren nicht als gleichwertige Alternative der Streitbeilegung angesehen hat, wie dies spätestens ab den Entscheidungen zur Schiedsfähigkeit vermögensrechtlicher Streitigkeiten in den 1990er Jahren der Fall gewesen ist[278]. Gleichzeitig wurde der Beweisfunktion der schriftlich geschlossenen Schiedsvereinbarung ein derart geringer Stellenwert beigemessen, dass diese durch den Bundesgerichtshof noch nicht einmal gesondert erörtert wurde. Ein gewisser Beweiswert mag zwar zumeist noch mittelbar dadurch gewährleistet sein, dass sich durch die ursprüngliche Schiedsvereinbarung und einem zumeist schriftlichen Abtretungsvertrag noch die Parteien der Schiedsvereinbarung bestimmen lassen.

Dennoch lässt sich aus dem Umstand, dass einerseits Abtretungen auch formlos möglich sind und andererseits der Bundesgerichtshof sich nicht einmal *obiter* zu eventuellen Beweisschwierigkeiten äußerte, erkennen, dass der Beweisfunktion keine große Bedeutung zugemessen wurde. Jedenfalls für den Unterfall der Änderung des persönlichen Anwendungsbereichs der Schiedsvereinbarung durch Abtretung geht der Bundesgerichtshof also von einer formlosen Änderungsmöglichkeit von Schiedsvereinbarungen aus.

Die schiedsrechtliche Literatur wiederum scheint einhellig davon auszugehen, dass für Änderungen der Schiedsklausel die Form des § 1031 ZPO maßgeblich ist, differenziert an dieser Stelle jedoch nicht[279]. Dies gilt jedenfalls für Änderungen, welche das „ob“ eines Schiedsverfahrens betreffen. Wollen die Parteien

---

277 Ständige Rechtsprechung, BGH, Urteil v. 18.12.1975 – III ZR 103/73, NJW 1976, 852 (852); BGH Urteil v. 02.03.1978 – III ZR 99/76, BGHZ 71, 162 (165 f.); BGH, Urteil v. 28.05.1979 – III ZR 18/77, NJW 1979, 2567 (2568).

278 Siehe oben Erster Teil, B, § 2, II, 1, c.

279 *Hartmann* in Baumbach/Lauterbach-ZPO[76] (2018), § 1031 Rn. 11; *Münch* in MüKo-ZPO[5] (2017), § 1031 Rn. 14; *Saenger* in Saenger-ZPO[7] (2017), § 1031 Rn. 4.

dagegen nur eine Nebenabrede schließen, etwa eine Vereinbarung hinsichtlich des Ablaufs des Verfahrens (das „wie" des Schiedsverfahrens) oder eine neue Rechtswahl treffen, herrscht wiederum Einigkeit, dass ein Formerfordernis nicht besteht[280]. Die Literatur verlangt also immer dann die besondere Form, wenn es um die Begründung oder die Modifikation des Willens geht, ein Schiedsverfahren zu führen. Folgt man dieser Ansicht, würde also auch die Teilaufhebung der Schiedsvereinbarung die Form des § 1031 ZPO erfordern, da es auch hier um die Frage geht, ob überhaupt ein Schiedsverfahren geführt werden soll[281].

b) Eine formlose Teilaufhebung von Schiedsvereinbarung ist möglich

aa) Möglichkeit der formlosen Teilaufhebung

Dieser Auffassung ist jedoch sowohl vor dem Hintergrund der durch den Bundesgerichtshof und das Reichsgericht geschaffenen Grundsätze zur Auslegung von Formvorschriften nach ihrem Zweck als auch der Rechtspraxis zur formlosen Gesamtaufhebung von Schiedsvereinbarungen nicht zu folgen.

Stattdessen ist eine differenzierte Betrachtung geboten. Anstelle pauschal jegliche Form der Änderung in Bezug auf das „ob" des Schiedsverfahrens unter den Formzwang des § 1031 ZPO zu stellen, ist stattdessen zwischen konstituierenden und aufhebenden Änderungen zu differenzieren. Unter konstituierenden Änderungen sind solche Änderungen zu verstehen, welche die Reichweite der Schiedsvereinbarung erweitern, also entweder neue Streitgegenstände unter die Schiedsvereinbarung fassen, neue Parteien in die Schiedsvereinbarung aufnehmen oder materielle Änderungen für zukünftige Verfahren beinhalten, wie beispielsweise die Wahl einer neuen Schiedsordnung oder eines neuen Schiedsortes.

Aufhebende Änderungen wiederum sind dagegen Änderungen, welche die Reichweite der Schiedsvereinbarungen beschränken, also entweder Parteien oder Streitgegenstände aus der Schiedsvereinbarung herauslösen[282]. Gemeint ist damit vor allem die Teilaufhebung der Schiedsvereinbarung.

---

280 *Geimer* in Zöller-ZPO[32] (2018), § 1031 Rn. 15; *Münch* in MüKo-ZPO[5] (2017), § 1031 Rn. 13; *Saenger* in Saenger-ZPO[7] (2017), § 1032 Rn. 4.

281 Anders ohne Begründung jedoch: *Geimer* in Zöller-ZPO[32] (2018), § 1032 Rn. 5, der davon ausgeht, dass bei Klage vor dem staatlichen Gericht die Schiedsvereinbarung konkludent auch nur für diesen Streitgegenstand aufgehoben wird.

282 In diese Richtung scheint auch *Voit* zu gehen, der bezüglich Verbraucherschiedsvereinbarungen auch „Einschränkungen" der Schiedsvereinbarung ohne vertiefte Erläuterung oder Begründung für formlos gültig hält, *Voit* in Musielak/Voit-ZPO[15] (2018), § 1031 Rn. 12; im Ergebnis auch dahin tendierend: *Vogl,* Das Schicksal von

Die Teilaufhebung der Schiedsvereinbarung besitzt hohe praktische Relevanz. Man stelle sich nur eine Situation vor, in der sich die Parteien parallel zu einem laufenden Schiedsverfahren bezüglich eines anderen Streitgegenstandes vor einem staatlichen Gericht einlassen[283]. Verhandelt das Schiedsgericht weiter und erlässt es schließlich einen Schiedsspruch, wird sich im Rahmen der Vollstreckung unweigerlich seitens der unterlegenen Partei die Frage nach der Wirksamkeit der Schiedsvereinbarung stellen. Wie zuvor bereits behandelt, kann das bewusste, rügelose Einlassen vor dem staatlichen Gericht den Abschluss eines konkludenten Aufhebungsvertrages der Schiedsvereinbarung darstellen[284]. Ob damit die gesamte Schiedsvereinbarung aufgehoben werden soll oder nicht, hängt von der Reichweite des Aufhebungswillens der Parteien in diesem Moment ab und muss durch Auslegung nach §§ 133, 157 BGB bestimmt werden. Der Aufhebungswille kann unterschiedlich weit reichen, jedenfalls kann den Parteien nicht pauschal unterstellt werden, dass sie sich von der gesamten Schiedsvereinbarung lösen wollten, weil sie sich vor einem staatlichen Gericht eingelassen haben[285].

Gleichwohl wird bisher im Einlassen vor einem staatlichen Gericht gemeinhin entweder die konkludente Aufhebung der gesamten Schiedsvereinbarung gesehen[286] oder ein Aufhebungswille insgesamt verneint[287].

Erkennt man an, dass die Grundsätze zur formlosen Aufhebung der gesamten Schiedsvereinbarung, wie sie zuvor dargestellt wurden, zutreffend sind, ist im

---

Schiedsklauseln bei rügeloser Einlassung auf den Prozess vor staatlichen Gerichten, RiW 2015, 269 (270).

283 So geschehen bspw. in OLG Frankfurt a.M., Beschluss v. 17.02.2011 – 26 Sch 13/10, SchiedsVZ 2013, 49 (50), wo die Parteien sich parallel zu einem in Deutschland stattfindenden Schiedsverfahren vor einem US-Amerikanischen District Court eingelassen haben. Nach dem herrschenden zweigliedrigen Streitgegenstandsbegriff setzt sich der Streitgegenstand aus dem Klageantrag sowie dem zugrunde liegenden Lebenssachverhalt zusammen, vgl. *Wendtland* in BeckOK-ZPO[29] (2018), § 2 Rn. 3 mit weiteren Nachweisen.

284 Siehe oben Zweiter Teil, A, § 1, I, 2.

285 Vgl. *Geimer* in Zöller-ZPO[32] (2018), § 1032 Rn. 5. Siehe zur Reichweite des Aufhebungswillens ausführlich unten Zweiter Teil, A, § 1, II, 1, c, bb.

286 So noch in Vorauflage *Rosenberg/Schwab/Gottwald*, Zivilprozessrecht[17] (2010), § 177 Rn. 4, nunmehr unter Verweis auf BGH Beschluss v. 07.07.2016 – I ZB 45/15, ZIP 2016, 2435 (2436) Aufhebung lediglich bezüglich des konkreten, vor dem staatlichen Gericht verhandelten Streitgegenstands: *Rosenberg/Schwab/Gottwald*, Zivilprozessrecht[18] (2018), § 176 Rn. 47; *Saenger* in Saenger-ZPO[7] (2017), § 1032 Rn. 4.

287 OLG Frankfurt a.M., Beschluss v. 17.02.2011 – 26 Sch 13/10, SchiedsVZ 2013, 49 (57).

nächsten Schritt die Frage zu stellen, ob vor dem Hintergrund des Formzwecks von § 1031 ZPO eine Ungleichbehandlung von Teilaufhebung und vollständiger Aufhebung geboten ist. Ist dies nicht der Fall, muss auch hier die Abwägung zwischen den hinter der Regelung stehenden Zielen und der Vertragsfreiheit zugunsten der Vertragsfreiheit ausfallen. Denn der Eingriff in die Abschlussfreiheit der Parteien soll bei Wahrung der Formzwecke so gering wie möglich gehalten werden. Dabei sind die Formzwecke keine absoluten Ziele, welche vollständig verwirklicht werden müssen, sodass nicht die Zweckverwirklichung allein den Eingriff rechtfertigt[288].

Eine formlose Teilaufhebung könnte zunächst dem durch die Beweisfunktion verfolgten Formzweck der Rechtssicherheit widersprechen[289]. Denn bezüglich der anderen Streitgegenstände, welche noch der Schiedsvereinbarung unterliegen, besteht ein erhöhtes Maß an Rechtsunsicherheit. Wird die Schiedsvereinbarung in ihrer Gesamtheit aufgehoben, muss im Falle einer Klage vor dem Schiedsgericht diese Aufhebung dargelegt und gegebenenfalls bewiesen werden, falls die Unzuständigkeit des Schiedsgerichts nach § 1040 Abs. 2 ZPO gerügt wird. Die Beweislast erstreckt sich damit auf eine Einigung der Parteien bezüglich der Aufhebung der Schiedsvereinbarung als solches. Gleiches gilt spiegelbildlich für eine Klage vor einem staatlichen Gericht – erhebt eine Partei Schiedseinrede nach § 1032 Abs. 1 ZPO, muss diese Partei darlegen und beweisen, dass die Schiedsvereinbarung noch für diesen Streitgegenstand besteht[290]. Besteht jedoch auch die Möglichkeit der formlosen Teilaufhebung, muss diese Darlegung konkretisiert werden. Nicht nur, dass ein Aufhebungswillen bestand, ist darzulegen und gegebenenfalls zu beweisen, sondern weiterhin, auf welche Streitgegenstände sich dieser erstreckte.

Diese zusätzlichen prozessualen Hürden genügen allerdings nicht, um eine Ungleichbehandlung gegenüber der formlosen Gesamtaufhebung zu rechtfertigen. Denn auch wenn ein konkreterer Beweis erforderlich ist, handelt es sich nur um einen marginalen Unterschied. Auch bisher sehen Gerichte nicht automatisch in der jeder Klage vor einem staatlichen Gericht ein konkludentes Angebot auf Aufhebung der gesamten Schiedsvereinbarung, sodass auch schon

---

288 *Häsemeyer*, Die gesetzliche Form der Rechtsgeschäfte (1971), S. 164.

289 Vgl. dazu oben Zweiter Teil, A, § 1, I sowie *Prütting* in PG-ZPO[10] (2018), § 1031 Rn. 1; *Thümmel*, Die Schiedsvereinbarung zwischen Formzwang und favor validitatis, FS Schütze (1999), S. 944.

290 *Huber*, Das Verhältnis von Schiedsgericht und staatlichen Gerichten bei der Entscheidung über die Zuständigkeit, SchiedsVZ 2003, 73; *Münch* in MüKo-ZPO[5] (2017), § 1032 Rn. 6; *Saenger* in Saenger-ZPO[7] (2017), § 1032 Rn. 4.

bisher zusätzliche, konkrete Anhaltspunkte für den Aufhebungswillen vorgebracht und nachgewiesen werden müssen[291]. Wenn den Parteien zugemutet werden kann, den auf die Aufhebung der gesamten Schiedsvereinbarung gerichteten Aufhebungswillen nachzuweisen, dann wird es in der Regel auch zumutbar sein, im Falle einer Teilaufhebung nachzuweisen, auf welchen Streitgegenstand sich dieser Wille erstreckte. Dass sich der Nachweis des Teilaufhebungswillens derart schwieriger darstellt, dass eine Ungleichbehandlung mit dem Willen zur vollständigen Aufhebung der Schiedsvereinbarung gerechtfertigt ist, ist nicht ersichtlich. Gelingt dieser Nachweis nicht, müssen sich die Parteien dagegen an der Schiedsvereinbarung festhalten lassen.

Die Beweisfunktion der schriftlichen Schiedsvereinbarung wird somit durch eine Teilaufhebung nicht in größerem Maße eingeschränkt, als durch eine formlose vollständige Aufhebung. Im Ergebnis existiert in beiden Fällen zunächst eine formelle Urkunde, deren Aussage nicht mehr mit der materiellen Rechtslage übereinstimmt.

Der Umstand, dass ein Schiedsverfahren bezüglich eines Streitgegenstandes und ein staatliches Gerichtsverfahren bezüglich eines anderen Streitgegenstandes aus demselben Vertrag die Gefahr bergen, divergierende Entscheidungen zu erhalten[292], ist keine Frage der Zulässigkeit einer formlosen Aufhebung. Denn dieses Problem stellt sich genauso bei einer schriftlichen Teilaufhebung der Schiedsklausel, welche wiederum Unterfall einer zulässigen Änderung von Schiedsvereinbarungen ist[293]. Stattdessen ist die Gefahr widerstreitender Entscheidungen bei der Frage der Reichweite des Aufhebungswillens der Parteien miteinzubeziehen und kann für einen auf eine vollständige Aufhebung gerichteten Willen der Parteien sprechen[294].

Somit lässt sich weder aus der Beweisproblematik noch der potentiellen Gefahr widerstreitender Entscheidungen ein Argument dafür liefern, dass die Teilaufhebung einer Schiedsvereinbarung anders gehandhabt werden sollte, als die vollständige Aufhebung.

Für einen Unterfall der formlosen Teilaufhebung stimmt *Geimer* diesem Ergebnis zu, ohne dies jedoch ausdrücklich festzustellen. So erstreckt *Geimer* bei rügelosem Einlassen vor den staatlichen Gerichten den Aufhebungswillen

---

291 OLG Frankfurt a.M., Beschluss v. 17.02.2011 – 26 Sch 13/10, SchiedsVZ 2013, 49 (57).

292 *Kersting*, Die Beendigung einer Schiedsvereinbarung durch Anrufung staatlicher Gerichte, SchiedsVZ 2013, 297 (300).

293 *Lachmann*, Handbuch für Schiedsgerichtspraxis[3] (2008), Rn. 432.

294 Vgl. dazu *Kersting*, Die Beendigung einer Schiedsvereinbarung durch Anrufung staatlicher Gerichte, SchiedsVZ 2013, 297 (299 f.).

ausdrücklich nur auf den vor dem staatlichen Gericht behandelten Streitgegenstand[295]. Der Rest der Schiedsvereinbarung soll demgegenüber wirksam bleiben. Er hat dabei insbesondere Rahmenschiedsvereinbarungen im Blick, die für eine Mehrzahl von Verträgen gelten, allerdings ist auch bei Schiedsvereinbarungen nur bezüglich eines einzelnen Vertrags eine Mehrzahl von Streitgegenständen naheliegend, sodass diese Konstellation große praktische Relevanz besitzt[296].

Die Gleichstellung einer Teilaufhebung mit der vollständigen Aufhebung der Schiedsvereinbarung und nicht mit einer formbedürftigen Änderung ist dabei konsequent.

bb) Vorteil der Anerkennung einer Teilaufhebbarkeit von Schiedsvereinbarungen

Die Anerkennung einer formlosen Teilaufhebungsmöglichkeit von Schiedsvereinbarungen hat zunächst den Vorteil, durch die Gleichstellung mit der formlosen Gesamtaufhebung größere dogmatische Stringenz in die Frage der Aufhebbarkeit von Schiedsvereinbarung zu bringen und spricht daher schon deshalb für sich.

Die Möglichkeit einer formlosen Teilaufhebung ist zudem auch praktisch sinnvoll, da es das materiell-rechtliche Schicksal der Schiedsvereinbarung in einen Gleichschritt zur prozessualen Wirksamkeit der Schiedsvereinbarung bringt. Dies lässt sich gut an dem eingangs bereits dargestellten Beispiel der konkludenten Aufhebung der Schiedsvereinbarung zeigen. Zunächst soll die Konstellation der bereits zuvor zitierten Entscheidung des OLG Frankfurts a. M. aus dem Jahr 2011 untersucht werden[297]. In diesem Beispiel ist zum Zeitpunkt der Einlassung vor dem staatlichen Gericht bereits ein Schiedsverfahren bezüglich eines anderen Streitgegenstandes aus derselben Schiedsvereinbarung anhängig.

Das Schiedsgericht ist durch die Klage vor dem staatlichen Gericht nicht verpflichtet, das laufende Verfahren auszusetzen. Im Gegenteil, § 1032 Abs. 3 ZPO regelt ausdrücklich, dass das Schiedsverfahren trotz anhängiger Klage vor einem staatlichen Gericht betrieben und durch Schiedsspruch auch zum Abschluss gebracht kann. Dadurch soll eine Verfahrensverschleppung verhindert werden. Bei divergierenden Streitgegenständen, wie hier, wird das Schiedsgericht in der Regel das Verfahren fortsetzen, denn selbst bei identischen Streitgegenständen

---

295 *Geiner* in Zöller-ZPO[32] (2018), § 1032 Rn. 5.

296 Nach dem herrschenden zweigliedrigen Streitgegenstandsbegriff setzt sich der Streitgegenstand aus dem Klageantrag sowie dem zugrunde liegenden Lebenssachverhalt zusammen, vgl. *Wendtland* in BeckOK-ZPO[29] (2018), § 2 Rn. 3 m.w.N.

297 OLG Frankfurt a.M., Beschluss v. 17.02.2011 – 26 Sch 13/10, SchiedsVZ 2013, 49.

soll eine Aussetzung im Ermessen des Schiedsgerichts liegen[298]. Eine Aussetzung des Schiedsverfahrens erfolgt in der Regel nur, wenn das Schiedsgericht ernsthafte Zweifel daran hat, dass das staatliche Gericht die Schiedsvereinbarung für wirksam hält. Dies ist insbesondere dann der Fall, wenn das staatliche Gericht eine entsprechende Entscheidung über die Wirksamkeit bereits getroffen hat, diese aber noch nicht rechtskräftig geworden ist[299]. Allerdings wird sich das Gericht in Fällen, in denen sich Parteien rügelos vor dem staatlichen Gericht einlassen, zur etwaigen Zuständigkeit des Schiedsgerichts nicht äußern, da es im Zweifel nichtmals Kenntnis von der Schiedsvereinbarung haben wird. Das Risiko einer staatsgerichtlichen Entscheidung über die Wirksamkeit der Schiedsvereinbarung ist also sehr gering. Entsprechend wird das Schiedsgericht das Schiedsverfahren also fortsetzen.

Ist der Schiedsspruch schließlich erlassen und soll vollstreckt werden, wird die unterlegene Partei in der Regel versuchen, den Schiedsspruch beziehungsweise dessen Vollstreckung anzugreifen. Bei einem parallel laufenden staatlichen Gerichtsverfahren stellt sich dann unweigerlich die Frage, ob der Schiedsspruch noch auf einer wirksamen Schiedsvereinbarung beruhte. Ist dies nämlich nicht der Fall, wird das zuständige Oberlandesgericht den Antrag auf Vollstreckung des Schiedsspruchs nach § 1060 Abs. 2 S. 1 ZPO i.V.m. § 1059 Abs. 2 Nr. 1 lit. a ZPO ablehnen. Das Gericht wird dabei nach derzeit verbreiteter Lesart der formlosen Gesamtaufhebung durch Auslegung des Parteiverhaltens bei Einlassung vor dem staatlichen Gericht untersuchen, ob die Parteien durch das rügelose Einlassen die Schiedsvereinbarung als Ganzes aufheben wollten.

Nach der bisher vorherrschenden Meinung bemisst sich das materiell-rechtliche Schicksal der Schiedsvereinbarung jetzt daran, ob sich bei Einlassen vor dem staatlichen Gericht der Aufhebungswille der Parteien auf die Aufhebung der gesamten Schiedsvereinbarung erstreckte, denn nur eine Gesamtaufhebung soll ja formlos möglich sein. Bei einem Willen, der nur auf eine Teilaufhebung gerichtet war, tritt dagegen keine materielle Änderung der Rechtslage ein. Die Schiedsvereinbarung besteht also jedenfalls bis Abschluss des staatlichen Gerichtsverfahrens vollumfänglich fort[300]. Erstreckt sich der Aufhebungswille

---

298 *Schneider/Prütting* in PG-ZPO[10] (2018), § 1032 Rn. 7; *Voit* in Musielak/Voit-ZPO[15] (2018), § 1032 Rn. 16; zur fehlenden analogen Anwendbarkeit der *lis alibi pendens* aus § 261 Abs. 3 Nr. 1 ZPO vgl. ferner: *Triebel/Coenen*, Parallelität von Schiedsverfahren und staatlichem Gerichtsverfahren, BB 2003, Beilage 5 1 (3).

299 *Saenger* in Saenger-ZPO[7] (2017), § 1032 Rn. 18.

300 Die Frage, ob durch das Einlassen vor dem staatlichen Gericht die Durchführung der Schiedsvereinbarung für diesen Streitgegenstand unmöglich geworden ist, ist streitig

auf die gesamte Schiedsvereinbarung, wird das Gericht den Vollstreckungsantrag ablehnen. Die materiell-rechtliche Wirksamkeit der Schiedsvereinbarung und deren prozessuale Wirkung laufen parallel. Erstreckt sich der Aufhebungswille jedoch nicht auf die gesamte Schiedsvereinbarung, wird bei Unzulässigkeit der formlosen Teilaufhebbarkeit vom materiell-rechtlichen Fortbestehen der gesamten Schiedsvereinbarung ausgegangen. Der Schiedsspruch würde damit für vollstreckbar erklärt werden.

Gleichzeitig könnten die Parteien, jedenfalls bis zum Abschluss des staatlichen Gerichtsverfahrens, nach der derzeit vorherrschenden Meinung auch für den dort anhängigen Streitgegenstand noch ein neues Schiedsverfahren einleiten, da die Schiedsvereinbarung für diesen Streitgegenstand erst mit materiellrechtskräftiger Entscheidung des staatlichen Gerichts über den Streitgegenstand erlischt[301]. Gerade bei länger laufenden, komplexeren Verfahren könnte eine Partei, die ihre Niederlage bei dem staatlichen Gerichtsverfahren bereits absehen kann, versucht sein, dem Urteil durch einen Schiedsspruch zuvor zu kommen. Jedenfalls materiell-rechtlich stünde einem solchen Wettlauf um eine rechtskräftige Entscheidung zu diesem Zeitpunkt nichts entgegen, wenn kein Wille zur Aufhebung der gesamten Schiedsvereinbarung festgestellt werden konnte in der Klage vor dem staatlichen Gericht.

Will sich die Gegenseite gegen ein solches Schiedsverfahren wehren, bleibt nur die Einrede der Unzuständigkeit des Schiedsgerichts. Die Begründung dieser Einrede nach § 1040 Abs. 2 S. 2 ZPO gestaltet sich dabei jedoch schwierig. Denn es ist unklar, woraus sich die Unwirksamkeit der Schiedsabrede in diesem Fall ergibt. Eine Aufhebung soll durch die Einlassung vor dem staatlichen Gericht nicht erfolgt sein. So lange weiterhin auch kein materiell-rechtskräftiges Urteil ergangen ist, steht dessen Rechtskraft einer Wirksamkeit der Schiedsvereinbarung ebenfalls nicht im Weg[302]. Zwar wird der Schiedskläger, der zuvor bereits das Verfahren vor dem staatlichen Gericht angestrengt hat, sich selbst bei fortbestehender Wirksamkeit der Schiedsvereinbarung prozessual nicht auf

---

und soll detailliert nicht an dieser Stelle, sondern weiter unter im Rahmen der Kündigung der Schiedsvereinbarung bei Undurchführbarkeit dargestellt werden, siehe Dritter Teil, A, § 1, II, 1, b.; Vgl. schon jetzt eine Unmöglichkeit annehmend *Kersting*, Die Beendigung einer Schiedsvereinbarung durch Anrufung staatlicher Gerichte, SchiedsVZ 2013, 297 (301 f.). Siehe detailliert zum Erlöschen der Schiedsvereinbarung nach § 726 BGB durch materiell-rechtskräftiges Urteil Viertel Teil, A, § 2, II, 1 b.

301 Siehe zu der hier vertretenen Anknüpfung des Erlöschens nach § 726 BGB ausführlich unten, Vierter Teil, A, § 2, II, 1, b, aa, (2), (iii).

302 Siehe unten Viertel Teil, A, § 2, II, 1, b.

diese berufen können. Denn nach dem Grundsatz des Verbots widersprüchlichen Verhaltens (§ 242 BGB) kann nicht erst ein staatliches Verfahren angestrebt werden und in der Folge, wenn das Ergebnis des staatlichen Verfahren droht, nicht dem eigenen Interesse zu entsprechen, doch ein Schiedsverfahren eingeleitet werden[303].

Somit kann dieser Streitgegenstand nicht vor einem Schiedsgericht verhandelt werden. Materiell-rechtliche Wirksamkeit der Schiedsvereinbarung und prozessuale Durchsetzbarkeit fallen damit jedoch auseinander.

Würde man die Möglichkeit einer formlosen Teilaufhebung dagegen anerkennen, wäre die Schiedsvereinbarung für diesen Streitgegenstand bereits dann aufgehoben, wenn sich die Parteien vor dem staatlichen Gericht einlassen. Ein Rückgriff auf § 242 BGB und damit das Verbot widersprüchlichen Verhaltens wäre nicht erforderlich. Gleichzeitig würde die materielle Rechtslage auch dem faktischen Willen der Parteien im Zeitpunkt der Einlassung vor dem staatlichen Gericht entsprechen und damit ihrer Privatautonomie Geltung verschaffen.

Eine formlose Teilaufhebungsmöglichkeit ist auch aus Effizienzgesichtspunkten zu begrüßen, denn sie schafft eine zusätzliche Beendigungsoption für die Parteien. Dass diese gegebenenfalls mit höheren Kosten aufgrund von gesteigerten Beweisaufwand verbunden ist, steht einem Effizienzgewinn nicht entgegen, denn die Parteien werden dieses Risiko in ihrer Entscheidung einpreisen und sich auch nur dann für eine solche Beendigung entscheiden, wenn dies in einer positiven Zweck-Mittel Relation steht[304].

Eine formlose Teilaufhebung ist damit jedenfalls bei Schiedsvereinbarungen unter Unternehmern richtigerweise möglich.

---

303 Zu *venire contra factum proprium* als Grundsatz im Schiedsverfahrensrecht vgl. OLG München, Beschluss v. 15.03.2006 – 34 Sch 6/05, BeckRS 2006, 03294; *Münch* in MüKo-ZPO[5] (2017), § 1032 Rn. 9; *Wolf/Eslami* in BeckOK-ZPO[29] (2018), § 1032 Rn. 19.

304 Dies steht unter der Prämisse, dass frei im Rechtsverkehr tätige Parteien grundsätzlich als *homo oeconomicus* rational zur Maximierung ihres eigenen Nutzens entscheiden. Kommen beide Parteien in einer ex-ante Entscheidung zu dem Ergebnis, dass eine bestimmte Vertragsgestaltung wertsteigernd ist, werden sie sich für diese entscheiden. Vgl. dazu *Schäfer/Ott*, Lehrbuch der ökonomischen Analyse des Zivilrechts[5] (2012), S. 95 f.

4. *Sonderfall: das Angebot zur formlosen Aufhebung bei Verbraucherbeteiligung*

In diesem Abschnitt stellt sich die Frage, ob die grundsätzlich freie Aufhebbarkeit, von Schiedsvereinbarungen bei Verbraucherbeteiligung eingeschränkt werden muss. Denn diese unterliegen auch nach der Schiedsrechtsmodernisierung noch immer strengeren Formvoraussetzungen, als Schiedsvereinbarungen ohne Verbraucherbeteiligung[305].

Im Gegensatz zu § 1031 Abs. 1–4 ZPO verlangt § 1031 Abs. 5 ZPO eine echte Schriftform für den Abschluss der Schiedsvereinbarung. Erforderlich ist sowohl Urkundseinheit als auch Eigenhändigkeit. Damit soll sichergestellt werden, dass der Verbraucher hinreichend deutlich auf den Abschluss der Schiedsvereinbarung hingewiesen wird. Im Gegensatz zu den Formerfordernissen gegenüber Unternehmern tritt damit die Warnfunktion als weiterer Formzweck neben die Beweisfunktion[306]. Wichtig ist allerdings: bei den schützenden Charakteristika der § 1031 Abs. 5 ZPO zugunsten der Verbraucher handelt es sich um einseitig schützende Formvorschriften, das heißt die Vorschrift dient vor allem dem Schutz einer der Vertragsparteien, in diesem Fall der des Verbrauchers. Entsprechend ist das Formerfordernis teleologisch immer dann zu reduzieren, wenn die zu schützende Partei begünstigt wird[307].

Dies bedeutet vorliegend: auch die Warnfunktion als zusätzlicher Zweck ändert nichts an der formlosen Aufhebbarkeit der Verbraucherschiedsvereinbarung, immerhin führt eine Beendigung der Schiedsvereinbarung zurück zum gesetzlichen Leitbild eines Verfahrens vor einem staatlichen Gericht, sodass hier kein Bedarf einer zusätzlichen Warnung des Verbrauchers besteht[308]. Im Gegenteil, durch die Rückkehr zum Verfahren vor einem staatlichen Gericht gelangt der Verbraucher wieder in die Position, vor deren Verlassen der Gesetzgeber durch die strengen Voraussetzungen des § 1031 Abs. 5 ZPO warnen wollte.

Damit streitet die Warnfunktion als Formzweck für eine Zulässigkeit der formlosen (Teil-)Aufhebbarkeit von Verbraucherschiedsvereinbarungen. Hinsichtlich der Beweisfunktion wiederum gilt bei Verbrauchern nichts Anderes

---

305 Siehe oben Zweiter Teil, A, § 1, I, 1.

306 Bt-Drs. 13/5274, S. 37; *Münch* in MüKo-ZPO[5] (2017), § 1031 Rn. 45; *Prütting* in PG-ZPO[10] (2018), § 1031 Rn. 9; *Schütze* in GK-ZPO[4] (2014), § 1031 Rn. 2.

307 *Mertens,* Die Reichweite gesetzlicher Formvorschriften im BGB, JZ 2004, 431 (432).

308 *Schütze* in GK-ZPO[4] (2014), § 1031 Rn. 16; *Voit* in Musielak/Voit-ZPO[15] (2018), § 1031 Rn. 12.

als gegenüber Unternehmern, sodass hier die gleichen Erwägungen gelten, wie oben[309].

Folglich können auch Verbraucherschiedsvereinbarungen sowohl in Teilen als auch zur Gänze formlos aufgehoben werden.

5. *Exkurs:* De lege ferenda *Rückkehr zum formlosen Abschluss der Schiedsvereinbarung*

An dieser Stelle bietet sich vor dem Hintergrund der bisherigen Überlegungen ein kurzer Exkurs zum formlosen Abschluss von Schiedsvereinbarung an. Überträgt man die obigen Ergebnisse zur formlosen Aufhebung der Schiedsvereinbarung auf ihren Abschluss, wäre es konsequent, auch das Formerfordernis für den Abschluss einer Schiedsvereinbarung abzuschaffen und die Form der Schiedsvereinbarung stattdessen den Parteien zu überlassen.

Der Gesetzgeber hat zwar die Möglichkeit eines formlosen Abschlusses unter Kaufleuten im Rahmen des Schiedsrechtsmodernisierungsgesetzes mit der Begründung abgeschafft, dass es kein wirkliches Bedürfnis dafür gebe und daher vor dem Hintergrund der New York Convention zur internationalen Vollstreckbarkeit von Schiedssprüchen, welche eine schriftliche geschlossene Schiedsvereinbarung verlangt, das Schriftformerfordernis sinnvoll erscheine[310]. Auch wenn dies zutreffende Erwägungen sind, gilt es zu bedenken, dass auch schon heute ein formloser Abschluss der Schiedsvereinbarung zu einem vollstreckbaren Schiedsspruch nach der New York Convention führen kann. Ein solcher formloser „Abschluss" einer Schiedsvereinbarung, der auch zur Vollstreckbarkeit nach der New York Convention führt, ist schon heute in zweierlei Weise nach deutschem Recht möglich.

Zunächst gilt dies für den Fall, dass sich die Parteien zwar auf ein Schiedsverfahren im Vorfeld der Streitigkeit verständigt haben, die Schiedsvereinbarung jedoch aufgrund der Nichtbeachtung der Form des § 1031 ZPO unwirksam ist.

---

309 Vgl. Zweiter Teil, A, § 1, I, 2.

310 Bt-Drs. 13/5274, S. 36. Vgl zur alten Regelung: § 1027 ZPO a.F.:
(1) 1Der Schiedsvertrag muß ausdrücklich geschlossen werden und bedarf der Schriftform; andere Vereinbarungen als solche, die sich auf das schiedsgerichtliche Verfahren beziehen, darf die Urkunde nicht enthalten. 2Der Mangel der Form wird durch die Einlassung auf die schiedsgerichtliche Verhandlung zur Hauptsache geheilt.
(2) Die Vorschrift des Absatzes 1 ist nicht anzuwenden, wenn der Schiedsvertrag für beide Teile ein Handelsgeschäft ist und keine der Parteien zu den im § 4 des Handelsgesetzbuchs bezeichneten Gewerbetreibenden gehört

Wird dennoch ein Schiedsverfahren angestrebt und lassen sich die Parteien zur Verhandlung der Hauptsache vor dem Schiedsgericht ein, ohne die fehlende Form zu rügen, wird der Formmangel nach § 1031 Abs. 6 ZPO geheilt.

Die zweite Möglichkeit betrifft die Klageerhebung vor einem Schiedsgericht bei gänzlich fehlender Einigung der Parteien auf ein Schiedsverfahren. Wird trotzdem vor einem Schiedsgericht geklagt und rügt die Beklagte die Unzuständigkeit des Schiedsgerichts nicht nach § 1040 Abs. 2 S. 1 ZPO, liegt in diesem rügelosen Einlassen der konkludente Erstabschluss einer Schiedsvereinbarung[311]. Parallel zum Abschluss wird die fehlende Form dieses Abschlusses nach § 1031 Abs. 6 ZPO geheilt. In diesen Konstellationen genügt zur Vollstreckung die Vorlage des Schiedsspruchs, denn auch wenn Art. II NYC keine Vorschrift wie § 1031 Abs. 6 ZPO enthält, gilt auch hier der Grundsatz des Verbots widersprüchlichen Verhaltens, sodass einem Schiedsspruch aufgrund eines rügelosen Einlassens die Vollstreckung nicht aufgrund eines Formmangels verwehrt werden würde[312].

Weiterhin würde sich die fehlende Schriftform unter der New York Convention auch deswegen nicht als Problem erweisen, weil über die Meistbegünstigungsklausel des Art. VII Abs. 1 NYC die Möglichkeit bestünde, die deutschen Schiedsvorschriften mit einzubeziehen, sodass auch bei geänderter Rechtslage eine Vollstreckung solcher Schiedssprüche möglich wäre[313]. Eine potentiell fehlende internationale Vollstreckbarkeit stünde damit als Argument einem formlosen Abschluss der Schiedsvereinbarung nicht im Wege.

Gleichzeit würde ein formloser Abschluss auch dogmatisch besser in die ohnehin durch die Rechtsprechung bereits entwickelte Ausnahme zur formlosen Abtretbarkeit von Schiedsvereinbarungen im Wege der Abtretung eines Rechts aus dem zugrundeliegenden Vertrag passen[314]. Indem diese Art der Änderung durch Parteiwechsel der Schiedsvereinbarung formlos zulässig ist, wurde eine

---

311 *Münch* in MüKo-ZPO[5] (2017), § 1040 Rn. 35.

312 OLG Schleswig, Beschluss v. 30.03.2000 – 16 SchH 5–99, RiW 2000, 706 (706); *Adolphsen* in MüKo-ZPO[5] (2017), § 1061 Anh. I Art. II UNÜ Rn. 21; *Voit* in Musielak/Voit-ZPO[15] (2018), § 1031 Rn. 18.

313 § 1031 ZPO ist trotz des Verweises des § 1061 Abs. 1 S. 1 ZPO auf die New York Convention über den Meistbegünstigungsgrundsatz aus Art. VII Abs. 1 NYC für die Vollstreckung ausländischer Schiedssprüche in Deutschland anwendbar. Vgl. zu dieser Problematik mit weiteren Nachweisen: *Quinke,* § 1061 ZPO und der Meistbegünstigungsgrundsatz des UNÜ, SchiedsVZ 2011, 169 (173).

314 Ständige Rechtsprechung, BGH, Urteil v. 18.12.1975 – III ZR 103/73, NJW 1976, 852 (852); BGH, Urteil v. 02.03.1978 – III ZR 99/76, BGHZ 71, 162 (165 f.); BGH, Urteil v. 28.05.1979 – III ZR 18/77, NJW 1979, 2567 (2568).

weitere Ausnahme bezüglich des Formerfordernisses geschaffen, sodass bereits jetzt von einer stringenten Anwendung der Formerfordernisse keine Rede mehr sein kann. Gerade die Beweisfunktion und das Ziel, Rechtsklarheit zu schaffen, lebt jedoch von einem möglichst homogenen System, da Ausnahmen zu Unsicherheit führen. Da dieses System aber auch schon nach dem geltenden Recht nicht mehr zur Gänze besteht, und, wie zuvor festgestellt, die Schiedsparteien selbst darüber bestimmen sollten, welches Maß an Beweissicherheit sie für sinnvoll erachten[315], wäre eine formlose Abschlussmöglichkeit der Schiedsvereinbarung konsequent.

Weiterhin entspricht die Möglichkeit, Formerfordernisse bei Abschluss einer Schiedsvereinbarung zu reduzieren, auch einem aktuellen Trend in der internationalen Schiedsgerichtsbarkeit. So dehnt die Überarbeitung des UNCITRAL Modellgesetzes im Jahr 2006 in Art. 7 die Definition von schriftlich („*in writing*") aus. „Schriftlich" im Sinne des Modellgesetzes ist nunmehr jede Vereinbarung, die in irgendeiner Form nachweislich fixiert ist. Darüber hinaus wurde auch die vollständige Abschaffung der Formvorschriften für die Schiedsvereinbarung jedenfalls diskutiert[316].

Freilich steht es außer Frage, dass ein schriftlicher Abschluss der Schiedsvereinbarung sinnvoll ist. Schon allein aus dem Gesichtspunkt der Rechtssicherheit, sich im Streitfall nicht zuerst um das Vorliegen und die Wirksamkeit einer Schiedsvereinbarung streiten zu müssen, wird es in ihrem Interesse liegen, die Schiedsvereinbarung auch schriftlich fixiert zu haben. Dies allein ist jedoch kein Argument dafür, eine zwingende Schriftform vorzuschreiben, denn das gleiche Bedürfnis besteht grundsätzlich auch bei jedem anderen Rechtsgeschäft. Dennoch hat das BGB den Grundsatz der Formfreiheit zum Leitmotiv erhoben und stellt den Parteien anheim, selbst bestimmen zu können, wie sie eine Beweisbarkeit sicherstellen möchten. Besondere Formvorschriften wurden immer nur dann als Korrektiv der positiven Vertragsabschlussfreiheit eingeführt, wenn die Formfreiheit alleine nicht die vollständige Verwirklichung der Vertragsfreiheit sicherstellte[317].

---

315 Siehe oben Zweiter Teil, A, § 1, 3, a, cc.

316 So als Vorschlag eingereicht durch die mexikanische Delegation zur Reformierung des Modellgesetzes, mit der Begründung, dass es keinen ersichtlichen Grund gäbe, es zuzulassen eine Transaktion von mehreren hundert Millionen Dollar formlos abschließen zu können, eine dem zugrunde liegende Schiedsklausel jedoch nicht, zitiert nach *Wolff*, New York Convention (2012), Art. II Rn. 83.

317 *Häsemeyer*, Die gesetzliche Form der Rechtsgeschäfte (1971), S. 160 f.

Entsprechend ist eine Schriftform im BGB zumeist immer nur dann vorgesehen, wenn zusätzlich zu der Beweisfunktion auch noch eine Schutz-, Warn-, oder Aufklärungsfunktion mitbezweckt wird[318].

Eine Ausnahme besteht lediglich im Bereich des Erb- und Familienrechts, in dem eine besondere Formstrenge gilt[319]. Hier dient die Form primär Beweiszwecken. Allerdings spielen die Formvorschriften des Erbrechts eine Sonderrolle im Vergleich zu den anderen Formvorschriften des BGB. So gilt die gesetzliche Form nicht nur für den Abschluss der entsprechenden Rechtsgeschäfte, sondern auch für die Aufhebung. Dies ist beispielsweise der Fall bei der Form des eigenhändigen Testaments nach § 2247 BGB, welches nur durch ein neues Testament (§ 2254 BGB), durch Vernichtung oder Veränderung der Urkunde (§ 2255 BGB) oder der Herausnahme aus der amtlichen Verwahrung (§ 2256 BGB) wieder aufgehoben werden kann. Gleiches gilt, wie bereits erwähnt, für die Aufhebung des Erbverzichts nach § 2351 BGB sowie die Aufhebung des Erbvertrags nach § 2290 Abs. 4 BGB. Die vorstehenden Formerfordernisse sind Folge der angesprochenen Formstrenge des Erbrechts, die aus Gründen der Beweisbarkeit bei diesen wichtigen und zumeist im Nachhinein nach Eintritt des Erbfalls nicht mehr aufklärbaren Sachverhalten für jede Erklärung eine besondere Form vorsehen[320].

Bei allen anderen unter die Schriftform gestellten Erklärungen des BGB ist dagegen jedenfalls auch entweder die Warn- und Aufklärungsfunktion den Parteien[321] oder Dritten[322] gegenüber von Bedeutung.

Dient das Formerfordernis also tatsächlich vor allem der Beweissicherung, wäre es am sinnvollsten, Abschluss, Beendigung sowie Änderung der Vereinbarung unter dieselbe Form zu stellen, wie es der Gesetzgeber im Erbrecht getan hat. Zurecht ist dies jedoch im Bereich der Schiedsgerichtsbarkeit nicht erfolgt,

---

318 So bei einem Grundstückkaufvertrag nach § 311b BGB, dem Verbraucherdarlehensvertrag nach § 492 BGB, dem Schenkungsversprechen nach § 518 BGB, dem Leibrentenversprechen nach § 761 BGB, der Erteilung der Bürgschaftserklärung nach § 766 BGB, der Form des Ehevertrags nach § 1410 BGB, vgl. dazu weitergehend die Übersichten in *Ahrens* in PWW-BGB[13] (2018), § 125 Rn. 2 f. sowie *Einsele* in MüKo-BGB[7] (2015), § 125 Rn. 8 f.

319 *Burandt* in Burandt/Rojahn[2] (2014), § 2276 Rn. 1, 12; *Musielak* in MüKo-BGB[6] (2013), § 2276 Rn. 1.

320 *Burandt* in Burandt/Rojahn[2] (2014), § 2276 Rn. 12; *Musielak* in MüKo-BGB[6] (2013), § 2276 Rn. 1.

321 So Fn. 325.

322 So bei § 550 BGB, der den Käufer einer Immobilie über bestehende Mietverhältnisse unterrichten soll, BGH Urteil v. 07.05.2008 – XII ZR 69/06 BGHZ 176, 301; *Blank* in Blank/Börstingshaus[5](2017), § 550 Rn. 4 mit weiteren Nachweisen.

denn während die Sensibilität und insbesondere die schwierige Aufklärbarkeit der Sachverhalte nach Versterben des Erblassers eine besondere Formstrenge rechtfertigen, besteht ein vergleichbar hohes Bedürfnis im Bereich der Schiedsgerichtsbarkeit nicht. Zwar birgt eine formlos geschlossene Schiedsvereinbarung die Gefahr eines Streits um das Bestehen der Vereinbarung, durch die Zulässigkeit einer parallelen Überprüfung der Schiedsvereinbarung und der Verhandlung vor dem Schiedsgericht nach § 1032 Abs. 3 ZPO ist diese Gefahr jedoch überschaubar, da es zu keiner Verschleppung kommen kann[323].

Berücksichtigt man, dass der Gesetzgeber grundsätzlich schiedsfreundlich eingestellt ist und das Schiedsverfahrensrecht fördern möchte[324] und durch die Heilungsmöglichkeit von § 1031 Abs. 6 ZPO sowie aus § 1040 Abs. 2 ZPO ohnehin so etwas wie die Möglichkeit eines formlosen Abschlusses der Schiedsvereinbarung mittelbar zulässt, wäre es konsequent, auf das Formerfordernis abseits von Verbrauchergeschäften gänzlich zu verzichten. Hinzu tritt noch die zuvor angesprochene Rechtsprechung des Bundesgerichtshofs zur fehlenden Formbedürftigkeit bei Abtretung einer Schiedsvereinbarung, welche die Reichweite des § 1031 ZPO bereits weiter einschränkt[325].

Betrachtet man dazu den allgemeinen Trend zu immer schiedsfreundlicheren Gesetzen und den Überlegungen im Rahmen des UNCITRAL-Modellgesetzes, würde es nicht überraschen, wenn der Gesetzgeber bei der nächsten Reform des Schiedsverfahrensrechts auch eine Rückkehr zur formlosen Abschlussmöglichkeit von Schiedsvereinbarungen vollzieht.

Die formlose Abschlussmöglichkeit sollte jedoch nicht mehr, wie noch zum alten Recht, an die Kaufmannseigenschaft der beteiligten Parteien anzuknüpfen. Zutreffend stieß diese Anknüpfung aus § 1027 Abs. 2 a.F. ZPO an ein Handelsgeschäft nach §§ 343, 344 HGB seitens des Gesetzgebers auf Bedenken, da vielen internationalen Rechtsordnungen ein derartiges Konzept fremd ist[326]. Die daraus

---

323 So im Ergebnis auch *Berger*, Internationale Wirtschaftsschiedsgerichtsbarkeit (1991), S. 107 f., der unter Kaufleuten zur in diesem Fall vergleichbaren niederländischen ZPO vorschlägt, die Formvorschriften teleologisch zu reduzieren und so zwischen Kaufleuten einen mündlichen Abschluss der Schiedsvereinbarung zuzulassen.

324 *Berger*, Herausforderungen für die (deutsche) Schiedsgerichtsbarkeit, SchiedsVZ 2009, 289 (293); *Henn*, Schiedsverfahrensrecht[3] (2000), S. 25 f.

325 Siehe oben Zweiter Teil, A, § 1, I, 3, a, cc; Ständige Rechtsprechung, BGH, Urteil v. 18.12.1975 – III ZR 103/73, NJW 1976, 852 (852); BGH, Urteil v. 02.03.1978 – III ZR 99/76, BGHZ 71, 162 (165 f.); BGH, Urteil v. 28.05.1979 – III ZR 18/77, NJW 1979, 2567 (2568).

326 Bt-Drs. 13/5274, S. 36.

resultierende Unsicherheit, welcher Formmaßstab anzuwenden sei, verträgt sich wiederum schlecht mit dem Zweck der Schiedsrechtsmodernisierung, Deutschland auch gerade als Schiedsort für internationale Schiedsverfahren attraktiver zu machen. Entsprechend sollte die Differenzierung zwischen Verbrauchern und Unternehmern, wie sie im aktuellen § 1031 ZPO vorgenommen wird, beibehalten werden und so im Ergebnis zu einer Formfreiheit des Abschlusses von Schiedsvereinbarungen unter Unternehmern führen[327].

6. *Ergebnis*

Zusammengefasst lässt sich festhalten, dass Schiedsvereinbarungen durch die Parteien formlos aufgehoben werden können. Die Formerfordernisse des § 1031 ZPO gelten nur für den *Abschluss* sowie für *konstitutive* Änderungen einer Schiedsvereinbarung. Die Teilaufhebung ist dabei wie eine vollständige Aufhebung der Schiedsvereinbarung zu behandeln, sodass auch diese formlos möglich ist. Vor dem Hintergrund der Beweisfunktion als Formzweck des § 1031 Abs. 1–4 ZPO rechtfertigt sich keine Ungleichbehandlung bei einer nur teilweisen Aufhebung der Schiedsvereinbarung gegenüber der unstreitig formlos möglichen vollständigen Aufhebung. Dogmatisch ist eine Gleichstellung von Teilaufhebung und vollständiger Aufhebung zu begrüßen, da somit eine stringente Auslegung des § 1031 ZPO gelingt. Ferner würde die Möglichkeit einer formlosen Teilaufhebung der Schiedsvereinbarung insbesondere in den Fällen, in denen dies durch Einlassung vor dem staatlichen Gericht geschieht, zu mehr Rechtsklarheit führen. Zum einen würde bei einer nachgelagerten Schiedsklage die Notwendigkeit eines Rückgriffs auf Treu und Glauben in Form des Verbots widersprüchlichen Verhaltens entfallen. Zum anderen würden bei parallelen Verfahren auch die erheblichen Schwierigkeiten bei der Konkurrenz von staatlichen, materiellen Sachentscheidungen und Schiedssprüchen entfallen oder jedenfalls deutlich eingeschränkt werden, da man dem Schiedsspruch durch die konkludente Aufhebung der Schiedsvereinbarung die Grundlage nimmt.

---

327 Damit wird weiterhin dem gesetzgeberischen Formzweck des § 1031 Abs. 5 ZPO als Warnung der Verbraucher vor Vereinbarung eines Schiedsverfahrens Rechnung getragen. Dass es auch Verbrauchern möglich ist, sich rügelos auf das Schiedsverfahren einzulassen und auf diese Art konkludent eine neue Schiedsvereinbarung zu begründen, lässt diesen Formzweck nicht hinfällig werden, denn eine anhängige Schiedsklage gibt dem Verbraucher ein größeres Warnmoment, als die Unterschrift unter eine schriftliche Schiedsvereinbarung, sodass ihm ausreichend Gelegenheit gegeben ist, über das Für-und-Wider eines Schiedsverfahrens zu entscheiden.

Auch die Schiedsvereinbarung bei Beteiligung von Verbrauchern kann formlos ganz oder in Teilen aufgehoben werden. Die neben die Beweisfunktion tretende Warnfunktion des § 1031 Abs. 5 ZPO stellt kein Hindernis dar, denn die Parteien kehren durch die Aufhebung wieder zum gesetzlichen Leitbild zurück, sodass dieser Zweck bei einer Aufhebung der Schiedsvereinbarung hinfällig ist.

De lege ferenda sollte weiterhin das Formerfordernis für Unternehmer wieder aufgehoben werden. Dogmatisch ist die aktuelle Konstellation, nur den Abschluss der Schiedsvereinbarung aus Beweiszwecken unter eine bestimmte Form zu stellen, unbefriedigend, denn die Ungleichbehandlung von Abschluss und Aufhebung der Schiedsvereinbarung in Hinblick auf die zu beachtende Form entspricht dem überholten Verständnis der Funktion der Form der Schiedsvereinbarung als Warnfunktion. Zurecht hat der Gesetzgeber in wenigen Fällen, wie insbesondere im Erbrecht, in dem primär aus Gründen der Beweisbarkeit eine Formvorschrift erlassen wurde, jeden Akt dieses Rechtsgeschäfts, vom Abschluss, über die Aufhebung, bis hin zur Änderung, unter die besondere Form gestellt. Die zu Schiedsvereinbarungen vertretene Auffassung, dass jedenfalls die vollständige Aufhebung formlos möglich ist, fußt dagegen dogmatisch in aus Warn- und Überrumpelungszwecken geschaffenen Formvorschriften, welche jedoch auch abseits von Verbraucherschiedsvereinbarungen nicht mehr zum Tragen kommen.

Zieht man dazu in Betracht, dass durch die Modernisierungen von ZPO sowie UNCITRAL Modellgesetz sich die Ansprüche an die Form der Schiedsvereinbarung in den letzten Jahren immer mehr reduziert haben und der Gesetzgeber grundsätzlich schiedsfreundlich eingestellt ist, stellt die formlose Abschlussmöglichkeit von Schiedsvereinbarungen die richtige und dogmatisch konsequente Lösung dar.

II. Das konkludente Aufhebungsangebot

Aus dem ersten Abschnitt dieses Kapitels wurde mit der Möglichkeit der formlosen (Teil-)Aufhebbarkeit von Schiedsvereinbarungen eine wichtige Erkenntnis gezogen. Dadurch, dass Schiedsvereinbarungen nicht nur formlos, sondern auch konkludent, also durch schlüssiges Verhalten, aufgehoben werden können[328], kommt der Auslegung des Parteiwillens beziehungsweise -verhaltens ein besonders hohes Gewicht zu. Je nachdem, ob eher strenge oder großzügigere

328 So z.B. durch die zuvor bereits behandelte Möglichkeit, die Schiedsvereinbarung konkludent durch rügeloses Einlassen vor einem staatlichen Gericht aufzuheben, *Geimer* in Zöller-ZPO[32] (2018), § 1032 Rn. 5.

Maßstäbe an die Bestimmung des Aufhebungswillens gestellt werden, kann es sich bei der Möglichkeit der konkludenten Aufhebung um eine praktikable oder nur dogmatisch-theoretische Alternative zur Aufhebung von Schiedsvereinbarungen handeln. Die Frage nach der Reichweite des Aufhebungswillens und seiner Bestimmbarkeit hat damit große praktische Relevanz.

Als Verträge, auf deren Zustandekommen die Vorschriften des BGB Anwendung finden, ist für die Auslegung des Parteiwillens der objektive Empfängerhorizont nach §§ 133, 157 BGB maßgeblich[329]. Bei der Ermittlung des Parteiwillens ist dabei insbesondere der Wortlaut der Erklärungen, die Begleitumstände sowie die Interessenlage der Parteien zu berücksichtigen[330]. Gerade bei der Auslegung von konkludenten Willenserklärungen kommt der Interessenlage der Parteien sowie den Umständen des Einzelfalls eine große Bedeutung zu, da der Wortlaut als Ausgangspunkt der Auslegung entfällt.

Der folgende Teil zeigt den Maßstab auf, an dem die Reichweite des Aufhebungswillens der Parteien bestimmt werden soll. Zunächst werden die Fallgruppen aufgezeigt, die bezüglich einer konkludenten Aufhebung von Schiedsvereinbarungen in Betracht kommen und sodann die von Rechtsprechung und Schrifttum gestellten Voraussetzungen an die Bestimmtheit und Reichweite des Aufhebungswillens.

1. *Bestimmung des Willens zur Aufhebung einer Schiedsvereinbarung*

Eine konkludente Aufhebung der Schiedsvereinbarung kommt immer dann in Betracht, wenn das Verhalten der Parteien hinreichende Anhaltspunkte dafür liefert, einen Aufhebungswillen annehmen zu können. In einem ersten Schritt stellt sich somit die Frage, wann das Verhalten der Parteien Anlass dazu gibt, von einer konkludenten Aufhebung der Schiedsvereinbarung auszugehen. Hierzu wird zunächst die Rechtsprechung bezüglich der konkludenten Aufhebung von Schiedsvereinbarungen dargestellt sowie anschließend die in der Literatur dazu vertretenen Ansätze. In einem dritten Schritt wird unter Berücksichtigung der bisherigen Ergebnisse der Arbeit ein eigener Ansatz dazu entwickelt. Denn vor dem Hintergrund der Möglichkeit einer formlosen Teilaufhebbarkeit von Schiedsvereinbarungen stellt sich gleichzeitig zu dem Bestehen eines

---

329 OLG Naumburg, Beschluss v. 20.05.2005 – 10 Sch 01/05, SchiedsVZ 2006, 103 (104 f.); OLG Karlsruhe, Urteil v. 04.04.2007 – 1 U 232/06, NJOZ 2007, 5365 (5370).

330 BGH, Urteil v. 08.12.1982 – IVa ZR 94/81, BGHZ 86, 41 (47); BGH, Urteil v. 19.12.2001 – XII ZR 281/99, NJW 2002, 1260 (1261).

Aufhebungswillens im Allgemeinen auch die Frage nach der Reichweite des Aufhebungswillens.

a) Position der Rechtsprechung

In der höchstrichterlichen Rechtsprechung wurde die konkludente Aufhebung einer Schiedsvereinbarung bisher nicht thematisiert, sodass in der Rechtsprechung nur wenige Anhaltspunkte gibt, unter welchen Umständen eine solche Aufhebung anzunehmen ist.

Dennoch gab es in jüngerer Vergangenheit drei Entscheidungen deutscher Instanzgerichte, die sich – jedenfalls *obiter* – auch mit der konkludenten Aufhebung von Schiedsvereinbarungen befasst haben. Hier ist zunächst eine bereits zuvor zitierte Entscheidung des OLG Frankfurt a.M. aus dem Jahr 2011 zu nennen. Zur Erinnerung: das Gericht musste sich mit der Frage auseinandersetzen, ob durch die Klageerhebung vor einem staatlichen Gericht die Schiedsvereinbarung zwischen den Parteien konkludent aufgehoben wurde, obwohl parallel zu einem anderen Streitgegenstand aus derselben Schiedsvereinbarung noch ein Schiedsverfahren betrieben wurde. Hier hielt das Gericht fest, dass ein Parteiverhalten nur dann als konkludenter Antrag auf Aufhebung verstanden werden kann, wenn es mit der Schiedsvereinbarung gänzlich unvereinbar ist[331]. Das Gericht forderte weiter ein Verhalten, das in einem „*unauflösbaren Widerspruch*" zu dem mit der Schiedsvereinbarung beabsichtigten Zweck steht[332]. Das Gericht stand sodann vor der Frage, ob die Klage bezüglich eines Streitgegenstandes aus der Schiedsvereinbarung vor einem staatlichen Gericht ein solches gänzlich unvereinbares Verhalten darstellte und lehnte dies mit der Begründung ab, dass das staatliche Verfahren nicht nur einen Streitgegenstand aus der Schiedsvereinbarung im generellen erfassen müsste, sondern dieser Streitgegenstand weiterhin auch identisch mit dem des bereits anhängigen Schiedsverfahrens sein müsste. Da dies nicht der Fall gewesen sei, bliebe die Schiedsvereinbarung wirksam.

Das OLG Frankfurt a.M. prüfte anschließend, ob aus der Interessenlage der Parteien selbst Rückschlüsse darauf gezogen werden konnten, dass Abstand von der Schiedsvereinbarung und dem laufenden Verfahren genommen werden sollte. Als Indiz dafür wurden insbesondere die Erfolgsaussichten in dem laufenden Schiedsverfahren herangezogen – laut dem OLG Frankfurt a.M. konnte die Schiedsbeklagte die Klage der Schiedsklägerin vor dem staatlichen Gericht schon deswegen nicht als Angebot auf Aufhebung der Schiedsvereinbarung verstehen,

---

331 OLG Frankfurt a.M., Beschluss v. 17.02.2011 – 26 Sch 13/10, SchiedsVZ 2013, 49 (57).

332 OLG Frankfurt a.M., Beschluss v. 17.02.2011 – 26 Sch 13/10, SchiedsVZ 2013, 49 (57).

weil aufgrund eines für die Schiedsklägerin positiven Zwischenschiedsspruchs bereits damals absehbar gewesen sei, dass diese auch im endgültigen Schiedsspruch obsiegen würde[333].

In eine ähnliche Richtung entschied bereits zuvor das Bayerische Oberste Landesgericht im Jahr 1998[334]. Bei dem Beschluss handelte es sich um ein Verfahren nach § 1032 Abs. 2 ZPO, in dem das Gericht die Zulässigkeit eines Schiedsverfahrens und damit insbesondere das Vorliegen einer wirksamen Schiedsvereinbarung überprüfen sollte. In dieser Entscheidung wurde eine konkludente Aufhebung der Schiedsvereinbarung im Ergebnis ebenfalls wie seitens des OLG Frankfurt a.M. verneint, weil nicht genügend Anhaltspunkte für einen gemeinsamen Aufhebungswillen der Parteien vorgelegen haben. Als insbesondere nicht ausreichend wurde angesehen, dass ein durch die Schiedsklägerin angestrebtes Schiedsverfahren für zwei Jahre nicht weiter betrieben wurde. Das Ruhen eines Verfahrens alleine gebe damit noch keinen ausreichenden Hinweis darauf, dass eine endgültige Loslösung von der Schiedsvereinbarung beabsichtigt sei.

Als ebenfalls nicht ausreichend wurde angesehen, dass die Schiedsklägerin während der Zeit, in der das Verfahren nicht weiter betrieben wurde, stattdessen eine Reihe von staatlichen Gerichtsverfahren angestrengt hatte[335]. Dies ergab sich bereits aus dem Umstand, dass die Parteien der Schiedsvereinbarung nicht identisch mit denen der staatlichen Verfahren waren und somit schon dogmatisch eine konkludente Aufhebung durch Klage vor Gericht ausgeschlossen war, da, selbst wenn man die Klageerhebung vor dem staatlichen Gericht als ein Angebot qualifizieren würde, es jedenfalls an einer Annahme fehlen würde. Nur in einem der staatlichen Gerichtsverfahren standen sich beide Parteien der Schiedsvereinbarung auch gegenüber. Da Gegenstand dieses Verfahrens jedoch ein nicht schiedsfähiger Streitgegenstand war, ließ sich auch aus dieser Klage kein Aufhebungswille der Parteien ermitteln[336].

Die dritte Entscheidung stammt ebenfalls aus dem Jahr 2011 und wurde durch das OLG Dresden erlassen[337]. Diese ist vor allem deswegen von Interesse, weil hier eine konkludente Aufhebung der Schiedsvereinbarung im Ergebnis angenommen wurde. Die Begründung des Gerichts ist sehr knapp und bietet daher

---

333 OLG Frankfurt a.M., Beschluss v. 17.02.2011 – 26 Sch 13/10, SchiedsVZ 2013, 49 (57 f.).
334 BayObLG, Beschluss v. 10.12.1998 – 4 Z 3/98, BB 1999, Beilage Nr. 4, 18 (19).
335 BayObLG, Beschluss v. 10.12.1998 – 4 Z 3/98, BB 1999, Beilage Nr. 4, 18 (19).
336 BayObLG, Beschluss v. 10.12.1998 – 4 Z 3/98, BB 1999, Beilage Nr. 4, 18 (19).
337 OLG Dresden, Beschluss v. 18.07.2011 – 11 SchH 03/11, abrufbar unter http://www.dis-arb.de/de/47/datenbanken/rspr/olg-dresden-az-11-schh-03-11-datum-2011-07-18-id1332 (zuletzt abgerufen am 06.11.2018).

nur wenig Rückschlussmöglichkeiten auf den angewandten Prüfungsmaßstab. Das Gericht scheint pauschal davon auszugehen, dass in jedem Verzicht auf die Erhebung der Schiedseinrede nach § 1032 Abs. 2 ZPO die Annahme eines konkludenten Aufhebungsvertrags liegt. Rückschlüsse über die Reichweite der angenommenen Aufhebung lassen sich aus dem Beschluss dabei nicht ziehen.

Weitere Entscheidungen bezüglich der konkludenten Aufhebbarkeit von Schiedsvereinbarungen gibt es – soweit ersichtlich – nicht. Dennoch lässt sich anhand der ersten beiden Entscheidungen eine Tendenz erkennen, wie die Rechtsprechung die Möglichkeit einer konkludenten Aufhebbarkeit beurteilt. So werden im Allgemeinen sehr hohe Ansprüche an die Annahme einer konkludenten Aufhebung der Schiedsvereinbarung gestellt. *In favorem validitatis*[338] – dieser Grundsatz hinsichtlich der Wirksamkeitskontrolle von Schiedsvereinbarungen scheint aufgrund der hohen Anforderungen an eine konkludente Aufhebung auch der Wesenskern der Prüfung der Gerichte zu sein, ob ein Aufhebungswillen der Parteien vorliegt.

Interessant an der Entscheidung des OLG Frankfurt a.M. ist vor allem das Abstellen auf die betroffenen Streitgegenstände zur Beurteilung, ob die Klage vor Gericht gänzlich unvereinbar mit der Schiedsvereinbarung sei. Auch wenn dies nicht ausdrücklich gesagt wird, scheint das Gericht davon auszugehen, dass das Parteiverhalten in dem Fall nur dann mit der Schiedsvereinbarung unvereinbar gewesen wäre, wenn die Streitgegenstände der Klage vor dem staatlichen Gericht und dem Schiedsgericht identisch gewesen wären[339]. Dies erschließt sich allerdings zunächst nicht. Weswegen sollte eine Klageerhebung bezüglich eines Streitgegenstandes der Schiedsvereinbarung nur dann gänzlich unvereinbar sein mit dieser Schiedsvereinbarung, wenn die Klage vor dem staatlichen Gericht denselben Streitgegenstand betrifft, wie ein bereits laufendes Schiedsverfahren? Zur Erinnerung: Das Gericht prüfte an dieser Stelle keine Teilaufhebung der Schiedsvereinbarung, in deren Zusammenhang eine derartige Differenzierung durchaus sinnvoll erscheint, sondern eine vollständige Aufhebung der Schiedsvereinbarung.

---

338 „Für die Wirksamkeit" – *Geimer*, Internationales Zivilprozessrecht[7] (2015), Rn. 3799b; *Koussoulis*, Zur Dogmatik des auf die Schiedsvereinbarung anwendbaren Rechts, FS Schlosser (2005), S. 425 f.; Vgl. hierzu auch *Steinbrück*, Die Unterstützung ausländischer Schiedsverfahren durch staatliche Gerichte (2009), S. 73 ff.

339 OLG Frankfurt a.M., Beschluss v. 17.02.2011 – 26 Sch 13/10, SchiedsVZ 2013, 49 (57).

b) Position im Schrifttum

Auch im Schrifttum herrscht Einigkeit, dass Schiedsvereinbarungen konkludent aufgehoben werden können[340]. Die diskutierten Fallgruppen gleichen den in der Rechtsprechung behandelten Fällen. Die konkludente Aufhebung von Schiedsvereinbarungen erfolgt insbesondere durch vor staatlichen Gerichten vorgenommene Prozesshandlungen[341]. Dabei lassen sich zwei primäre Fallgruppen herausarbeiten. Die erste Fallgruppe ist der bereits thematisierte „Standardfall" des rügelosen Einlassens vor dem staatlichen Gericht durch Verzicht auf das Erheben der Schiedseinrede[342]. Die zweite Fallgruppe stellt ein Spiegelbild dieser Situation dar, wird allerdings praktisch bereits deutlich seltener vorkommen. Erhebt die Schiedsbeklagte die Einrede der Unwirksamkeit der Schiedsvereinbarung und nimmt daraufhin die Klägerin die Klage zurück beziehungsweise zieht vor ein staatliches Gericht, so liegt in diesem Verhalten eine konkludente Aufhebungsvereinbarung der Schiedsvereinbarung[343].

Detailliertere Ausführungen zu den Voraussetzungen, die an die Annahme einer konkludenten Aufhebung zu stellen sind, finden sich im Schrifttum jedoch kaum.

Gemeinsam mit den zwei zuerst dargestellten Entscheidungen der Rechtsprechung werden auch im Schrifttum zumeist hohe Anforderungen an die Annahme beziehungsweise den Nachweis einer konkludenten Aufhebung gestellt[344]. Das Schrifttum lässt sich wiederum in zwei größere Blöcke unterteilen. Teilweise werden zwar hohe Anforderungen an die Bestimmung des Aufhebungswillens

---

340 *Illmer,* Der Arglisteinwand an der Schnittstelle von staatlicher Gerichtsbarkeit und Schiedsgerichtsbarkeit (2007), S. 147; *Kersting,* Die Beendigung von Schiedsvereinbarungen durch Anrufung staatlicher Gerichte, SchiedsVZ 2013, 297 (298); *Saenger* in Saenger-ZPO[7] (2017), § 1032 Rn. 3; *Schwab/Walter,* Schiedsgerichtsbarkeit[7] (2005), Kapitel 8 Rn. 7.

341 *Illmer,* Der Arglisteinwand an der Schnittstelle von staatlicher Gerichtsbarkeit und Schiedsgerichtsbarkeit (2007), S. 147.

342 Vgl. nur: *Kersting,* Die Beendigung von Schiedsvereinbarungen durch Anrufung staatlicher Gerichte, SchiedsVZ 2013, 297 (298); *Schwab/Walter,* Schiedsgerichtsbarkeit[7] (2005), Kapitel 8 Rn. 7. Zurückhaltend: *Saenger* in Saenger-ZPO[7] (2017), § 1032 Rn. 3.

343 *Hau,* Grenzen der Beachtlichkeit von Schieds- und Gerichtsstandsvereinbarungen nach lex fori und Verfahrensstatut, IPRax 1999, 232 (233) Fn. 5.

344 *Illmer,* Der Arglisteinwand an der Schnittstelle von staatlicher Gerichtsbarkeit und Schiedsgerichtsbarkeit (2007), S. 149; *Kreindler/Schäfer/Wolff,* Schiedsgerichtsbarkeit (2006), Rn. 196; *Voit* in Musielak/Voit-ZPO[15] (2018), § 1032 Rn. 7.

gestellt, die Möglichkeit einer konkludenten Aufhebung aber grundsätzlich als praktikable Variante der Beendigung einer Schiedsvereinbarung angesehen[345].

Teilweise wird die Möglichkeit einer konkludenten Aufhebung der Schiedsvereinbarung zwar dogmatisch anerkannt, diese jedoch mit derart hohen Voraussetzungen an die Feststellung eines Aufhebungswillens verbunden, dass die konkludente Aufhebung auf eine theoretische Möglichkeit reduziert wird[346]. Letzteres wird damit begründet, dass die Wirkungen durch die vollständige Aufhebung der Schiedsvereinbarung über den jeweiligen Streitgegenstand hinausgehen und alle ursprünglich unter die Schiedsvereinbarung fallenden Konstellationen erfassen[347]. *Illmer* geht daher davon aus, dass die Parteien, wenn sie sich vor einem staatlichen Gericht einlassen, gerade nicht die Schiedsvereinbarung als Ganzes aufheben wollen, weil sie sich im Regelfall nur Gedanken um den aktuellen Streitgegenstand machen. Entsprechend nimmt *Illmer* nur dann eine konkludente Aufhebung der (gesamten) Schiedsvereinbarung an, wenn neben dem Parteiverhalten zusätzliche Hinweise vorliegen, dass sich die Parteien endgültig von der Schiedsvereinbarung loslösen möchten[348]. Anstelle eine konkludente Aufhebung der Schiedsvereinbarung anzunehmen, behilft man sich stattdessen mit der Verwirkung und beseitigt so die prozessuale Bindungswirkung der Schiedsvereinbarung nur für den konkreten Streitgegenstand[349].

Für diese Strömung bietet der oben entwickelte Ansatz der formlosen Teilaufhebbarkeit von Schiedsvereinbarungen den Vorteil, einerseits das vorhandene Unbehagen hinsichtlich einer vollständigen Aufhebung der Schiedsvereinbarung aufnehmen zu können, und andererseits dogmatisch sauberer zu dem Ergebnis zu kommen, dass hinsichtlich des vor dem staatlichen Gericht verhandelten

---

345 *Kersting*, Die Beendigung von Schiedsvereinbarungen durch Anrufung staatlicher Gerichte, SchiedsVZ 2013, 297 (298); *Saenger* in Saenger-ZPO[7] (2017), § 1032 Rn. 3; *Schwab/Walter*, Schiedsgerichtsbarkeit[7] (2005), Kapitel 8 Rn. 7.

346 *Illmer*, Der Arglisteinwand an der Schnittstelle von staatlicher Gerichtsbarkeit und Schiedsgerichtsbarkeit (2007), S. 149 f.; im Ergebnis auch: *Schlosser* in Stein/Jonas-ZPO[23] (2014), § 1029 Rn. 97.

347 *Illmer*, Der Arglisteinwand an der Schnittstelle von staatlicher Gerichtsbarkeit und Schiedsgerichtsbarkeit (2007), S. 149 f.

348 *Illmer*, Der Arglisteinwand an der Schnittstelle von staatlicher Gerichtsbarkeit und Schiedsgerichtsbarkeit (2007), S. 149.

349 *Illmer*, Der Arglisteinwand an der Schnittstelle von staatlicher Gerichtsbarkeit und Schiedsgerichtsbarkeit (2007), S. 149 f.; im Ergebnis auch: *Münch* in MüKo-ZPO[5] (2017), § 1032 Rn. 17; ebenso *Saenger* in Saenger-ZPO[7] (2017), § 1032 Rn. 2.

Streitgegenstands die Bindungswirkung der Schiedsvereinbarung nicht mehr besteht.

Kersting wiederum nimmt grundsätzlich einen weitreichenden Aufhebungswillen der Parteien an. Auch wenn nur für einen einzelnen Streitgegenstand der Schiedsvereinbarung Klage vor dem staatlichen Gericht erhoben wird, sei im Zweifel davon auszugehen, dass die Schiedsvereinbarung vollständig aufgehoben werden soll[350]. Dieser Ansatz beruht auf der Prämisse, dass Schiedsvereinbarungen konkludent nur vollständig aufgehoben werden können. *Kersting* spricht sich, vor diesem Hintergrund, aus Gründen der Prozessökonomie und zur Vermeidung von widersprüchlichen Entscheidungen für die Annahme eines weitreichenden Aufhebungswillen aus[351].

c) Einordnung und Bewertung

aa) Maßstab zur Bestimmung des Aufhebungswillens

Die Frage der Wirksamkeit der Schiedsvereinbarung und ihrer noch vorhandenen Reichweite ist für die Parteien von großer Bedeutung. Entsprechend ist den strengen Anforderungen, welche grundsätzlich seitens Rechtsprechung und Schrifttum an die Annahme eines Aufhebungswillens der Schiedsvereinbarung gestellt werden, zuzustimmen. Der Wille der Parteien, die Schiedsvereinbarung aufzuheben, muss eindeutig sein. *Illmer* merkt zu Recht an, dass es sich bei dem Nachweis des Willens zur Aufhebung der Schiedsvereinbarung um eine innere Tatsache handelt, die nicht dem direkten Beweis zugänglich ist, sondern der sich nur im Wege von objektiven Umständen angenähert werden kann[352]. Seine daraus gezogene Schlussfolgerung ist jedoch nicht zwingend. So soll anstelle einer materiell-rechtlichen Aufhebung der Schiedsvereinbarung die Verwirkung der Rechte aus der Schiedsvereinbarung treten. Begründet wird dies mit der in der Auslegung des Parteiwillens zwangsläufig steckenden Rechtsunsicherheit. Die Verwirkung wird kombiniert mit der Möglichkeit des Einwands arglistigen Verhaltens, sollte sich die Gegenseite doch auf die Schiedsvereinbarung berufen[353].

---

350 *Kersting,* Die Beendigung einer Schiedsvereinbarung durch Anrufung staatlicher Gerichte, SchiedsVZ 2013, 297 (299 f.).

351 *Kersting,* Die Beendigung einer Schiedsvereinbarung durch Anrufung staatlicher Gerichte, SchiedsVZ 2013, 297 (299 f.).

352 *Illmer,* Der Arglisteinwand an der Schnittstelle von staatlicher Gerichtsbarkeit und Schiedsgerichtsbarkeit (2007), S. 150.

353 *Illmer,* Der Arglisteinwand an der Schnittstelle von staatlicher Gerichtsbarkeit und Schiedsgerichtsbarkeit (2007), S. 150.

Das der Auslegung innewohnende Risiko der Rechtsunsicherheit lässt sich jedoch durch eine sorgfältige Auswahl der Kriterien zur Bestimmung der Reichweite des Aufhebungswillens minimieren. Im Ausgangspunkt ist den oben dargestellten Ansichten zuzustimmen. Ein konkludenter Wille zur Aufhebung der Schiedsvereinbarung muss dann angenommen werden, wenn ein Verhalten in einem unauflöslichen Widerspruch zur Schiedsvereinbarung steht[354]. Kerninhalt der Schiedsvereinbarung wiederum ist die Streitbeilegung vor einem Schiedsgericht unter Ausschluss der staatlichen Gerichtsbarkeit. Die Parteien müssen also eindeutig ein Verhalten an den Tag legen, das mit einer Streitbeilegung vor einem Schiedsgericht nicht zu vereinbaren ist. Zwar ist ein staatliches Gerichtsverfahren, das im Ergebnis zu einer staatsgerichtlichen Entscheidung führt, mit einer Schiedsvereinbarung unvereinbar. Dies bedeutet jedoch nicht, dass automatisch jeder Prozesshandlung vor einem staatlichen Gericht auch der Wille zur Aufhebung einer Schiedsvereinbarung entnommen werden kann. Dies ist jedenfalls immer dann nicht der Fall, wenn das staatliche Gericht nur unterstützend tätig wird, es also insbesondere nach § 1033 ZPO in Fragen des einstweiligen Rechtsschutzes angerufen wird oder zur Bestellung eines Schiedsrichters nach § 1035 Abs. 4 ZPO. Denn in diesen Fällen steht das staatliche Gerichtsverfahren gerade nicht in Widerspruch zu der Schiedsvereinbarung, sondern erfüllt seine gesetzlich vorgesehene Unterstützungsfunktion.

Fraglich ist, ob ein Aufhebungswille schon in einem Antrag zur gerichtlichen Überprüfung der Wirksamkeit der Schiedsvereinbarung nach § 1032 Abs. 2 ZPO gesehen werden kann. Einerseits steht das Überprüfungsverfahren als solches noch nicht in direktem Widerspruch zu der Schiedsvereinbarung, denn zum einen läuft das Überprüfungsverfahren beim Oberlandesgericht parallel zu einem möglichen Schiedsverfahren[355] und fällt gleichzeitig auch primär in den Bereich der staatsgerichtlichen Unterstützung des Schiedsgerichts. Denn der Zweck des staatlichen Überprüfungsverfahrens liegt darin, frühestmögliche Klarheit über die Zuständigkeit des Schiedsgerichts zu erhalten[356]. Gleichzeitig erlaubt die Konstruktion des § 1032 Abs. 2 ZPO, sowohl einen positiven Feststellungsantrag (das Bestehen einer wirksamen Schiedsvereinbarung) sowie

---

354 OLG Frankfurt a.M., Beschluss v. 17.02.2011 – 26 Sch 13/10, SchiedsVZ 2013, 49 (57); *Kersting*, Die Beendigung einer Schiedsvereinbarung durch Anrufung staatlicher Gerichte, SchiedsVZ 2013, 297 (300); *Kreindler/Schäfer/Wolff*, Schiedsgerichtsbarkeit (2006), Rn. 196; vgl. auch *Voit* in Musielak/Voit-ZPO[15] (2018), § 1032 Rn. 7.

355 *Voit* in Musielak/Voit-ZPO[15] (2018), § 1032 Rn. 15.

356 *Saenger* in Saenger-ZPO[7] (2017), § 1032 Rn. 18; *Voit* in Musielak/Voit-ZPO[15] (2018), § 1032 Rn. 15; *Wolf/Eslami* in BeckOK-ZPO[29] (2018), § 1032 Rn. 32.

einen negativen Feststellungsantrag (über das Nichtbestehen der Schiedsabrede) einzubringen[357]. Bei einem positiven Feststellungsantrag fehlt die Unvereinbarkeit mit dem Zweck der Schiedsvereinbarung, denn der Antrag zielt gerade auf die gerichtlich bindende Feststellung, dass die Schiedsvereinbarung wirksam ist und sichert damit gerade ihre Durchsetzung. Ein negativer Feststellungsantrag zielt hingegen auf die Feststellung des staatlichen Gerichts, dass ein Schiedsverfahren unzulässig ist und die Streitigkeit damit vor einem staatlichen Gericht entschieden werden soll. Die den Antrag einbringende Partei bringt damit zum Ausdruck, dass sie keine Bindung (mehr) an die Schiedsvereinbarung wünscht und steht damit im Widerspruch zur vereinbarten außergerichtlichen Streitbeilegung.

Ein negativer Feststellungsantrag kann also ein konkludentes Angebot zur Aufhebung der Schiedsvereinbarung darstellen. Leitet jetzt die Gegenseite ein Verfahren vor dem staatlichen Gericht ein oder äußert sie im Rahmen ihrer Anhörung vor dem staatlichen Gericht ebenfalls den Willen, sich von der Schiedsvereinbarung lösen zu wollen, liegt darin eine konkludente Annahme des Aufhebungsangebots.

Aus diesem strengen Maßstab ergibt sich auch die beschränkte Zahl an Fallgruppen, die vorliegend für eine konkludente Aufhebung der Schiedsvereinbarung in Frage kommen. Dies kann nur in Prozesshandlungen vor dem staatlichen Gericht liegen, denn nur die gerichtliche Streitbeilegung vor dem staatlichen Gericht widerspricht ausdrücklich dem Zweck einer außergerichtlichen Streitbeilegung. Deswegen bilden die Fallgruppen des rügelosen Einlassens vor dem staatlichen Gericht beziehungsweise die Klagerücknahme nach Rüge der Unzuständigkeit des Schiedsgerichts die Grundlage der weiteren Erörterungen zur Bestimmung der Reichweite des Aufhebungswillens.

Der Abschluss eines materiell-rechtlichen Vergleichs nach § 779 BGB stellt dabei grundsätzlich noch keine konkludente Aufhebung der Schiedsvereinbarung dar. Zwar dient auch der Vergleich der Beendigung einer Streitigkeit zwischen den Parteien und bindet diese auch[358], ohne selbst jedoch prozessuale Wirkungen zu entfalten[359]. Die Funktion des Vergleiches ist ein zwischen den Parteien streitiges Rechtsverhältnis durch gegenseitiges Nachgeben zu regeln.

---

357 *Münch* in MüKo-ZPO[5] (2017), § 1032 Rn. 23; *Wolf/Eslami* in BeckOK-ZPO[29] (2018), § 1032 Rn. 32

358 *Brödermann* in PWW-BGB[13] (2018), § 779 Rn. 16.

359 *Habersack*, in MüKo-BGB[6] (2013), § 779 Rn. 31, 38; *Stadler* in Jauernig-BGB[17] (2018), § 779 Rn. 11 f.

Dadurch wird die Ebene der Schiedsvereinbarung jedoch nicht berührt, denn die Parteien modifizieren nur ihr materiell-rechtliches Verhältnis und damit nur die Entscheidungsgrundlage des Schiedsgerichts. Eine direkte Auswirkung auf die Schiedsvereinbarung hat dies jedoch nicht. Es ist bereits bezüglich staatlicher Gerichtsverfahren umstritten, in welcher Form ein materiell-rechtlicher Vergleich entscheidungsrelevant ist. Die Rechtsprechung gesteht den Parteien bei Regelung eines Anspruchs im Wege eines materiell-rechtlichen Vergleichs eine prozessuale Einrede zu, welche damit mittelbar zur Beendigung des Prozesses führen kann[360]. Große Teile der Literatur wiederum wollen dem materiell-rechtlichen Vergleich ausschließlich materielle Rechtswirkungen zugestehen, sodass dieser nur dann berücksichtigt werden muss, wenn die Parteien in dem Vergleich auch prozessuale Bestimmungen getroffen haben, wie beispielsweise einen Klageverzicht[361].

Welche Auswirkungen ein materiell-rechtlicher Vergleich auf ein Schiedsverfahren hat, scheint dabei bisher richterlich nicht entschieden. Um als konkludentes Angebot auf eine Aufhebung der Schiedsvereinbarung verstanden zu werden, müsste der materiell-rechtliche Vergleich in unauflösbaren Widerspruch zur Schiedsvereinbarung stehen. Gerade dies wird zumeist aber nicht der Fall sein, denn auch die Parteien eines Vergleichs können selbst noch großes Interesse daran haben, diesen auch gerichtlich geltend zu machen und so ihre Ansprüche aus dem Vergleich zu sichern[362]. Denn der materiell-rechtliche Vergleich ist im Gegensatz zum Prozessvergleich kein Vollstreckungstitel[363], die Parteien sind also zur Durchsetzung des Vergleichs noch auf (schieds-)gerichtliche Unterstützung angewiesen. In diesen Fällen besteht das Interesse der Parteien an schiedsrichterlicher Streitbeilegung damit fort. Somit wird man nur dann von einer konkludenten Aufhebung der Schiedsvereinbarung ausgehen können, wenn die Parteien mit Abschluss des Vergleichs auch gleichzeitig einen Klageverzicht vereinbart haben und so ihren Willen zum Ausdruck bringen, bezüglich

---

360 Ständige Rechtsprechung BGH, Urteil v. 07.03.2002 – III ZR 73/01, NJW 2002, 1503 (1504); BAG, Urteil v. 21.12.1972 – 5 AZR 324/72, NJW 1972, 918 (919); RG, Urteil v. 29.09.1933 – I 77/13, RGZ 142, 1 (3 f.); RG, Urteil v. 12.10.1939 – V 34/36, RGZ 161, 350 (353).

361 *Wagner*, Prozessverträge (1998), S. 511 f.; *Hartmann* in Baumbach/Lauterbach-ZPO[76] (2018), Anh. § 307 Rn. 1; *Schütze/Tscherning/Wais*, Handbuch des Schiedsverfahrens[2] (1990), Rn. 137.

362 *Wagner*, Prozessverträge (1998), S. 513.

363 *Baumgärtel*, Wesen und Begriff der Prozesshandlung einer Partei im Zivilprozessrecht[2] (1972), S. 216.; *Habersack* in MüKo-BGB[6] (2013), § 779 Rn. 80.

jedenfalls dieses Streitgegenstandes Abstand von der Schiedsvereinbarung zu nehmen.

Eindeutigster Fall des mit der Schiedsvereinbarung nicht in Einklang zu bringenden Verhaltens ist dabei die in der Rechtsprechung und Literatur bereits diskutierte Klageeinreichung zur Entscheidung der Streitigkeit in der Hauptsache[364]. Jedenfalls für den eingeklagten Streitgegenstand ist damit das Verhalten mit der Schiedsvereinbarung nicht in Einklang zu bringen.

bb) Reichweite des Aufhebungswillens

Rechtsprechung und Schrifttum haben sich bisher im nächsten Schritt damit auseinandergesetzt, ob das Verhalten der Parteien Anlass gab, davon auszugehen, dass sie damit auch die gesamte Schiedsvereinbarung aufheben wollten. Nur wenn dies der Fall war, wurde die Schiedsvereinbarung als beendet angesehen, andernfalls bestand sie vollumfänglich weiter. Dies hat sich aus dem Umstand ergeben, dass zumeist davon ausgegangen wurde, dass Parteien die Schiedsvereinbarung konkludent nur vollständig aufheben können. Wie jedoch zuvor herausgearbeitet, können die Parteien die Schiedsvereinbarung auch nur teilweise formlos aufheben[365], was auch die teilweise konkludente Aufhebung der Schiedsvereinbarung beinhaltet. Dies gibt der Frage der Reichweite des Aufhebungswillens eine zusätzliche Dimension, denn jetzt stellt sich nicht nur die Frage, ob die Parteien die Schiedsvereinbarung vollständig oder teilweise aufheben wollten, sondern, falls nur eine teilweise Aufhebung beabsichtigt war, welche Teile der Schiedsvereinbarung davon erfasst werden sollten.

Anschließend an die oben bereits aufgeführten Grundsätze, dass hohe Anforderungen an die Feststellung eines Aufhebungswillens zu stellen sind, ist dieser eng auszulegen. Dies bedeutet grundsätzlich: Reicht eine Partei Klage vor einem staatlichen Gericht ein, erstreckt sich der Aufhebungswille jedenfalls auf diesen Streitgegenstand. Die Frage allerdings, ob das Aufhebungsangebot auch weitere Teile der Schiedsvereinbarung erfasst, bleibt damit unberührt.

Grundsätzlich bieten sich drei Varianten zur Auslegung des Aufhebungswillens an. Zunächst die Annahme eines umfassenden Aufhebungswillens, der zur Aufhebung der gesamten Schiedsvereinbarung führt[366]. Handelt eine der Parteien also in einer mit auch nur einem Teil der Schiedsvereinbarung nicht in Einklang zu bringender Weise, wäre davon auszugehen, dass dies ein Angebot

---

364 Siehe oben Zweiter Teil, A, § 1, II, 1.

365 Siehe oben Zweiter Teil, A, § 1, I, 3, b.

366 *Kersting*, Die Beendigung einer Schiedsvereinbarung durch Anrufung staatlicher Gerichte, SchiedsVZ 2013, 297 (299 f.).

zur vollständigen Aufhebung der Schiedsvereinbarung wäre. Das Gegenstück dazu ist die streitgegenständliche Betrachtung der Reichweite des Aufhebungswillens[367]. Das Aufhebungsangebot erstreckt sich immer nur auf diejenigen Teile der Schiedsvereinbarung, für die sich die handelnde Partei durch die Klage vor dem staatlichen Gericht in unauflöslichen Widerspruch gesetzt hat. Der Rest der Schiedsvereinbarung wiederum bliebe wirksam. Daneben bietet sich noch eine vermittelnde Herangehensweise an, nämlich die einer Sachverhaltsbetrachtung.

(1) Streitgegenständliche Betrachtung des Aufhebungswillens

Die engste in Frage kommende Reichweite des Aufhebungswillens ist die Anknüpfung an den Streitgegenstand, der vor dem staatlichen Gericht verhandelt wird[368]. Vorteil dieser Streitgegenstandsanknüpfung ist ein hohes Maß an Rechtssicherheit, da der vor dem staatlichen Gericht verhandelte Streitgegenstand klar bestimmt werden kann. Es ist weiterhin zumindest fraglich, ob sich die Parteien beim Verhandeln zu einem konkreten Streitgegenstand tatsächlich einen Willen bezüglich der Aufhebung der gesamten Schiedsvereinbarung gebildet haben[369]. Die Konzentration auf den Streitgegenstand der staatlichen Klage bietet damit den Vorteil, dass sich hier in jedem Fall die Rechtsfolge der Aufhebung und tatsächlicher Wille der Parteien zur Aufhebung der Schiedsvereinbarung decken.

Dem Vorteil einer sehr eng begrenzten Reichweite des Aufhebungswillens wohnt jedoch gleichzeitig auch ein großer Nachteil inne. Denn versteht man die Schiedsvereinbarung nach dem zweigliedrigen Streitgegenstandsbegriff tatsächlich nur bezüglich Klageantrag und Klagegrund als aufgehoben[370], drohen Abgrenzungsschwierigkeiten, die nicht im Interesse der Parteien liegen können. So wäre nach der Streitgegenstandsbetrachtung bezüglich einer Widerklage der

---

367 So beispielsweise BGH, Beschluss v. 07.07.2016 – I ZB 45/15, ZIP 2016, 2435 (2436); OLG Frankfurt a.M., Beschluss v. 17.02.2011 – 26 Sch 13/10, SchiedsVZ 2013, 49 (57); wohl auch *Geimer* in Zöller-ZPO[32] (2018), § 1032 Rn. 5 sowie inzwischen auch *Voit* in Musielak/Voit-ZPO[15] (2018), § 1032 Rn. 7.

368 OLG Frankfurt a.M., Beschluss v. 17.02.2011 – 26 Sch 13/10, SchiedsVZ 2013, 49 (57); *Geimer* in Zöller-ZPO[32] (2018), § 1032 Rn. 5.

369 *Illmer*, Der Arglisteinwand an der Schnittstelle von staatlicher Gerichtsbarkeit und Schiedsgerichtsbarkeit (2007), S. 149.

370 Ständige Rechtsprechung, BGH, Urteil v. 06.12.2004 – II ZR 394/02, NJW-RR 2005, 437 (437); BGH, Urteil v. 08.06.2000 – I ZR 269/97, NJW 2001, 1791 (1792); BGH Urteil v. 19.12.1991 – IX ZR 96/91, BGHZ 117, 1 (6); BGH Urteil v. 10.10.1952 – V ZR 159/51, BGHZ 7, 268 (271); RG, Urteil v. 06.03.1922 – IV 531/21 RGZ 104, 155 (156); siehe auch *Wendtland* in BeckOK-ZPO[29] (2018), § 2 Rn. 4 mit weiteren Nachweisen.

Gang vor das staatliche Gericht versperrt, da der Widerklage ein eigener Klageantrag zu Grunde liegt und die Schiedsvereinbarung somit für diesen Streitgegenstand noch fortbesteht. Gleichzeitig liegt die Besonderheit der Widerklage jedoch darin, dass ihr zumeist derselbe Sachverhalt zu Grunde liegt[371]. Würde die Aufhebung sich einzig auf den Streitgegenstand der Klage beziehen, könnte der Kläger bei Erhebung der Widerklage Schiedseinrede nach § 1032 Abs. 2 ZPO erheben und so die Streitentscheidung in zwei verschiedene Foren zwingen. Dies dürfte nicht im Interesse der Parteien liegen.

(2) Gesamtbetrachtung des Aufhebungswillens

Diese Problematik könnte mit einer Gesamtbetrachtung der Schiedsvereinbarung zur Bestimmung des Aufhebungswillens vermieden werden. Nach dieser Auffassung liegt in einem konkludenten Angebot auf Aufhebung der Schiedsvereinbarung das Angebot zur vollständigen Aufhebung der Schiedsvereinbarung, wenn es keine gegenteiligen Anhaltspunkte gibt[372]. Ebenso wie die Streitgegenstandsbetrachtung bietet diese Lösung ein hohes Maß an Rechtsklarheit, da durch die Annahme eines vollständigen Aufhebungswillens sich für zukünftige, ursprünglich der Schiedsvereinbarung unterfallende Streitigkeiten ebenfalls nicht mehr die Frage nach dem zuständigen Gericht stellt. Weiterhin spricht für eine umfassende Auslegung wiederum der hinter dem Grundsatz der weiten Auslegung einer Schiedsvereinbarung stehende Gedanke, dass möglichst für alle Streitigkeiten ein Forum gelten sollte[373]. Legt man einen solchen Willen bei Abschluss der Schiedsvereinbarung zugrunde, liegt es nahe, diesen auch auf die Aufhebung der Schiedsvereinbarung anzuwenden, solange keine gesonderten Hinweise vorliegen, dass nur eine teilweise Aufhebung gewünscht ist. Andererseits ist diese weite Auslegung nicht nur in dem Interesse der Parteien an einer umfassenden und einheitlichen Streitbeilegung begründet, sondern ist andererseits auch Ausdruck der schiedsfreundlichen Einstellung von Gesetzgeber und Rechtsprechung[374]. Zur Begründung der Gesamtbetrachtung wird weiterhin angeführt, dass die Schiedsvereinbarung ohnehin durch auch nur eine teilweise

---

371 Vgl. BGH, Urteil v. 06.12.2004 – II ZR 394/02, NJW-RR 2005, 437 (438). Siehe im Allg. § 33 ZPO.

372 *Kersting,* Die Beendigung einer Schiedsvereinbarung durch Anrufung staatlicher Gerichte, SchiedsVZ 2013, 297 (299 f.).

373 *Lachmann,* Handbuch der Schiedsgerichtspraxis[3] (2008), Rn. 472; *Voit* in Musielak/Voit-ZPO[15] (2018), § 1029 Rn. 23; *Wolf/Eslami* in BeckOK-ZPO[29] (2018), § 1040 Rn. 11.

374 *Elsing,* Zur Auslegung von Schiedsvereinbarungen in FS Westphalen (2010), S. 120.

Klageerhebung vor einem staatlichen Gericht zur Gänze inoperabel werde[375]. Dies sei deswegen der Fall, weil durch Klageerhebung vor dem staatlichen Gericht der Gegenseite eine Arglisteinrede erwachse, wenn die Klägerseite nun für einen anderen Streitgegenstand wieder vor ein Schiedsgericht zieht oder, falls vor einem staatlichen Gericht geklagt wird, Schiedseinrede nach § 1032 Abs. 2 ZPO erhebt.

Diese Argumentation überzeugt jedoch aus mehreren Gründen nicht. Zum einen steht sie in Widerspruch zu der Privatautonomie und der freien Modifizierbarkeit der Schiedsvereinbarung durch die Parteien. Denn wie bereits festgestellt können die Parteien in jedem Falle eine Schiedsvereinbarung unter Berücksichtigung der Form des § 1031 ZPO nur für einzelne Teile aufheben[376]. Dies bedeutet, wenn mit Erhebung der Klage vor dem staatlichen Gericht parallel ein schriftliches Angebot auf die Aufhebung der Schiedsvereinbarung bezüglich dieses Streitgegenstandes eingegangen wäre, und gleichzeitig die Gegenseite sich nicht nur einlässt, sondern ausdrücklich erklärt, für diesen Streitgegenstand nicht mehr an die Schiedsvereinbarung gebunden sein zu wollen, bestünde selbstverständlich für einen der anderen Streitgegenstände aus der Schiedsvereinbarung keine Einwendung aufgrund vorherigen gegenteiligen Verhaltens. Das Entstehen einer solchen Einwendung kann also kein Argument für eine enge oder weite Auslegung des Aufhebungswillens sein, denn nur wenn der Aufhebungswille der Parteien weit ausgelegt wird und sich dann später anders verhalten wird, lässt sich überhaupt erst an eine solche Einwendung denken. Bestand jedoch ursprünglich ein solch weiter Aufhebungswille, bedarf es wiederum einer solchen Einwendung nicht, denn dann ist die Schiedsvereinbarung zu diesem Zeitpunkt bereits vollständig aufgehoben worden, sodass die Unzuständigkeit des Schiedsgerichts nach § 1040 Abs. 2 S. 1 ZPO gerügt werden kann.

Gleichzeitig wird auch für den umgekehrten Fall des rügelosen Einlassens, wie zuvor bereits gezeigt, die Präklusionswirkung nur für den konkreten Streitgegenstand angenommen[377]. Es ist nicht ersichtlich, warum das Einlassen vor einem staatlichen Gericht und der Verzicht auf die Erhebung der Schiedseinrede anders, nämlich einschränkender, gewertet werden sollte, als die Klageerhebung vor einem staatlichen Gericht. In beiden Fällen legen die Parteien ein Verhalten

---

375 *Illmer*, Der Arglisteinwand an der Schnittstelle von staatlicher Gerichtsbarkeit und Schiedsgerichtsbarkeit (2007), S. 87.

376 Siehe nur: *Hartmann* in Baumbach/Lauterbach-ZPO[76] (2018), § 1031 Rn. 11; *Münch* in MüKo-ZPO[5] (2017), § 1031 Rn. 14; *Saenger* in Saenger-ZPO[7] (2017), § 1031 Rn. 4.

377 BGH, Urteil v. 02.03.1978 – III ZR 99/76 BGHZ 71, 162; *Münch* in MüKo-ZPO[5] (2017), § 1032 Rn. 17.

an den Tag, welches mit der Schiedsvereinbarung nicht vereinbar ist. Als wesentliches Argument für die Annahme eines weitreichenden Aufhebungswillens bleibt damit nur das Interesse der Parteien an der Vermeidung widersprüchlicher Entscheidungen.

(3) Eigener Ansatz: Sachverhaltsbetrachtung des Aufhebungswillens

Das Interesse an der Vermeidung widersprüchlicher Entscheidungen einerseits und einer Orientierung an dem Streitgegenstand der Klage vor dem staatlichen Gericht anderseits, lässt sich durch eine vermittelnde Betrachtung in Einklang bringen.

So sollte bei der Betrachtung des konkludenten Angebots auf Aufhebung der Schiedsvereinbarung an den zu Grunde liegenden Lebenssachverhalt angeknüpft werden. Alle Streitgegenstände, die auf Grundlage desselben Sachverhalts wie der vor dem staatlichen Gericht geltend gemachte Anspruch basieren, sind von der Reichweite des Aufhebungsangebots erfasst. Unter Sachverhalt ist dabei die Anknüpfung an ein einheitliches Lebensverhältnis zu verstehen[378].

Durch die Anknüpfung an den zugrundeliegenden Lebenssachverhalt wird einerseits Abstand genommen von einer pauschalen Aufhebung der gesamten Schiedsvereinbarung, anderseits jedoch auch die beinahe zwingend auftretenden Friktionen zwischen staatlichem Gerichtsverfahren und Schiedsgerichtsverfahren minimiert. Erfasst werden damit von der Aufhebung der Schiedsvereinbarung insbesondere auch Widerklagen, welche nach der rein streitgegenständlichen Betrachtung nicht von der Reichweite des Aufhebungswillens umfasst waren, da nach dem zweigliedrigen Streitgegenstandsbegriff der Widerklage zwar derselbe Sachverhalt zugrunde liegt, nicht jedoch auch derselbe Klageantrag[379].

Nicht vom Aufhebungswillen erfasst sind damit bei Rahmenschiedsvereinbarungen alle Streitigkeiten, die sich auf einen anderen als den streitgegenständlichen Vertrag beziehen. Aber auch hinsichtlich desselben Vertrages kann es auch unter der Sachverhaltsbetrachtung zu Teilaufhebungen kommen. Dies kann beispielsweise bezüglich deliktischer Ansprüche der Fall sein, welche unter den

---

378 Siehe dazu insgesamt die zu § 273 BGB vertretenen Definitionen im Rahmen der Konnexität zu einem einheitlichen Lebensverhältnis. Voraussetzung zur Schaffung eines einheitlichen Lebensverhältnisses ist, dass die geltend gemachten Ansprüche in einem natürlichen und wirtschaftlichen Verhältnis zueinander stehen. Vgl. BGH, Urteil v. 03.07.1997 – IX ZR 244/96, NJW 1997, 2944 (2945); *Krüger* in MüKo-BGB[7] (2016), § 273 Rn. 13; *Stadler* in Jauernig[17] (2018), § 273 Rn. 9; *Schulze* in HK-BGB[9] (2017), § 273 Rn. 7.

379 Vgl. zu der Problematik der Widerklage unter der Streitgegenstandsbetrachtung Zweiter Teil, A, § 1, II, 1, c, bb, (1).

Anwendungsbereich einer weit formulierten Schiedsvereinbarung fallen, denen allerdings ein gänzlich anderer Lebenssachverhalt zugrunde liegt, als die vertraglichen Pflichten. Werden diese, in Bezug auf den zugrundeliegenden Hauptvertrag lediglich Nebenansprüche, vor einem staatlichen Gericht geltend gemacht, wird man aufgrund der sachlichen Trennung nicht ohne weiteres davon ausgehen können, dass hinsichtlich der vertraglichen Ansprüche die Schiedsvereinbarung ebenfalls aufgehoben werden soll.

(4) Ausnahmen

Die Sachverhaltsbetrachtung stellt dabei ein Auslegungswerkzeug für den Fall dar, dass genauere Anhaltspunkte hinsichtlich des Parteiwillens fehlen. Aufgrund der Vielseitigkeit der Einzelfälle ist auch eine Vielzahl an Ausnahmen denkbar. Eine Ausnahme soll kurz angesprochen werden, da sie von allgemeiner Natur ist und daher Relevanz für größere Zahl an Fällen besitzt. Diese Ausnahme betrifft Schiedsvereinbarungen, die von vornherein nur einen eng definierten sachlichen Anwendungsbereich hatten, etwa durch eine Beschränkung auf Leistungsklagen oder vertragliche Ansprüche[380]. Hier haben die Parteien durch diese Spezialisierung ohnehin bereits durch die Wahl ihrer Schiedsklausel einen Lebenssachverhalt auf mehrere Foren aufgeteilt, sodass das Interesse an der unbedingten Vermeidung widersprüchlicher Entscheidungen geringer ausgeprägt sein wird, sind die Parteien dieses Risiko doch bereits mit Abschluss ihrer Schiedsvereinbarung eingegangen. In diesem Fall sollte sich die Auslegung der Reichweite des Aufhebungswillens auf den Streitgegenstand des staatlichen Gerichtsverfahrens beschränken.

2. Ergebnis

Ob eine Parteierklärung ein Aufhebungsangebot darstellt und welche Reichweite dieses Angebot hat, muss durch Auslegung nach §§ 133, 157 BGB bestimmt werden und bemisst sich dabei ausgehend vom Wortlaut des Angebots aus der Bestimmung ihres Willens unter Berücksichtigung ihrer Interessen sowie den

---

380 Eine solche Begrenzung einer Schiedsvereinbarung auf vertragliche Ansprüche ist unproblematisch möglich, sollte jedoch ausdrücklich geschehen, da ansonsten die Rechtsprechung vermutet, dass sich die Schiedsvereinbarung auf alle aus dem einheitlichen Sachverhalt entspringenden Ansprüche beziehen soll. Entscheidend für die Reichweite der Schiedsvereinbarung ist damit grundsätzlich der Lebenssachverhalt und nicht die Anspruchsgrundlage. Vgl. BGH, Urteil v. 27.02.1970 – VII ZR 68/68, BGHZ 53, 315 (320 f.); BGH, Urteil v. 12.11.1987 – III ZR 29/87, BGHZ 102, 199 (200); BGH, Urteil v. 04.10.2001 – III ZR 281/00, NJW-RR 2002, 387 (387).

Umständen des Einzelfalls. Die Voraussetzungen zur Annahme eines Aufhebungswillens sind dabei aufgrund der Rechtsfolge der Aufhebung der Schiedsvereinbarung hoch anzusetzen, es genügt insoweit nur solches Parteiverhalten, welches in einen unauflöslichen Widerspruch zur Schiedsvereinbarung steht. Dafür kommen als Fallgruppen für ein solches, konkludentes, Aufhebungsangebot nur die Klage vor dem staatlichen Gericht beziehungsweise die Rüge der Unzuständigkeit des Schiedsgerichts wegen mangelnder Zuständigkeit nach § 1040 Abs. 2 S. 1 ZPO in Betracht. Ausnahmsweise kann auch in dem Angebot auf Abschluss eines materiell-rechtlichen Vergleichs nach § 779 BGB ein konkludentes Aufhebungsangebot liegen, wenn dieser einen Klageverzicht enthält und Ansprüche betrifft, welche dem sachlichen Anwendungsbereich einer Schiedsvereinbarung unterfielen.

Die Reichweite des Aufhebungsangebots muss ebenfalls durch Auslegung bestimmt werden und besitzt aufgrund der Möglichkeit der konkludenten Teilaufhebbarkeit von Schiedsvereinbarungen große Relevanz. Dabei sollte, sofern keine anderslautenden Hinweise bekannt sind, davon ausgegangen werden, dass die Parteien bei Klage vor dem staatlichen Gericht beziehungsweise Unzuständigkeitsrüge vor dem Schiedsgericht die Schiedsvereinbarung für den gesamten dem Streitgegenstand zugrunde liegenden Lebenssachverhalt aufheben wollten, da sich so einerseits die Gefahr widersprüchlicher Entscheidungen reduziert, andererseits jedoch nicht pauschal den Parteien der Wille zur vollständigen Abkehr von der schiedsgerichtlichen Streitbeilegung aus einer nur auf einen einzigen Streitgegenstand beschränkten Handlung unterstellt wird.

§ 2 Annahme der Aufhebung

Die Annahme des konkludenten Aufhebungsangebots kann ebenso formfrei und schlüssig erklärt werden, wie das Angebot[381]. Erfolgt das Angebot auf Aufhebung der Schiedsvereinbarung durch Klage vor dem staatlichen Gericht, liegt die konkludente Annahme in dem Verzicht auf die Erhebung der Schiedseinrede nach § 1032 Abs. 2 ZPO. Für den Fall des konkludenten Angebots durch Rüge der Unzuständigkeit des Schiedsgerichts nach § 1040 Abs. 2 S. 1 ZPO, ist die Annahme wiederum in der Rücknahme der Klage vor dem Schiedsgericht zu sehen[382]. Für den Fall, dass das konkludente Aufhebungsangebot durch Angebot

381 Vgl. *Geimer* in Zöller-ZPO[32] (2018), § 1032 Rn. 5.

382 *Illmer,* Der Arglisteinwand an der Schnittstelle von staatlicher Gerichtsbarkeit und Schiedsgerichtsbarkeit (2007), S. 146.

eines Vergleichsabschlusses erfolgt, welches auch einen Klageverzicht enthält, erfolgt die Annahme durch Annahme des Vergleichsangebots.

§ 3 Zeitpunkt der Aufhebung

Nach der Feststellung, dass die Parteien die Schiedsvereinbarung formlos und konkludent aufheben können, stellt sich im nächsten Schritt die Frage, ob die Aufhebbarkeit der Schiedsvereinbarung einer zeitlichen Grenze unterliegt. Die freie Aufhebbarkeit der Schiedsvereinbarungen ergibt sich, wie oben bereits ausgeführt, aus der Privatautonomie der Parteien[383]. Eine solche Aufhebung ist grundsätzlich jederzeit möglich. Dies gilt unstreitig für eine Aufhebung vor Einleitung eines Schiedsverfahrens, ebenso bezüglich der Aufhebung parallel zu einem bereits laufenden Schiedsverfahren[384]. Zu diesem Zeitpunkt ist ausschließlich das Schiedsgericht auf Grundlage der Parteivereinbarung sowie gegebenenfalls ein staatliches Gericht in unterstützender Funktion tätig, sodass kein Anlass besteht, die Privatautonomie der Parteien durch ein Aufhebungsverbot einzuschränken.

Es stellt sich jedoch daran anschließend die Frage, ob diese freie Aufhebbarkeit auch noch für eine Aufhebung nach Erlass des Schiedsspruchs oder sogar nach Vollstreckbarerklärung des Schiedsspruchs gemäß § 1060 ZPO gilt. Dies hängt davon ab, ob ein staatliches Interesse existiert, nicht nur den Schiedsspruch nach dessen Erlass, sondern auch die Schiedsvereinbarung aufrechtzuerhalten und dieses staatliche Interesse die Privatautonomie aufhebungswilliger Parteien überwiegt.

I. Aufhebungsvertrag nach Erlass des Schiedsspruchs

Nach Erlass des Schiedsspruches, aber vor Vollstreckbarerklärung, ist ein solch überwiegendes Interesse des Staates an der Aufrechterhaltung der Schiedsvereinbarung nicht ersichtlich. Zwar steht der Schiedsspruch gemäß § 1055 ZPO dem Urteil eines staatlichen Gerichts gleich und erlangt damit formelle und materielle Rechtskraft[385]. Diese Rechtskraft unterscheide sich allerdings, trotz des Wortlauts des § 1055 ZPO, insoweit von der Rechtskraft staatlicher Gerichtsentscheidungen, als diese Bindung ausschließlich aus der Schiedsvereinbarung

383 Siehe oben Zweiter Teil, A, § 1, I, 3, b.

384 *Hartmann* in Baumbach/Lauterbach-ZPO[76] (2018), § 1029 Rn. 27; *Kersting*, Die Beendigung von Schiedsvereinbarungen durch Anrufung staatlicher Gerichte, SchiedsVZ 2013, 297 (299 f.); *Schwab/Walter*, Schiedsgerichtsbarkeit[7] (2005), Kapitel 8, Rn. 7.

385 *Münch* in MüKo-ZPO[5] (2017), § 1055 Rn. 1.

und damit dem Willen der Parteien erwachse[386]. Diese Bindung können damit die Parteien auch jederzeit wieder aufheben[387]. Dass entgegen des Wortlauts von § 1055 ZPO die Wirkungen des Schiedsspruchs nicht vollständig identisch mit einem staatlichen Urteil sind, zeigt sich zum einen daran, dass der Schiedsspruch eben nicht von Amts wegen zu berücksichtigen ist, sondern nur auf Schiedseinrede hin. Weiterhin ist der Schiedsspruch kein Vollstreckungstitel, sondern bedarf der Vollstreckbarerklärung durch ein staatliches Gericht nach § 1060 ZPO. An diesen Regelungen lässt sich die primär privatrechtliche Basis der Schiedsgerichtsbarkeit erkennen[388].

An diesem Ergebnis ändert sich auch nicht dadurch etwas, dass der Gesetzgeber das Aufhebungsverfahren nach § 1059 ZPO/§ 1061 Abs. 1 S. 1 ZPO in Verbindung mit Art. V NYC geschaffen hat, welches den Parteien die Möglichkeit gibt, sich nach Beendigung des Schiedsverfahrens von dem Schiedsspruch durch gerichtliche Aufhebung zu lösen. Laut *Schäfer* sei das ein Hinweis dafür, dass es den Parteien im Umkehrschluss zu diesem Zeitpunkt nicht mehr möglich sein soll, sich selbstständig von der Schiedsvereinbarung lösen zu können[389]. Dies überzeugt allerdings nicht. Denn aus der alleinigen Existenz des nicht konsensualen Aufhebungsverfahrens lässt sich nicht erkennen, dass der Gesetzgeber dadurch eine abschließende Regelung hinsichtlich der konsensualen Aufhebung einer Schiedsvereinbarung ab diesem Zeitpunkt treffen wollte.

Zunächst regelt § 1059 ZPO bereits einen anderen Fall, denn dieser betrifft die Aufhebung des Schiedsspruchs, nicht jedoch der Schiedsvereinbarung. Im Gegenteil: Gemäß § 1059 Abs. 5 ZPO führt eine Aufhebung des Schiedsspruchs im Zweifel dazu, dass eine durch Schiedsspruch erloschene Schiedsvereinbarung

---

386 *Münch* in MüKo-ZPO[5] (2017), § 1055 Rn. 28; *Schwab/Walter*, Schiedsgerichtsbarkeit[7] (2005), Kapitel 8, Rn. 7; a.A. noch zum alten Recht *Habscheid*, Aus der höchstrichterlichen Rechtsprechung zur Schiedsgerichtsbarkeit, KTS 1957, 161 (164 f.), der in § 1055 ZPO, bzw. den wortlautgleichen Vorgänger § 1040 ZPO a.F. eine vollständige Gleichstellung der Rechtskraft mit dem Urteil eines staatlichen Gerichts sieht und damit eine „vollwertige" Rechtskraft, der sich die Parteien durch Parteivereinbarung nicht mehr selbst entziehen können.

387 Ständige Rechtsprechung, RG, Urteil v. 21.12.1934 – VII 247/34, RGZ 146, 262 (268); OLG Bremen, Urteil v. 14.12.1956 – 1 U 369/55, NJW 1957, 1035 (1036); BayOblG, Beschluss v. 24.02.1984 – BReg. 3 Z 197/83, BayOblGZ 1984, 45 (48); OLG Stuttgart, Beschluss v. 20.12.2001 – 1 Sch 13/01, OLGR Stuttgart 2002, 166 (167).

388 OLG Bremen, Urteil v. 14.12.1956 – 1 U 369/55, NJW 1957, 1035 (1036).

389 *Schäfer*, Die Verträge zur Durchführung des Schiedsverfahrens (2010), S. 182.

wieder auflebt[390]. Die Rechtsfolge ist also eine andere. Weiterhin besteht auch tatbestandlich zwischen § 1059 ZPO und der einverständlichen Aufhebung ein bedeutsamer Unterschied. Denn das Aufhebungsverfahren nach § 1059 ZPO stellt ein einseitiges Verfahren dar, das gerade keinen Parteikonsens erfordert. Insoweit ist nicht ersichtlich, warum es den Parteien nicht unabhängig davon möglich sein soll, die Schiedsvereinbarung zu beenden und sich damit auch der Rechtskraft des Schiedsspruchs zu entziehen. Wenn der Gesetzgeber den Parteien doch die Möglichkeit gibt, den von ihrer privatautonomen Einigung getragenen Schiedsspruch einseitig anzugreifen, müssen sie erst recht in der Lage sein, die Wirkungen einvernehmlich zu beenden.

II. Aufhebungsvertrag nach Vollstreckbarerklärung des Schiedsspruchs

Durch die Vollstreckbarerklärung des staatlichen Gerichts nach § 1060 Abs. 1 ZPO ist die bereits durch § 1055 ZPO vorgesehene Gleichstellung des Schiedsspruchs mit einem staatlichen Urteil hinsichtlich der Rechtsfolgen vollendet. Dabei stellt die Vollstreckbarerklärung durch das zuständige Oberlandesgericht einen vom Schiedsverfahren losgelösten staatlichen Akt dar, der aus dem Schiedsspruch einen Vollstreckungstitel kreiert[391]. Diese Titelkreation stellt keine bloße Anerkennung oder „Ratifizierung" des Schiedsspruchs, sondern einen eigenständigen, aktiven Rechtsakt dar – der Vollstreckungstitel selbst ist ausschließlich die Entscheidung des zuständigen Oberlandesgerichts, den Schiedsspruch für vollstreckbar zu erklären[392].

Das bedeutet, dass sich die Parteien der Rechtskraft des vollstreckbaren Schiedsspruchs nicht mehr entziehen können. Dies muss jedoch von der Wirksamkeit der Schiedsvereinbarung getrennt werden. Zwar basieren der Schiedsspruch und damit mittelbar auch die Vollstreckbarerklärung des Oberlandesgerichts auf der Schiedsvereinbarung der Parteien, diese sind jedoch keineswegs deckungsgleich.

Im Gegenteil, die Schiedsvereinbarung wird im Regelfall, wenn sich die Frage nach der Aufhebung nach Vollstreckbarerklärung des Schiedsspruchs stellt, einen sachlich weiterreichenden Anwendungsbereich haben, als die dem

---

390 Vgl. auch *Voit* in Musielak/Voit-ZPO[15] (2018), § 1059 Rn. 43, wonach sich die Zweifelsregelung auch auf den gesamten Inhalt der ursprünglichen Schiedsabrede erstreckt.

391 *Münch* in MüKo-ZPO[5] (2017), § 1060 Rn. 2.

392 BGH, Beschluss v. 28.10.1999 – III ZB 43/99, BGHR ZPO § 1064 Abs. 2 und 3, Vollstreckbarerklärung 2; BGH, Beschluss v. 30.09.2010 – III ZB 57/10, NJW-RR 2011, 213 (214).

Schiedsspruch unterfallenden Streitgegenstände, denn ansonsten wäre die Schiedsvereinbarung ja mit Erlass des Schiedsspruchs durch Zweckerfüllung erloschen[393]. Es ist nicht ersichtlich, warum sich die Parteien nicht jedenfalls für diese, über den Schiedsspruch hinausreichenden Streitgegenstände, auch noch nach Vollstreckbarerklärung des Schiedsspruchs lösen können sollten.

Es ist weiterhin nicht ersichtlich, warum die Parteien nicht auch hinsichtlich des Teils der Schiedsvereinbarung, die den Schiedsspruch stützt, nachträglich noch eine Aufhebung der Schiedsvereinbarung vornehmen können sollten. Das Argument der materiellen und formellen Rechtskraft des Schiedsspruchs sowie die staatliche Natur der Vollstreckbarerklärung stehen dem nicht entgegen, denn der Schiedsspruch ist ohnehin nach § 1059 Abs. 3 S. 4 ZPO nicht mehr aufhebbar, sobald er für vollstreckbar erklärt wurde. Sollte damit die Schiedsvereinbarung für die dem Schiedsspruch unterfallenden Streitgegenstände nach diesem Datum aufgehoben werden, entsteht aus dieser Aufhebung keine Loslösungsmöglichkeit vom Schiedsspruch, sodass formelle und materielle Rechtskraft des Schiedsspruches gewahrt bleiben und auch kein Eingriff in die Vollstreckbarerklärung durch das Oberlandesgericht erfolgt. Die Aufhebung hätte vielmehr rein deklaratorischen Charakter. Die Bedeutung einer solchen deklaratorischen Aufhebung ist freilich in den meisten Fällen gering, führt jedoch dazu, dass in Fällen der späteren Wiederuafnahme des Vollstreckbarerklärungsverfahrens und einer dann erfolgten Versagung der Vollstreckung die Regelung des § 1059 Abs. 5 ZPO zum Wiederaufleben der Schiedsvereinbarung nicht eingreift, da durch die Aufhebung ein ausdrücklicher Parteiwille gegen ein erneutes Schiedsverfahren dokumentiert ist.

Entsprechend kann die Schiedsvereinbarung auch noch nach Vollstreckbarerklärung des Schiedsspruchs durch die Parteien aufgehoben werden[394]. Dies bietet den Vorteil, dass unproblematisch für andere Streitgegenstände der Weg vor ein staatliches Gericht gewählt werden kann. Da die Schiedsvereinbarung für den durch den Schiedsspruch abgedeckten Teil ohnehin bereits bei Erlass des Schiedsspruchs erloschen ist, handelt es sich bei der Aufhebung nach

---

393 *Schwab/Walter,* Schiedsgerichtsbarkeit[7] (2005), Kapitel 8, Rn. 1; siehe auch ausführlich zum Erlöschen der Schiedsvereinbarung durch Zweckerreichung nach § 726 BGB unten Vierter Teil, A, § 1.

394 Anders jedoch mit der Begründung der entgegenstehenden Rechtskraft des Schiedsspruchs: *Schwab/Walter,* Schiedsgerichtsbarkeit[7] (2005), Kapitel 8, Rn. 11; *Hartmann* in Baumbach/Lauterbach-ZPO[76] (2018), § 1029, Rn. 27; *Lachmann,* Handbuch der Schiedsgerichtspraxis[3] (2012), Rn. 611.

Vollstreckbarerklärung um eine vollständige Aufhebung der Schiedsvereinbarung, sodass diese nach allen Ansichten auch formlos erfolgen kann[395].

Soll der Schiedsspruch im Ausland vollstreckt werden, wird eine solche Aufhebung der Schiedsvereinbarung in der Regel ebenfalls kein Problem darstellen, sofern sich die Vollstreckung nach der New York Convention richtet. Denn unter den Anerkennungs- und Vollstreckungsablehnungsgründen des Art. V NYC bestimmt zwar Art. V Abs. 1 lit. a, dass dem Schiedsspruch die Anerkennung versagt werden kann, wenn die Schiedsvereinbarung nach dem Recht des Landes, in dem der Schiedsspruch erlassen wurde, beziehungsweise nach dem Recht, welchen die Parteien die Schiedsvereinbarung unterstellt haben, unwirksam ist. Zweck der Vorschrift ist insbesondere, Schiedsvereinbarungen mit Formmängeln abzufangen[396], allerdings ist auch die materiell-rechtliche Beendigung der Schiedsvereinbarung durch die Parteien vom Anwendungsbereich erfasst[397]. Maßgeblich ist allerdings auch hier der Zeitpunkt: Heben die Parteien die Schiedsvereinbarung noch vor Erlass des Schiedsspruchs auf und erlässt das Schiedsgericht dennoch einen Schiedsspruch, können die Parteien die Vollstreckung nach Art. 5 Abs. 1 lit. a NYC im Ausland, sowie nach § 1060 Abs. 2 S. 1 ZPO i.V.m § 1059 Abs. 2 Nr. 1 lit. a ZPO im Inland verhindern. Ist der Schiedsspruch bereits erlassen, aber noch nicht für vollstreckbar erklärt worden, ist die Schiedsvereinbarung für diesen Streitgegenstand mit Erlass des Schiedsspruches bereits wegen Zweckerfüllung erloschen[398]. Auf diesen Wegfall lässt sich eine Aufhebung freilich nicht stützen, ansonsten ließe sich jeder ordnungsgemäß entstandene Schiedsspruch auf diese Art angreifen, was Sinn und Zweck der Vorschrift, nämlich dem Schutz der materiellen und formellen Rechtskraft des Schiedsspruchs, diametral entgegen laufen würde[399]. Damit kann die Aufhebung der restlichen Schiedsvereinbarung nach Vollstreckbarerklärung des Schiedsspruchs jedoch nicht durch diese Vollstreckbarerklärung gehindert werden, da diese den Schiedsspruch in keiner Art und Weise mehr berührt.

Im Übrigen, möchten sich die Parteien nach Vollstreckbarerklärung des Schiedsspruchs noch von dessen Rechtswirkungen loslösen, ist ihnen dies auf

---

395 Siehe oben Zweiter Teil, A, § 1, I, 2.

396 *Wilske/Fox* in New York Convention (2012), Art. V, Rn. 108 ff.

397 Vgl. dazu zu dem nach der New York Convention und dem Model Law entworfenen § 1059 Abs. 2 Nr. 1 lit. a: *Münch* in MüKo-ZPO[5] (2017), § 1059 Rn. 15.

398 *Hartmann* Baumbach/Lauterbach-ZPO[76] (2018), § 1029 Rn. 27; *Lachmann*, Handbuch der Schiedsgerichtspraxis[3] (2008), Rn. 589; *Prütting* in PG-ZPO[10] (2018), § 1029 Rn. 19.

399 Vgl. *Voit* in Musielak/Voit-ZPO[15] (2018), § 1059 Rn. 2.

anderen Wege möglich. So haben die Parteien, wie im staatlichen Gerichtsverfahren auch, jederzeit die Möglichkeit, eine Vereinbarung über den Verzicht der Vollstreckung zu vereinbaren[400].

III. Ergebnis

Die Parteien können sich auf Basis ihrer Privatautonomie jederzeit einvernehmlich von der Schiedsvereinbarung lösen. Dies gilt sowohl vor, während als auch nach Abschluss des Schiedsverfahrens und sogar auch noch nach Vollstreckbarerklärung des Schiedsspruchs. Die Schiedsvereinbarung und der Schiedsspruch beziehungsweise der Vollstreckungstitel des Oberlandesgerichts sind getrennt voneinander zu betrachten. Zwar setzt ein wirksamer Schiedsspruch das Bestehen einer wirksamen Schiedsvereinbarung voraus, dies gilt jedoch nur für den Zeitpunkt des Erlasses des Schiedsspruchs. Durch den Erlass des Schiedsspruchs erlischt die Schiedsvereinbarung für diesen Streitgegenstand ohnehin, sodass sich die Frage der späteren Aufhebbarkeit nur auf die Streitgegenstände bezieht, die nicht Gegenstand des Schiedsspruchs waren. Von diesem Teil der Schiedsvereinbarung ist der erlassene Schiedsspruch vollkommen unabhängig, sodass durch eine Aufhebung der Schiedsvereinbarung weder dessen formelle und materielle Rechtskraft nach § 1055 ZPO berührt wird noch ein Eingriff in den staatsgerichtlichen Akt der Titelkreation durch die Vollstreckbarerklärung durch das Oberlandesgericht erfolgt.

B. Beendigung durch Vereinbarung einer auflösenden Bedingung

Eine weitere Möglichkeit der vertraglichen, einvernehmlichen Beendigung der Schiedsvereinbarung stellt die Beendigung durch Vereinbarung einer auflösenden Bedingung des Schiedsspruches nach § 158 Abs. 2 BGB dar. Eine solche Bedingung muss dabei dergestalt ausgelegt werden, dass sie auch die dem Schiedsspruch zugrundeliegende Schiedsvereinbarung erfasst.

Der Bundesgerichtshof hat die Vereinbarung einer auflösenden Bedingung für zulässig befunden, als er darüber zu entscheiden hatte, ob eine Parteivereinbarung wirksam sei, mit der sich die Parteien verpflichteten, nach erlassenen Schiedsspruch den gesamten Fall vor einem staatlichen Gericht neu zu verhandeln, wenn eine Seite mit dem Ergebnis des Schiedsspruches nicht einverstanden ist.

---

400 *Lachmann*, Handbuch für die Schiedsgerichtspraxis[3] (2008), Rn. 611.

Dies folgt daraus, dass, wie oben bereits festgestellt, die Bindungswirkung des Schiedsspruchs nach § 1055 ZPO aus der Parteivereinbarung erwächst[401]. Entsprechend ist es den Parteien auch freigestellt, diese Bindungswirkung an bestimmte auflösende Bedingungen zu knüpfen, wie beispielsweise einen Vorbehalt gegenüber dem Schiedsspruch und damit dem Wunsch, den Rechtsstreit von einem staatlichen Gericht entscheiden zu lassen[402].

Der Bundesgerichtshof stellt damit die vorweggenommene Möglichkeit der einvernehmlichen Loslösung vom Schiedsspruch mit der nachträglichen, bereits allgemein anerkannten Loslösungsmöglichkeit gleich[403]. Damit hat die Rechtsprechung ihre alte, noch durch das Reichsgericht aufgestellte Position zur Bedingungsfeindlichkeit von Schiedsvereinbarungen aufgegeben und sich der herrschenden Lehre in der Literatur angeschlossen[404]. Begründet wird dies zutreffend damit, dass die Dispositionsbefugnis der Parteien auch die Möglichkeit umfasst, nach Erlass des Schiedsspruchs über seine Bindungswirkung zu verfügen. Wenn damit eine nachträgliche Loslösung zulässig ist, gibt es keinen Grund, diese nicht bereits bei Abschluss der Schiedsvereinbarung im Wege einer auflösenden Bedingung nach § 158 Abs. 2 BGB zu vereinbaren. Die Bedingungsfeindlichkeit des Prozessrechts wiederum ist hier kein Hinderungsgrund, denn diese gilt nur für die Bedingung von Prozesshandlungen[405].

Diese Entscheidung des Bundesgerichtshofs ist insoweit beachtlich, weil sie nochmals die Privatautonomie der Parteien im Schiedsverfahrensrecht höchstrichterlich unterstreicht[406]. Der Schiedsklauseln innewohnende Ausschluss der staatlichen Gerichtsbarkeit muss daher unter anderer Betonung gelesen werden. Es ist kein endgültiger, unwiderruflicher Ausschluss der staatlichen

---

401 Siehe oben Zweiter Teil, A, § 3, II.

402 BGH, Beschluss v. 01.03.2007 – III ZB 7/06, SchiedsVZ 2007, 160 (162).

403 BGH, Beschluss v. 01.03.2007 – III ZB 7/06, SchiedsVZ 2007, 160 (162).

404 Siehe zur alten Rechtsprechung RG, Urteil v. 07.03.1937 – VI 39/87, RGZ 17, 434 (434); RG, Urteil v. 21.12.1934 – VII 247/34, RGZ 146, 262 (264 ff.). Zur Literaturauffassung *Kisch*, Besprechung zu RArbG, Urteil v. 04.03.1931 – RAG 200/30, JW 1931, 2399 f.; *Jonas*, Besprechung zu RG, Urteil v. 31.12.1934 – VII 237/34, JW 1935, 1027 f.; *Schwab/Walter*, Schiedsgerichtsbarkeit[7] (2005), Kapitel 3 Rn. 21, Kapitel 22, Rn. 4.

405 *Rauscher* in MüKo-ZPO[5] (2016), Einleitung Rn. 426; *Saenger* in Saenger-ZPO[7] (2017), § 253 Rn. 4.

406 *Lachmann*, Zehn Jahre Rechtsprechung zum 10. Buch der ZPO, SchiedsVZ 2009, 9 (13).

Gerichtsbarkeit durch die Parteien, sondern ein vollumfänglich in ihrer Dispositionsbefugnis liegender Ausschluss.

Auch wenn der Bundesgerichtshof hierzu nicht ausdrücklich Stellung genommen hat, kann die Bedingung jedoch nur so ausgestaltet sein, dass diese nur bis zur Vollstreckbarerklärung des Schiedsspruchs eintreten kann. In dem der Entscheidung zugrunde liegendem Fall war in der Schiedsklausel vorgesehen, dass die Parteien innerhalb eines Monats ab Erlass des Schiedsspruchs den staatlichen Rechtsweg beschreiten mussten, wenn sie mit der Entscheidung des Schiedsgerichts nicht einverstanden waren[407].

Ein auflösend bedingter Schiedsspruch widerspricht auch nicht der Ausgestaltung des Vollstreckungsverfahrens. Denn die Vollstreckbarerklärung nach § 1060 Abs. 1 ZPO setzt einen endgültigen Schiedsspruch voraus[408]. Bis zu dem Zeitpunkt, an dem der Bedingungseintritt noch möglich ist, liegt damit noch kein endgültiger Schiedsspruch vor, sodass noch keine Vollstreckung betrieben werden kann.

Die Entscheidung des Bundesgerichtshofs wirkt sich allerdings nicht nur auf den Schiedsspruch selbst aus, sondern auch auf die dem Schiedsspruch zugrunde liegende Schiedsvereinbarung. Denn auch wenn die Entscheidung und die durch die Parteien gewählte Klausel nur Bezug auf den Schiedsspruch nehmen („Schiedsgerichtsergebnis“[409]), muss die Bedingung gleichzeitig auch bezüglich der Schiedsvereinbarung Wirkung entfalten. Zwar ist die Schiedsvereinbarung zunächst mit Erlass des Schiedsspruchs erloschen[410]. Für den Fall,

---

407 BGH, Beschluss v. 01.03.2007 – III ZB 7/06, SchiedsVZ 2007, 160 (161), der Wortlaut der Schiedsklausel war der folgende:

„*Erfüllungsort und Gerichtsstand*

Alle Streitigkeiten, die sich im Zusammenhang mit dem Vertrag oder über seine Gültigkeit ergeben, werden zunächst nach der Schiedsgerichtsordnung der Deutschen Institution für Schiedsgerichtsbarkeit (DIS) vom 1. 1.1992 entschieden. Das Schiedsgericht kann auch über die Gültigkeit dieses Schiedsvertrages entscheiden. Das Ergebnis der Schiedsgerichtsbarkeit kann von beiden Parteien als letztgültig, endgültig und für beide Parteienbindend anerkannt werden.

Ist eine der Parteien mit dem Schiedsgerichtsergebnis nicht zufrieden, muss innerhalb 1 Monat ab Datum des Schiedsgerichturteils gerechnet, der Weg der ordentlichen Gerichtsbarkeit beschritten werden.

Bei Fristversäumnis gilt das Schiedsgerichtsurteil für beide Parteien als bindend und endgültig …“

408 *Geimer* in Zöller-ZPO[32] (2018), § 1060 Rn. 1.

409 BGH, Beschluss v. 01.03.2007 – III ZB 7/06, SchiedsVZ 2007, 160 (161).

410 *Schwab/Walter*, Schiedsgerichtsbarkeit[7] (2005), Kapitel 8, Rn. 1.

dass der Schiedsspruch nicht durch die Parteien, sondern ein staatliches Gericht nach § 1059 ZPO aufgehoben wird, lebt die Schiedsvereinbarung gemäß § 1059 Abs. 5 ZPO im Zweifel wieder auf. Diese „im Zweifel"- Regelung ist jedoch nur eine gesetzliche Fiktion auf Basis hypothetischen Parteiwillens und soll verhindern, dass sich nach Aufhebung des Schiedsspruchs zwischen den Parteien auch noch um Zuständigkeitsfragen gestritten wird[411]. Ob also ein Wiederaufleben der Schiedsvereinbarung bei Vereinbarung einer auflösenden Bedingung gewünscht ist, muss durch Auslegung nach §§ 133, 157 BGB bestimmt werden. Sehen die Parteien eine Klausel vor, wie sie Gegenstand der Entscheidung des Bundesgerichtshofs war[412], dann bleibt für das Wiederaufleben kein Raum, denn die Parteien haben ausdrücklich bestimmt, vor ein staatliches Gericht zu ziehen.

Ist stattdessen nur vereinbart, dass der Schiedsspruch selbst einer auflösenden Bedingung nach § 158 Abs. 1 BGB unterliegt, wird man gleichwohl im Zweifel ebenfalls davon ausgehen können, dass die Parteien insgesamt Abstand vom Schiedsverfahren nehmen wollten und die Entscheidung nicht auf Basis der Schiedsklausel einem anderen Schiedsgericht anvertrauen wollten. Ansonsten würden sich die Parteien – je nach Wortlaut der einzelnen Klausel – in einem kaum auflösbaren Kreislauf befinden, da jeder der Schiedssprüche wiederum der Bedingung der Nichtaufhebung durch eine der Parteien unterliegen würde. Bezüglich der Reichweite der Aufhebung gilt das bereits oben herausgearbeitete[413]. Es ist also im Zweifel davon auszugehen, dass die Parteien das Erlöschen der Schiedsvereinbarung für den dem Streitgegenstand zugrundeliegenden Lebenssachverhalt begehren.

C. Schlussbetrachtung Zweiter Teil

Im zweiten Teil der Arbeit konnte die zweite der Arbeitsthesen dieser Arbeit bestätigt werden. Im Rahmen ihrer Privatautonomie ist es den Parteien möglich, die Schiedsvereinbarung jederzeit einvernehmlich aufzuheben.

Diese Freiheit zur Aufhebung ist dabei umfassend. Hinsichtlich des Aufhebungsangebots ist zunächst festzuhalten, dass die Aufhebung formlos und konkludent erfolgen kann, unabhängig davon, ob die Schiedsvereinbarung zur Gänze oder nur in Teilen aufgehoben werden soll. Denn § 1031 ZPO ist nur auf konstitutive Änderungen von Schiedsvereinbarung anwendbar, das bedeutet

---

411 *Münch* in MüKo-ZPO[5] (2017), § 1059 Rn. 77 spricht in diesem Zusammenhang von einer Präsumtion als Konsequenz hypothetisch bewerteten Parteiwillens.

412 BGH, Beschluss v. 01.03.2007 – III ZB 7/06, SchiedsVZ 2007, 160 (161).

413 Siehe oben Zweiter Teil, A, § 1, II, 1, c, bb, (3).

entweder den (Erst-)Abschluss oder die Erweiterung der Klausel auf weitere Parteien oder weitere Streitgegenstände. Vor dem Hintergrund des Formzwecks der Beweissicherung macht es dagegen keinen Unterschied, ob die Schiedsvereinbarung nur in Teilen oder vollständig aufgehoben werden soll, sodass eine Ungleichbehandlung hier nicht geboten ist. Vor dem Hintergrund einer größeren dogmatischen Stringenz wäre es darüberhinausgehend wünschenswert, den Abschluss einer Schiedsvereinbarung zwischen Unternehmern auch formfrei zu ermöglichen, wie es *de facto* auch schon heute durch die umfassenden Heilungsmöglichkeiten von § 1031 Abs. 6 ZPO sowie durch rügeloses Einlassen nach § 1040 Abs. 2 ZPO möglich ist. Eine Ausnahme ist bei Abschluss der Schiedsvereinbarung einzig gegenüber Verbrauchern geboten, welcher gemäß § 1031 Abs. 5 ZPO strengeren Formvorschriften aus Warnzwecken unterliegt.

Im Zusammenhang mit der formlosen und konkludenten (Teil-)Aufhebung von Schiedsvereinbarungen kommt der Auslegung der Reichweite des Aufhebungswillens der Parteien entscheidende Bedeutung zu. An die Annahme eines Aufhebungswillens selbst sind dabei derart hohe Anforderungen zu stellen, dass eine Aufhebung nur bei mit der Schiedsvereinbarung in unauflösbarem Widerspruch stehenden Verhalten in Frage kommt. Dies reduziert die Möglichkeit der konkludenten Aufhebung auf das rügelose Einlassen vor dem Staatsgericht beziehungsweise die Klagerücknahme vor dem Schiedsgericht sowie materiellrechtliche Vergleiche samt Klageverzicht.

Bezüglich der Reichweite des Aufhebungswillens ist davon auszugehen, dass die Parteien bei Fehlen entgegenstehender Anhaltspunkte, die Schiedsvereinbarung für alle auf dem Lebenssachverhalt des durch den Vergleich oder des staatlichen Gerichtsverfahrens berührten Streitgegenstandes aufheben wollen.

Diese Aufhebung ist ferner jederzeit möglich, dies bedeutet vor, während und nach dem Schiedsverfahren und auch dann noch, wenn bereits ein auf dieser Schiedsvereinbarung beruhender Schiedsspruch für vollstreckbar erklärt worden ist.

In der einvernehmlichen Aufhebung der Schiedsvereinbarung lässt sich damit exemplarisch die Herrschaft der Parteien über das Schiedsverfahren und damit die feste Verankerung der Schiedsgerichtsbarkeit in der Privatautonomie erkennen.

Dritter Teil: Einseitige Beendbarkeit der Schiedsvereinbarung

Der dritte Teil der Arbeit behandelt nach der gemeinsamen, vertraglichen Aufhebung der Schiedsvereinbarung die einseitige Beendigung der Schiedsvereinbarung durch eine der Vertragsparteien. Hierbei soll die dritte Arbeitsthese der Arbeit untersucht werden. Demnach soll es den Parteien während jeder Phase der Schiedsvereinbarung grundsätzlich – unter bestimmten Voraussetzungen – möglich sein, sich einseitig von der Schiedsvereinbarung zu lösen. Die Anforderungen an die Aufhebung variieren dabei je nach Stand des Verfahrens.

Zur Untersuchung dieser These werden die einzelnen in Frage kommenden Beendigungstatbestände nacheinander analysiert und anhand der bisherigen in Schrifttum und Rechtsprechung behandelten Einzelfälle Fallgruppen entwickelt, an denen sich abstrakte Kriterien für die einseitige Beendigung der Schiedsvereinbarung entwickeln lassen. Dabei soll zunächst die Beendigung der Schiedsvereinbarung durch Kündigung aus gesetzlichem oder vertraglichem Grund untersucht werden (**A.**). Im Anschluss daran folgt die Untersuchung der Beendigungsmöglichkeiten durch Rücktritt (**B.**) sowie die Anfechtung der Schiedsvereinbarung nach §§ 119 ff. BGB (**C.**).

A. Beendigung durch Kündigung

Für die einseitige Beendigung der Schiedsvereinbarung als Dauerschuldverhältnis kommt zunächst vor allem eine Kündigung in Betracht[414]. Dabei werden zunächst die anwendbaren Kündigungsvorschriften (§ 1) und im Anschluss die Fallgruppen herausgearbeitet, in denen eine Kündigung der Schiedsvereinbarung in Betracht kommt (§ 2).

§ 1 Kündigung aus wichtigem Grund

Welche Anspruchsgrundlage für die Kündigung einer Schiedsvereinbarung herangezogen werden sollte, ist seit jeher umstritten und Gegenstand von Diskussionen. Anknüpfungspunkt ist das jeweilige Verständnis vom Wesen der Schiedsvereinbarung. Im Schrifttum stellte zum Beispiel *Habscheid* als Verfechter

---

414 Für die BGB Gesellschaft *Kilian* in Henssler/Strohn[3] (2016), § 723 Rn. 7; für Dienstverträge nach § 620 BGB vgl. *Hesse* in MüKo-BGB[7] (2016), § 620 Rn. 11.

einer Schiedsverfahrensgesellschaft auf § 723 Abs. 1 S. 2 BGB analog ab[415], *Bruns* hingegen zog eine Parallele zum Werkvertrag und wendete damit folgerichtig § 649 BGB analog an[416]. Eine Mehrzahl der Stimmen im Schrifttum wiederum stützt sich insbesondere auf eine direkte oder analoge Anwendung von § 314 BGB[417]. Zu ähnlichen Ergebnissen kommt die Rechtsprechung, welche das Kündigungsrecht zunächst nur auf § 242 BGB stützte und die Vorschrift in neueren Entscheidungen im Zusammenspiel mit § 314 BGB anwendete[418].

Die Arbeit konzentriert sich auf die Anwendbarkeit von § 723 Abs. 1 BGB als Anspruchsgrundlage zur Kündigung aus wichtigem Grund sowie subsidiär auf § 314 BGB als Generalklausel für die Beendigung von Dauerschuldverhältnissen. Die Spezialität von § 723 Abs. 1 BGB ergibt sich aus der Einordnung der Schiedsvereinbarung als Schiedsverfahrensgesellschaft[419]. Zusätzlich wird die Arbeit noch auf § 313 BGB eingehen, welcher als *ultima ratio* gemäß § 313 Abs. 3 S. 2 BGB ebenfalls eine Kündigung des Vertrages vorsieht[420].

I. Anwendbarkeit von § 723 BGB

Die Kündigung des Gesellschaftsvertrages durch einen der Gesellschafter bemisst sich grundsätzlich nach § 723 BGB.

Wie oben bereits festgestellt, handelt es sich bei der Schiedsvereinbarung um eine Unterform der Gesellschaft bürgerlichen Rechts, was die entsprechende Anwendbarkeit der §§ 705 ff. BGB mit sich bringt[421].

---

415 *Habscheid,* Die Rechtsnatur der Schiedsvereinbarung, KTS 1955, 33 (36); *ders.,* Die Kündigung der Schiedsvereinbarung aus wichtigem Grund, KTS 1980, 285 (286).

416 *Bruns,* Zivilprozessrecht[2] (1979), S. 492 (Fn. 19).

417 *Kersting,* Die Beendigung einer Schiedsvereinbarung durch Anrufung staatlicher Gerichte, SchiedsVZ 2013, 297 (301); *Lachmann,* Handbuch für die Schiedsgerichtspraxis[3] (2008), Rn. 617; *Schwab/Walter,* Schiedsgerichtsbarkeit[7] (2015), Kap. 8 Rn. 11; *Voit* in Musielak/Voit-ZPO[15] (2018), § 1029 Rn. 12.

418 BGH, Urteil v. 21.11.1969 – VII ZR 77/66, BGHZ 51, 79. Vgl. dazu auch die Übersicht bei *Schäfer,* Die Verträge zur Durchführung des Schiedsverfahrens (2010), S. 182 f.

419 Siehe oben Erster Teil, C; siehe auch *Kersting,* Die Beendigung einer Schiedsvereinbarung durch Anrufung staatlicher Gerichte, SchiedsVZ 2013, 297 (302 f.).

420 Ein Rückgriff auf § 649 BGB kommt dagegen nicht mehr in Frage, da trotz gewisser werkvertraglicher Elemente die Schiedsvereinbarung nicht genügend werkvertraglichen Charakter hat, um diesen zu *lex-specialis* gegenüber § 314 BGB oder § 723 BGB werden zu lassen.

421 Siehe oben Erster Teil, C, § 2.

Die Kündigungsmöglichkeiten des Gesellschafters sind dabei je nach Art der Gesellschaft unterschiedlich. Gemäß § 723 Abs. 1 S. 1 BGB kann eine *nicht* auf Zeit geschlossene Gesellschaft jederzeit ordentlich durch einen ihrer Gesellschafter gekündigt werden. Bei der zeitlich befristeten Gesellschaft geht dies vor Ablauf des vereinbarten Zeitraums wiederum nur aus wichtigem Grund, § 723 Abs. 1 S. 2 BGB. Letzterer ist damit vom Wortlaut her identisch mit der Regelung des § 314 BGB für Dauerschuldverhältnisse im Allgemeinen. Zunächst soll deshalb nachfolgend untersucht werden, ob es sich bei der Schiedsvereinbarung um eine auf unbestimmte Zeit geschlossene Gesellschaft handelt und somit die Möglichkeit der ordentlichen Kündigung besteht.

1. Zeitliches Element der Schiedsvereinbarung

Um die Schiedsvereinbarung ordentlich gemäß § 723 Abs. 1 S. 1 BGB kündigen zu können, müsste es sich um eine unbefristete Gesellschaft handeln[422]. Die Ansprüche an die Feststellung einer Befristung sind dabei nicht besonders hoch – eine Befristung der Gesellschaft kann sich dabei auch konkludent aus dem Gesellschaftsvertrag (also hier: der Schiedsvereinbarung), beispielsweise aus dessen Zweck ergeben[423]. Entscheidend für die Annahme einer Befristung ist einzig, dass sich der Zeitraum der Gesellschaft objektiv bestimmen lässt. Es ist nicht erforderlich, dass diese Bestimmung auch kalendarisch möglich ist. Beispiel für diese objektive Bestimmbarkeit ist etwa die Ausrichtung der Gesellschaft auf ein bestimmtes Ereignis in der Zukunft[424] oder das Fortdauern eines bestimmten Rechtsverhältnisses[425]. Von der auflösenden Bedingung nach § 158 Abs. 2 BGB unterscheidet sich die Verknüpfung des Gesellschaftszwecks mit einem zukünftigen Ereignis dabei dadurch, dass der Eintritt des Ereignisses im letzteren Fall gewiss ist[426].

Wirft man einen Blick auf die Standardschiedsklauseln der Schiedsinstitute, wird deutlich, dass eine ausdrückliche Befristung der Schiedsvereinbarung dort nicht vorgenommen wird. Im Regelfall fehlt stattdessen jeder Hinweis auf eine

---

422 *Schäfer* in MüKo-BGB^{6} (2013), § 723 Rn. 20.

423 *Schäfer* in MüKo-BGB^{6} (2013), § 723 Rn. 21.

424 BGH, Urteil v. 11.07.1968 – II ZR 179/66, BGHZ 50, 316 (321f); BGH, Urteil v. 13.06.1994 – II ZR 259–92, NJW 1994, 2886 (2888).

425 *Schäfer* in MüKo-BGB^{6} (2013), Vor § 723 Rn. 16.

426 *Schäfer* in MüKo-BGB^{6} (2013), Vor § 723 Rn. 16. Zur auflösenden Bedingung im Allgemeinen als Beendigungsmöglichkeit einer Schiedsvereinbarung siehe unten Zweiter Teil, B.

zeitliche Komponente[427]. Die Befristung kann sich damit ausschließlich konkludent aus der Schiedsklausel ergeben. Als Anknüpfungspunkt kommt dafür vor allem der Klauselbezug auf ein bestimmtes Rechtsverhältnis, beziehungsweise eine Reihe von Rechtsverhältnissen in Frage[428]. Die Frage ist also, ob sich aus dieser Anknüpfung an einen Vertrag eine konkludente zeitliche Begrenzung schließen lässt. Dies lässt sich im Ergebnis nur durch Auslegung nach §§ 133, 157 BGB bestimmen. Betrachtet man den Zweck, für den sich die Parteien auf eine Schiedsvereinbarung einlassen, wird schnell klar, dass sie sich diese zumeist nicht als Dauergesellschaft vorstellen. Stattdessen soll durch die Schiedsvereinbarung ein bestimmtes Rechtsverhältnis mit einem Streitbeilegungsmechanismus flankiert werden.

Eine eindeutige zeitliche Begrenzung findet sich für den Fall, dass es zwischen den Parteien zum Streit kommt – die Schiedsvereinbarung erlischt mit dem Erlass des Schiedsspruchs durch Zweckerreichung[429]. Es ließe sich also argumentieren, dass die Schiedsvereinbarung auf den Zeitraum bis zum Erreichen eines bestimmten Zwecks geschlossen wird, nämlich der Beilegung einer Streitigkeit durch Schiedsspruch[430]. Die Schiedsvereinbarung würde damit zu einer Art Gelegenheitsgesellschaft, die sich nur bis zur Erreichung eines bestimmten Zwecks zusammenschließt[431].

---

427 Eine Befristung ist zwar unüblich, allerdings nicht unzulässig, siehe: BGH, Urteil v. 12.02.1976 – III ZR 42/74, NJW 1976, 1591.

428 Vgl. beispielsweise die Musterschiedsklausel der Deutschen Institution für Schiedsgerichtsbarkeit „Alle Streitigkeiten, die sich **im Zusammenhang mit diesem Vertrag** oder über seine Gültigkeit ergeben, werden nach der Schiedsgerichtsordnung der Deutschen Institution für Schiedsgerichtsbarkeit e.V. (DIS) unter Ausschluss des ordentlichen Rechtsweges endgültig entschieden." (Hervorgehoben durch den Verfasser);
Ähnlich die ICC: „All **disputes arising out of or in connection with the present contract** shall be finally settled under the Rules of Arbitration of the International Chamber of Commerce by one or more arbitrators appointed in accordance with the said Rules." (Hervorgehoben durch den Verfasser)

429 *Schwab/Walter*, Schiedsgerichtsbarkeit[7] (2005), Kap. 8 Rn. 1; siehe im Detail zum Erlöschen der Schiedsvereinbarung unten den vierten Teil dieser Arbeit.

430 So auch *Stürmer*, Die Vereinbarung von Verfahren privater Streitbeilegung (2008), S. 55.

431 Solche Gelegenheitsgesellschaften werden typischerweise eingegangen, um etwa ein gemeinsames Schutzrecht auszunutzen oder eine Quelle an Bodenschätzen auszubeuten, siehe *Schäfer*, in MüKo-BGB[6] (2013), § 723 Rn. 24.

Diese Auslegung stößt jedoch dann auf ein Problem, wenn man sich vor Augen hält, dass nicht jeder von einer Schiedsvereinbarung abgedeckte Streitgegenstand auch streitig und damit Gegenstand eines Verfahrens wird. Im Gegenteil, die meisten durch Schiedsvereinbarungen „abgesicherte" Verträge führen nie zu einem Schiedsspruch. Ist aber nicht die Zweckerreichung durch Erlass eines Schiedsspruchs das Ziel, stellt sich die Frage, woran stattdessen anzuknüpfen ist.

Die Durchsetzbarkeit materieller Ansprüche erscheint zunächst naheliegend: Sobald der Vertrag im Ergebnis keine Rechtswirkungen mehr zwischen den Parteien entfaltet, liegt auch eine Geltendmachung nicht im Interesse der Parteien. Dieses Verständnis ist jedoch in dreifacher Hinsicht problematisch.

Erstens kann nicht alleine das noch potentielle Bestehen oder die Durchsetzbarkeit eines Anspruchs darüber entscheiden, ob die Schiedsvereinbarung noch wirksam ist oder nicht. Denn selbst wenn ein in Frage stehender Anspruch nicht mehr durchsetzbar sein sollte, etwa weil dieser nach § 195 BGB verjährt ist, bedeutet dies nicht, dass den Parteien ein Rechtsschutzbedürfnis in Hinblick auf diesen Vertrag fehlt. Anders formuliert: selbst wenn kein Anspruch mehr besteht, haben die Parteien das Recht, dies verbindlich feststellen zu lassen. Würde man die Schiedsvereinbarung jedoch mit Erlöschen der Ansprüche ebenfalls erlöschen lassen, bliebe den Parteien für diese Feststellung nur der Zugang zum staatlichen Gericht. Da sie diesen aber gerade durch Abschluss der Schiedsvereinbarung ausschließen wollten, würde eine solche Auslegung den Interessen der Parteien entgegenlaufen.

Zweitens stößt eine solche Anknüpfung auch in praktischer Hinsicht auf große Schwierigkeiten. Das (Fort-)bestehen eines Anspruchs ist oft Gegenstand der Streitigkeit – würde man davon auch die Zuständigkeit des Schiedsgerichts abhängig machen, würde diese, im Kern, materielle Frage in die Zuständigkeitsprüfung des Schiedsgerichts vorverlagert werden[432].

Drittens würde es eine Durchbrechung des schiedsverfahrensrechtlichen Trennungsprinzips darstellen, wonach das rechtliche Schicksal der Schiedsvereinbarung unabhängig vom zugrundeliegenden materiell-rechtlichen Vertrag zu beurteilen ist. Neben dem Hauptanwendungsfall der Unwirksamkeit des

432 So im Ergebnis auch das OLG Hamburg, Beschluss v. 21.12.2012 – 6 Sch 19/12, SchiedsVZ 2013, 180 (182), welches betont, dass bezüglich der Beendigung der Schiedsvereinbarung ausdrücklich nur auf die Zwecke der Schiedsvereinbarung Bezug genommen werden sollte. Entfällt der Hauptvertrag etwa dadurch, dass ihn eine der Parteien außerordentlich kündigt, gewinnt die Schiedsklausel gerade dann zusätzliche Bedeutung.

zugrundeliegenden Vertrages erfasst das Trennungsprinzip auch jede andere Wirksamkeitsänderung wie Rücktritt, Anfechtung oder Kündigung[433].

Eine zeitliche Befristung lässt sich damit nur aus den Umständen beziehungsweise dem Gesellschaftszweck schließen: Die Schiedsvereinbarung soll so lange bestehen, wie die Parteien ein Interesse an der Möglichkeit der schiedsrichterlichen Streitbeilegung haben.

Die Frage ist daher, ob diese Befristung noch hinreichend konkret ist, um dem Erfordernis eines objektiv bestimmbaren Zeitraums gerecht zu werden[434]. Ein Enddatum ist, wie zuvor bereits festgestellt, nicht erforderlich, allerdings müssen die Parteien in der Lage sein, die Dauer des Vertrages abzusehen[435]. Im Ergebnis muss aus der Sicht der Parteien ein ähnlicher Grad an Sicherheit erkennbar sein, als hätten sie ein bestimmtes kalendarisches Enddatum vereinbart[436]. Geschützt werden soll damit insbesondere die wirtschaftliche Dispositionsfreiheit der Parteien, die ansonsten Gefahr liefen, sich für unbestimmte Zeit in eine Gesellschaft zu begeben, ohne diese ordentlich kündigen zu können[437].

Eine vergleichbare Klarheit über die Dauer der Schiedsvereinbarung wie bei einer kalendarischen Vereinbarung werden die Parteien zum maßgeblichen Zeitpunkt des Abschlusses in der Regel nicht haben, denn sie wissen nicht, ob sich aus dem Rechtsverhältnis in Zukunft Streitigkeiten entwickeln werden und die Schiedsvereinbarung dann gegebenenfalls durch Erlass eines Schiedsspruchs erlischt. Die Anknüpfung des Fortbestands der Schiedsvereinbarung an ein Interesse der Parteien an schiedsgerichtlicher Streitbeilegung wiederum scheitert, abgesehen von den praktischen Schwierigkeiten, ein solches Interesse festzustellen, daran, dass es zur Annahme einer zeitlichen Befristung nicht ausreicht, dass sich das Ende der Gesellschaft nur rechtlich bestimmen lässt[438]. Weiterhin gilt, sofern Zweifel an der Feststellung einer solchen Befristung bestehen, die Gesellschaft als unbefristet geschlossen[439]. In der Regel wird man damit davon ausgehen müssen, dass die Parteien die Schiedsvereinbarung und damit die Schiedsverfahrensgesellschaft auf unbestimmte Zeit geschlossen haben.

---

433 OLG Hamburg, Beschluss v. 21.12.2012 – 6 Sch 19/12, SchiedsVZ 2013, 180 (182); *Lachmann*, Handbuch für die Schiedsgerichtspraxis[3] (2008), Rn. 532.

434 *Kilian* in Henssler/Strohn, Gesellschaftsrecht[3] (2016), § 723 Rn. 16.

435 OLG Karlsruhe, Urteil v. 26.10.1999 – 8 U 65/99, NZG 2000, 304 (305).

436 BGH, Urteil v. 11.07.1968 – II ZR 179/66, BGHZ 50, 316 (322).

437 BGH, Urteil v. 11.07.1968 – II ZR 179/66, BGHZ 50, 316 (322).

438 BGH, Urteil v. 11.07.1968 – II ZR 179/66, BGHZ 50, 316 (322).

439 *Kilian* in Henssler/Strohn, Gesellschaftsrecht[3] (2016), § 723 Rn. 17; *Saenger* in HK-BGB[9] (2017), § 723 Rn. 3.

2. *Ausschluss der ordentlichen Kündigung durch § 1032 ZPO*

Der Umstand, dass die Schiedsvereinbarung im Zweifel nicht hinreichend genug auf einen bestimmten Zeitraum begrenzt ist, führt im Grundsatz dazu, dass die Schiedsvereinbarung nach § 723 Abs. 1 BGB ordentlich – also ohne Vorliegen eines wichtigen Grundes – gekündigt werden kann.

Dieses Ergebnis ist jedoch nicht interessengerecht für die Parteien. Hätten sie die Möglichkeit, sich jederzeit und unabhängig vom Vorliegen eines wichtigen Grundes von der Schiedsvereinbarung zu lösen, würde dies eine effektive Streitbeilegung ausschließen[440]. Ließe man die ordentliche Kündbarkeit zu, könnte eine beklagte Partei ein eingeleitetes oder angestrebtes Schiedsverfahren erfolgreich durch ordentliche Kündigung torpedieren. Weiterhin würde auch der Schiedseinrede nach § 1032 Abs. 1 ZPO ihre Wirksamkeit genommen. Könnte vor Einleitung eines Schiedsverfahrens jederzeit ordentlich gekündigt werden, müsste die Klageeinreichung vor einem staatlichen Gericht als eine solche Kündigung verstanden werden. Damit könnte dem dann anlaufenden Verfahren keine Schiedseinrede mehr entgegengehalten werden, sodass im Ergebnis keine Schiedsklausel verbindlich werden würde.

Die Entstehung der Schiedseinrede ist die prozessuale Hauptwirkung der Schiedsvereinbarung und damit charakteristisch für eine Schiedsvereinbarung[441]. Wie oben bereits ausgeführt, handelt es sich bei der Schiedsvereinbarung um eine atypische (Verfahrens-)gesellschaft[442]. Dies bedeutet, dass die Vorschriften über die Gesellschaft bürgerlichen Rechts entsprechende Anwendung finden[443], was wiederum Raum für die Berücksichtigung der verfahrensrechtlichen Besonderheiten der Schiedsvereinbarung lässt. Die Funktionalität der Schiedseinrede ist eine solche Besonderheit. Entsprechend findet das gesetzliche Recht zur ordentlichen Kündigung aus § 723 Abs. 1 BGB keine Anwendung auf Schiedsvereinbarung[444].

---

440 So im Ergebnis auch *Stürmer*, der dies jedoch durch Einordnung der Schiedsvereinbarung als eine auf eine bestimmte Zeit geschlossene Gesellschaft löst, *Stürmer*, Die Vereinbarung von Verfahren privater Streitbeilegung (2008), S. 55.

441 *Schwab/Walter*, Schiedsgerichtsbarkeit[7] (2005), Kapitel 7, Rn. 37; *Rosenberg/Schwab/Gottwald*, Zivilprozessrecht[18] (2018), § 176 Rn. 34.

442 Siehe oben Erster Teil, C, § 2.

443 So bereits *Habscheid*, Die Rechtsnatur der Schiedsvereinbarung, KTS 1955, 33 (35).

444 Der Ausschluss der ordentlichen Kündbarkeit aus sachlichem Grund ist dabei auch in anderen Gesellschaftstypen, trotz eindeutigem Wortlauts des § 723 Abs. 3 BGB, in Ausnahmefällen als zulässig anerkannt worden, so bspw. in Zusammenhang mit der Kündigung eines stillen Gesellschafters in einer atypisch ausgestalteten stillen Gesellschaft, vgl. dazu BGH, Urteil v. 07.02.1994 – II ZR 191/92, BGHZ 125, 74 (79).

Diese Lösung lässt sich auch mit dem hinter der ordentlichen Kündigung nach § 723 Abs. 1 BGB stehenden Zweck vereinbaren. So soll das Recht zur ordentlichen Kündigung die wirtschaftliche Dispositionsfreiheit der Gesellschafter schützen und somit verhindern, dass sie auf unbestimmte Zeit Bindungen eingehen, deren wirtschaftliche Tragweite sie nicht überblicken können[445]. Dies begründet sich insbesondere aus der unbegrenzten persönlichen Haftung der Gesellschafter, dem Schulden persönlichen Einsatzes für die Gesellschaft sowie dem Umstand, dass die wirtschaftlich tätige Gesellschaft zumeist Grundlage der wirtschaftlichen Existenz der Gesellschafter sein wird[446]. Die Situation der Schiedsgesellschafter ist dieser Situation freilich kaum vergleichbar: Die Schiedsgesellschaft ist nicht operativ tätig, sodass mit Ausnahme des Kontaktes zu einer Schiedsinstitution zur Durchführung des Schiedsverfahrens keine Kontakte der Gesellschaft mit Dritten bestehen, was das persönliche Haftungsrisiko deutlich verringert. Auch der persönliche Einsatz sowie das Leisten finanzieller Beiträge beschränkt sich ausschließlich auf das Betreiben der etwaigen Schiedsverfahren, sodass auch hier kein unüberschaubares Risiko und damit keine untragbare Einschränkung der wirtschaftlichen Dispositionsfreiheit erreicht wird.

Die Schiedsvereinbarung gleicht damit in ihren Wirkungen für die Parteien deutlich mehr einer befristeten Gelegenheitsgesellschaft, mit dem Unterschied, dass sich das Enddatum nicht genau bestimmen lässt, da dieses davon abhängig ist, ob es zu einem Schiedsverfahren kommt oder nicht.

Ein ordentliches Kündigungsrecht nach § 723 Abs. 1 S. 1 BGB besteht bei der Schiedsvereinbarung damit nicht.

3. *Ergebnis*

Als (Innen-)Gesellschaft findet die Kündigungsmöglichkeit nach § 723 BGB auf die Schiedsvereinbarung Anwendung[447]. Aufgrund der schwer zu bestimmenden Lebensdauer einer Schiedsvereinbarung wird die Gesellschaft als eine auf unbestimmte Zeit gegründete Gesellschaft im Sinne von § 723 Abs. 1 BGB behandelt, was grundsätzlich den Parteien das Recht zur ordentlichen Kündigung gibt.

---

445 *Hadding/Kießling* in Soergel-BGB[13] (2012), § 723 Rn. 1; *H.P. Westermann* in Erman-BGB[15] (2017), § 723 Rn. 10; *Saenger* in HK-BGB[9] (2017), § 723 Rn. 7; *Schäfer* in MüKo-BGB[6] (2013), § 723 Rn. 61.

446 *Hadding/Kießling* in Soergel-BGB[13] (2012), § 723 Rn. 1.

447 So im Ergebnis auch schon: *Goldmann,* Die Kündigung des Schiedsvertrages aus wichtigem Grund, ZZP 51, 442 (443 f.), der jedoch ohne Begründung direkt auf § 723 Abs. 1 S. 2 BGB eingeht und keine Ausführungen zu einer eventuell in Frage kommenden ordentlichen Kündigung macht.

Dieses ordentliche Kündigungsrecht ist jedoch durch die prozessuale Hauptwirkung der Schiedsvereinbarung in Form der Schiedseinrede nach § 1032 ZPO ausgeschlossen. Eine jederzeit bestehende Möglichkeit der ordentlichen Kündigung würde der Schiedsvereinbarung ansonsten ihre Verbindlichkeit nehmen, was dazu führen würde, dass sich die Parteien nicht mehr auf eine Schiedsvereinbarung verlassen könnten. Da die Schiedsvereinbarung in Hinblick auf die Einschränkung der wirtschaftlichen Dispositionsmöglichkeiten ohnehin eher einer auf eine bestimmte Zeit geschlossenen Gelegenheitsgesellschaft gleicht, stellt dieser Ausschluss der ordentlichen Kündigung auch keine unangemessene Benachteiligung dar.

II. Anwendbarkeit von § 723 Abs. 1 S. 2/§ 314 BGB

Neben der ordentlichen Kündigung kommt auch eine außerordentliche Kündigung der Schiedsvereinbarung aus wichtigem Grund in Betracht. Dass es möglich ist, die Schiedsvereinbarung aus wichtigem Grund zu kündigen, ist in Rechtsprechung und Literatur unumstritten anerkannt[448]. Weniger klar ist dagegen die rechtliche Grundlage, auf der das Kündigungsrecht verankert ist.

Seit der Schuldrechtsmodernisierung im Jahr 2002 wird – soweit ersichtlich – die Kündigung der Schiedsvereinbarung aus wichtigem Grund allseits auf § 314 BGB gestützt[449]. Die Vorschrift wurde 2002 geschaffen, um eine einheitliche gesetzliche Verankerung für die Kündigung von Dauerschuldverhältnissen zu erhalten. Inhaltlich wurden in ihr die Grundsätze kodifiziert, welche sich bereits zuvor durch die Rechtsprechung zur Kündigung aus wichtigem Grund herausgebildet hatten.

Eine materielle Rechtsänderung war damit für Schiedsvereinbarungen nicht verbunden, stattdessen wurden die bisher entwickelten Kriterien, welche, wie oben bereits angedeutet, entweder aus der Generalklausel des § 242 BGB[450], in Analogie zu Spezialvorschriften wie § 649 BGB oder § 723 Abs. 1 S. 2 BGB[451]

---

448 BGH, Urteil v. 30. 1. 1957 – V ZR 80/55, BGHZ 23, 198 (201); OLG München, Beschluss v. 29. 2. 2012 – 34 SchH 6/11, SchiedsVZ 2012, 96 (99); OLG Frankfurt a.M., Beschluss v. 17. 2. 2011 – 26 Sch 13/10, SchiedsVZ 2013, 49 (55); *Kersting*, Die Beendigung der Schiedsvereinbarung durch Anrufung staatlicher Gerichte, SchiedsVZ 2013, 297 (301); *Voit* in Musielak/Voit-ZPO[15] (2018), § 1029 Rn. 12

449 Vgl. mit weiteren Nachweisen: *Voit* in Musielak/Voit-ZPO[15] (2018), § 1029 Rn. 12.

450 BGH, Urteil v. 10.07.1968 – VIII ZR 120/68, BGHZ 50, 312 (314).

451 BGH, Urteil v. 01.04.1953 – II ZR 235/52, BGHZ 9, 157 (161) bezüglich § 723 Abs. 1 S. 2 BGB.

oder aus einem allgemeinen Rechtsgedanken hergeleitet wurden, auf § 314 BGB übertragen[452].

Aufgrund der gesellschaftsrechtlichen Natur der Schiedsvereinbarung ist auch für die Kündigung aus wichtigem Grund § 723 Abs. 1 S. 2 BGB spezieller zu § 314 BGB. Es spielt dabei keine Rolle, ob die Kündigung in § 314 BGB oder in § 723 Abs. 1 S. 2 BGB verankert wird, da die Kündigungsvoraussetzungen in beiden Fällen mit der Notwendigkeit des Vorliegens eines wichtigen Grundes identisch sind. Entscheidend kommt es somit auf die Ausgestaltung des unbestimmten Rechtsbegriffs des *„wichtigen Grundes“* durch Rechtsprechung und Schrifttum an. Entsprechend gelten die folgenden Ausführungen sowohl für eine Kündigung nach § 723 Abs. 1 S. 2 BGB als auch nach § 314 BGB.

1. Vorliegen eines wichtigen Grundes

Voraussetzung der Kündigung ist das Vorliegen eines wichtigen Grundes. Nach ständiger Rechtsprechung des Bundesgerichtshofs liegt ein wichtiger Grund zur Kündigung vor, wenn ein Umstand eintritt, der es der zur Kündigung berechtigten Partei unzumutbar macht, an der Schiedsvereinbarung festzuhalten[453]. Neben einer Kündigung der Schiedsvereinbarung aus Gründen der Unzumutbarkeit wurde seitens der Rechtsprechung zum alten Schiedsverfahrensrecht auch noch die Kündigung aufgrund von Undurchführbarkeit der Schiedsvereinbarung[454], entweder als eigenständige zweite Gruppe oder als Unterfall der Unzumutbarkeit, anerkannt. Dass der Gesetzgeber bei der Kodifizierung des Kündigungsrechts aus wichtigem Grund in § 314 Abs. 1 S. 2 BGB die Unzumutbarkeit des Festhaltens am Vertrag zur gesetzlich geregelten Obergruppe der einzelnen Kündigungsgründe fasste, wirkt sich damit nicht aus[455].

Insgesamt wird das Merkmal der Unzumutbarkeit restriktiv durch die Rechtsprechung ausgelegt. Nicht jeder Grund, der bei anderen Dauerschuldverhältnissen schon für die Kündigung genügt, reicht auch für die Kündigung von Schiedsvereinbarungen aus. Zur Kündigung berechtigen sollen stattdessen nur solche, die dem besonderen Umstand Rechnung tragen, dass Schiedsvereinbarungen nach Beginn des Schiedsverfahrens nur unter erschwerten

---

452 Vgl. auch die Übersicht bei *Gaier*, in MüKo-BGB[7] (2016), § 314 Rn. 1.

453 BGH, Urteil v. 11. 7. 1985 – III ZR 33/84, NJW 1986, 2765 (2766).

454 BGH, Urteil v. 30. 1. 1964 – VII ZR 5/63, NJW 1964, 1129 (1130); BGH, Urteil v. 14.09.2000 – III ZR 33/00 –, BGHZ 145, 116 (119 f.).

455 Ob die Undurchführbarkeit auch nach neuem Schiedsverfahrensrecht einen Kündigungsgrund begründet, siehe unten Dritter Teil, A, § 1, II, 1, b, cc.

Voraussetzungen und nicht wie jeder andere schuldrechtliche Vertrag gekündigt werden sollen[456]. Dies ergibt sich aus dem Interesse der Parteien an effektivem Rechtsschutz.

Im folgenden Abschnitt werden die seitens der Rechtsprechung diskutierten Fallgruppen für eine Kündigung der Schiedsvereinbarung dargestellt und erläutert.

Das Kündigungsrecht aus wichtigem Grund bei der Schiedsvereinbarung ist in seinen Voraussetzungen reines Richterrecht, entsprechend fragmentarisch beziehungsweise einzelfallbezogen ist der Maßstab hierzu bisher. Dennoch lassen sich die Kündigungsgründe grob in zwei Fallgruppen einteilen, die durchaus unterschiedlich behandelt werden. Auf der einen Seite wurden wichtige Gründe herausgebildet, die aus dem Verhalten der Parteien entstehen (verhaltensbezogene Kündigung), auf der anderen Seite Kündigungen, die sich aus dem Schiedsverfahren selbst ergeben (verfahrensbezogene Kündigung).

a) Verhaltensbezogene Kündigung

Damit wegen eines Parteiverhaltens eine Schiedsvereinbarung gekündigt werden kann, muss der anderen Partei durch dieses Verhalten das Festhalten an der Schiedsvereinbarung unzumutbar geworden sein[457]. Es muss aus Sicht der kündigenden Partei nicht mehr möglich sein, effektiven Rechtsschutz im Schiedsverfahren zu erhalten[458].

Die Anforderungen an die Annahme der Unzumutbarkeit sind dabei bei einer verhaltensbezogenen Kündigung höher als bei einer verfahrensbezogenen[459]. Dies lässt sich mit der Sicherstellung der Effektivität des Schiedsverfahrens begründen. Die verhaltensbezogene Kündigung des Schiedsverfahrens versucht dabei ein Spannungsfeld zu lösen: einerseits soll es einer Partei nicht ermöglicht werden, durch obstruktives Verhalten ein Schiedsverfahren zu behindern und sich schließlich aus dem Schiedsverfahren kündigen zu lassen und damit im Ergebnis ein eigenes Kündigungsrecht zu schaffen. Erschwerend kommt hinzu, dass bei zu leichter Kündigungsmöglichkeit eine größere Gefahr bestünde, dass böswillige Parteien das Schiedsverfahren durch Wirksamkeitsstreitigkeiten

---

456 Vgl. dazu die Übersicht bei *Schäfer,* Die Verträge zur Durchführung des Schiedsverfahrens (2010), S. 183.

457 *Kersting,* Die Beendigung einer Schiedsvereinbarung durch Anrufung staatlicher Gerichte, SchiedsVZ 2013, 297 (301).

458 OLG München, Beschluss v. 29.02.2012 – 34 SchH 6/11, SchiedsVZ 2012, 96 (100).

459 *Münch* in MüKo-ZPO[5] (2017), § 1029 Rn. 128.

lahmlegen[460]. Andererseits kann eine Partei, welche mit einem solchen Gegner konfrontiert wird, auch nicht dauerhaft an dem Schiedsverfahren festgehalten werden, da ansonsten ihr eigenes Recht auf effektiven Rechtsschutz gefährdet wird.

Entsprechend hat die Rechtsprechung, wie die folgende Darstellung der Kasuistik zeigt, in den meisten Fällen verhaltensbedingter Kündigungen das Vorliegen eines wichtigen Grundes verneint.

Anknüpfungspunkt für eine verhaltensbezogene Kündigung ist die Verletzung von Pflichten aus der Schiedsvereinbarung, also insbesondere die Verfahrensförderungs- und Loyalitätspflichten der Parteien[461].

aa) Keine wichtigen Gründe gemäß der Rechtsprechung

Gerade bei Kündigungen in Bezug auf Verhaltensweisen, welche aus der klassischen konfrontativen Situation eines Verfahrens entstehen, ist die Rechtsprechung außerordentlich zurückhaltend. So reicht es zunächst nicht zur Annahme eines wichtigen Grundes zur Kündigung aus, wenn eine der Parteien sich im Vorfeld eines Verfahrens weigert, sich zur Unterstützung eines Schiedsverfahrens zu bekennen[462]. Ebenso begründen weder heftige Auseinandersetzungen zwischen den Parteien, noch Verstöße gegen die Wahrheitspflicht einen wichtigen Grund[463].

Auch das „Abwerben" des Schiedsrichters der Gegenseite wurde seitens des Bundesgerichtshofs nicht als ausreichend angesehen[464]. In dem Fall hatte die Beklagte gerügt, dass die Klägerin einen Rechtsanwalt als Schiedsrichter benannt hatte, der zuvor über mehrere Jahre die Beklagte beraten hatte und wohl – wäre die Klägerin ihr nicht zuvorgekommen – auch in dem konkreteren Verfahren von ihr als Parteischiedsrichter benannt worden wäre. Dieses Verhalten sei zwar vor allem moralisch nicht zu billigen, reiche aber für eine Kündigung der

---

460 *Münch* in MüKo-ZPO[5] (2017), § 1029 Rn. 128.

461 OLG München, Beschluss v. 29.02.2012 – 34 SchH 6/11, SchiedsVZ 2012, 96 (99). Vergleiche auch noch einmal zu den einzelnen Parteipflichten im Schiedsverfahren im Detail Erster Teil, A, § 1.

462 OLG Hamm, Urteil v. 28.10.2010 – 19 U 64/08, BauR 2009, 540 (541), bei der fehlenden Erklärung einer Schiedspartei, an einem Verfahren mitwirken zu wollen – in Frage käme allemal, ob eine solche Weigerung eventuell als konkludentes Angebot zur Aufhebung der Schiedsvereinbarung gesehen werden kann, dies wird jedoch ohne weitere Anhaltspunkte ebenfalls nicht der Fall sein. Vgl. dazu oben Zweiter Teil, A, § 1, II, 1, c, bb.

463 BGH, Urteil v. 30. 1. 1957 – V ZR 80/55, NJW 1957, 589 (590 f.).

464 BGH, Urteil v. 30. 1. 1957 – V ZR 80/55, NJW 1957, 589 (590).

Schiedsvereinbarung nicht aus. Der Partei müsse stattdessen noch ein darüber hinausgehender, gravierender Nachteil entstanden sein, etwa, dass aus bestimmten Gründen kein anderer Schiedsrichter für sie in Frage komme und daher ein Festhalten an der Schiedsvereinbarung nicht mehr zumutbar sei.

Die instanzgerichtliche Rechtsprechung ist teilweise noch restriktiver. So hält das OLG München eine Kündigung der Schiedsvereinbarung aus verhaltensbezogenen Gründen für beinahe ausgeschlossen[465]. Fehlverhalten der Parteien solle vielmehr, soweit möglich, innerhalb des Schiedsverfahrens selbst sanktioniert werden. So könne das Schiedsgericht auf Verfahrenssabotage mit eigenen Instrumenten wie Präklusions- (Verlust des Rügerechts, § 1027 ZPO) oder Säumnisvorschriften (§ 1048 ZPO) reagieren[466].

Das OLG Frankfurt a.M. hat sich in seiner bereits im Rahmen der Aufhebung der Schiedsvereinbarung diskutierten Entscheidung aus dem Jahr 2011 im Hinblick auf das Vorliegen eines wichtigen Grundes ebenfalls restriktiv gezeigt. So genüge es nicht, dass eine der Parteien Klage vor einem staatlichen Gericht erhoben habe. Offen gelassen hat das Gericht, ob ein Verstoß gegen eine Vertraulichkeitsvereinbarung in den Schiedsregeln einen Kündigungsrund darstellen kann[467].

bb) Wichtige Gründe gemäß der Rechtsprechung

Es gibt jedoch auch einige wenige Fälle, in denen die Rechtsprechung einen zur Kündigung berechtigenden Grund im Verhalten einer Partei angenommen hat.

---

465 OLG München, Beschluss v. 29.02.2012 – 34 SchH 6/11, SchiedsVZ 2012, 96 (100 f.).

466 OLG München, OLG München, Beschluss v. 29.02.2012 – 34 SchH 6/11, SchiedsVZ 2012, 96 (100 f.). Begründet wird dies damit, dass das Schiedsverfahren durch den Gesetzgeber als eigenständige und gleichwertige Alternative ausgestaltet worden ist – deswegen solle auch bei Fehlverhalten die Autonomie des Schiedsverfahrens gewahrt bleiben.

467 OLG Frankfurt a.M., Beschluss v. 17. 2. 2011 – 26 Sch 13/10, SchiedsVZ 2013, 49 (58). In dem Fall waren die Parteien nach § 43.1 DIS-Schiedsordnung zur Vertraulichkeit verpflichtet, haben allerdings in verschiedenen parallel laufenden staatlichen Gerichtsverfahren vor amerikanischen Gerichten im Rahmen der Discovery der Vertraulichkeitsvereinbarung unterfallende Unterlagen zur Verfügung gestellt. Da die Verfahren vor den amerikanischen Gerichten öffentlich waren, sollte so die Vertraulichkeitsvereinbarung verletzt worden sein. Das Gericht hat im Ergebnis das Vorliegen eines Kündigungsgrundes damit verneint, dass die Gegenseite bereits zu lang Kenntnis über die Verletzung hatte und damit ihr Recht nach § 314 Abs. 3 BGB verfristet war. Weiterhin hatten beide Seiten sich verschiedener Verstöße gegen die Vertraulichkeitsvereinbarung zu Schulden kommen lassen, sodass eine Kündigung auch in Abwägung beiderseitiger Interessen nach § 314 Abs. 1 BGB nicht gerechtfertigt erscheint.

So hat der Bundesgerichtshof das beharrliche und grundsätzliche Behindern der Arbeit des Schiedsgerichts als ausreichend angesehen, um eine Kündigung zu rechtfertigen[468]. Wann die Grenze zur Unzumutbarkeit überschritten ist, ist dabei stark von den Umständen des Einzelfalls abhängig. Im vorliegenden Fall hatte sich die Beklagte geweigert, an angesetzten Verhandlungsterminen teilzunehmen und gleichzeitig gedroht, die Schiedsrichter bei für sie negativem Ausgang mit Schadensersatzforderungen zu überziehen. Weiterhin hatte die Beklagte ein alternatives Schiedsgericht in Israel angerufen, da ihr die Zusammensetzung des derzeitigen Schiedsgerichts nicht gefiel. Zudem weigerte sich die Beklagte, einen durch das Schiedsgericht geforderten Beitrag zu bezahlen sowie angeforderte Unterlagen zur Verfügung zu stellen. In Anbetracht der Gesamtschau dieser Umstände – so das Gericht – sei damit nicht mehr zu erwarten gewesen, dass ein erfolgreiches Schiedsverfahren durchgeführt werden könne und somit eine Kündigung der Schiedsvereinbarung zulässig gewesen[469].

Das OLG Stuttgart hat sich *obiter* in einer Entscheidung mit der Frage auseinandergesetzt, ob das mutwillige „Vergrätzen" eines Schiedsrichters durch eine Partei einen Kündigungsgrund darstellen kann[470]. Konkrete Voraussetzungen wurden jedoch nicht ausgearbeitet. Ferner blieb unklar, ob dieses Verhalten als Unterfall des Kündigungsgrundes der Unzumutbarkeit des Festhaltens an der Schiedsvereinbarung betrachtet wird oder sich auf etwas Anderes stützt[471]. Dies scheint nach den Erwägungen des Gerichts jedenfalls dann denkbar zu sein, wenn eine der Parteien durch pflichtwidriges Verhalten verhindert hat, dass ein Schiedsrichter sein Amt antritt[472]. Die Richter ließen jedoch offen, ob zu dem pflichtwidrigen Verhalten und der daraus resultierenden Nichtübernahme des Schiedsrichteramtes noch als weiteres Element eine Unmöglichkeit hinzutreten muss, einen anderen Schiedsrichter als Ersatz zu bestellen[473].

b) Kündigung aufgrund von Undurchführbarkeit

Neben der Kündigung der Schiedsvereinbarung aus den oben genannten verhaltensbezogenen Gründen kommt eine Kündigung auch aufgrund von Undurchführbarkeit in Betracht. Der Begriff der Undurchführbarkeit ist dabei gesetzlich

---

468 BGH, Urteil v. 11.07.1985 – III ZR 33/84, NJW 1986, 2765 (2766).

469 BGH, Urteil v. 11.07.1985 – III ZR 33/84, NJW 1986, 2765 (2766).

470 OLG Stuttgart, Beschluss v. 15.11.2007 – 1 SchH 4/07, BeckRS 2009, 13147.

471 *Münch* in MüKo-ZPO[5] (2017), § 1029 Rn. 130 (Fn. 499).

472 OLG Stuttgart, Beschluss v. 15.11.2007 – 1 SchH 4/07, BeckRS 2009, 13147.

473 OLG Stuttgart, Beschluss v. 15.11.2007 – 1 SchH 4/07, BeckRS 2009, 13147 unter 2, c, (bb) (sic, vermutlich gemeint dd), (3).

nicht definiert. Unter Undurchführbarkeit versteht man Fälle der Unmöglichkeit der Zweckerreichung, wobei die Abgrenzung zu den ebenfalls in § 1032 Abs. 1 ZPO genannten Fallgruppen der Unwirksamkeit und der Nichtigkeit Schwierigkeiten bereitet[474]. Anhand der folgenden Fallgruppen lässt sich erkennen, dass die Undurchführbarkeit einer Schiedsvereinbarung auch in Situationen angenommen wird, in denen nur ein vorübergehendes Durchführungshindernis vorliegt. Entsprechend wird auch in der Kommentarliteratur vor allem mit Hilfe von Fallgruppen das Merkmal der Undurchführbarkeit untersucht[475]. Im Folgenden werden zunächst die einzelnen Fallgruppen der Undurchführbarkeit dargestellt und systematisiert, bevor im Anschluss herausgearbeitet wird, ob die Undurchführbarkeit der Schiedsvereinbarung auch nach neuem Schiedsverfahrensrecht noch zur Kündigung der Schiedsvereinbarung berechtigt oder *ipso iure* zur Beendigung der Schiedsvereinbarung führt.

aa) Fallgruppen der Undurchführbarkeit

Die Undurchführbarkeit der Schiedsvereinbarung lässt sich grob in drei Fallgruppen einteilen, die sich jeweils in ihrer Ursache unterscheiden. Die erste Fallgruppe ist die verfahrensbezogene Undurchführbarkeit (1), gefolgt von der vereinbarungsbezogenen Undurchführbarkeit (2). Die dritte Fallgruppe stellt die Undurchführbarkeit aufgrund äußerer Einflüsse dar (3).

(1) Verfahrensbezogene Undurchführbarkeit

Die erste Fallgruppe stellen die verfahrensbezogenen Hindernisse dar.

Mit am besten herausgearbeitet und hoch praxisrelevant ist die Fallgruppe der Undurchführbarkeit für den Fall, dass eine der Parteien nicht in der Lage ist, die Kosten für das Schiedsverfahren zu tragen[476]. Die hohe Relevanz folgt daraus, dass im Schiedsverfahren einerseits – im Gegensatz zum staatlichen

---

474 *Münch* in MüKo-ZPO[5] (2017), § 1032 Rn. 8.

475 *Saenger* in Saenger-ZPO[7] (2017), § 1032 Rn. 6; *Voit* in Musielak/Voit-ZPO[15] (2018), § 1032 Rn. 4; *Wolf/Eslami* in BeckOK-ZPO[29] (2018), § 1032 Rn. 17; *Schwab/Walter*, Schiedsgerichtsbarkeit[7] (2005), Kapitel 7, D, Rn. 9 versuchen sich an einer Definition und fassen unter Undurchführbarkeit alle Fallgruppen, in denen die *Einleitung eines Schiedsverfahrens* von Anfang an nicht möglich gewesen sei. Der Ansatz ist jedoch insoweit inkonsequent, als das *Schwab/Walter* weiterhin auch dann von Undurchführbarkeit ausgehen, wenn sich das Schiedsgericht nicht auf einen Schiedsspruch einigen kann und damit auch zeitlich nach Einleitung des Schiedsverfahrens liegende Fälle erfassen.

476 BGH, Urteil v. 30. 1. 1964 – VII ZR 5/63, NJW 1964, 1129 (1130 f.); BGH, Urteil v. 21. 11. 1968 – VII ZR 77/66, NJW 1969, 277 (278 f.).

Gerichtsverfahren – keine Prozesskostenhilfe existiert[477], das Schiedsgericht andererseits aber ohne einen gezahlten Vorschuss nicht tätig werden wird. Hauptanwendungsfall ist dabei die Unfähigkeit einer der Parteien, den Vorschuss an die Schiedsrichter zu leisten[478]. Erfasst waren aber auch Fälle, in denen es sich eine der Parteien nicht leisten konnte, für die Dauer des Schiedsverfahrens einen Rechtsanwalt als Parteivertreter zu bezahlen[479].

Das Kündigungsrecht kann dabei sowohl für die verarmte Partei selbst[480], als auch für die Gegenseite bestehen[481]. Zum alten Recht hat der Bundesgerichtshof dazu ein System entwickelt, nach dem in Fällen der Zahlungsunfähigkeit nur einer der Parteien die jeweils andere Partei die Möglichkeit hatte, durch eigene Kostenübernahme auch des Anteils der Gegenseite zu verhindern, dass ein Kündigungsgrund entsteht[482].

Daneben gibt es weitere Fälle, in denen aus verfahrensbezogenen Gründen eine Undurchführbarkeit angenommen wurde. So hat bereits das Reichsgericht die Undurchführbarkeit der Schiedsvereinbarung für den Fall angenommen, dass sich das Schiedsgericht für unzuständig erklärt hat[483]. Ebenso für undurchführbar erklärte das Reichsgericht eine Schiedsvereinbarung, bei der die Schiedsrichter der vorgesehenen Berufungsinstanz in Form eines Oberschiedsgerichts die

---

477 *Fischer* in Musielak/Voit-ZPO[15] (2018), § 114 Rn. 8; *Kießling* in Saenger-ZPO[7] (2017), § 114 Rn. 4; *Kersting*, Die Beendigung einer Schiedsvereinbarung durch Anrufung staatlicher Gerichte, SchiedsVZ 2013, 297 (301); *Kremer/Weimann,* Die Einrede der verarmten Partei, MDR 2004, 181.

478 BGH, Urteil v. 30.01.1964 – VII ZR 5/63, BGHZ 41, 104 (109); BGH, Urteil v. 21.11.1968 – VII ZR 77/66, BGHZ 51, 79; (82); BGH, Urteil v. 22.02.1971 – VII ZR 110/69, BGHZ 55, 344 (349); BGH, Urteil v. 10.04.1980 – III ZR 47/79, BGHZ 77, 65 (66 f.); BGH, Urteil v. 12.11.1987 – III ZR 29/87, BGHZ 102, 199 (202); BGH, Urteil v. 10.03.1994 – III ZR 60/93, NJW-RR 1994, 1214 (1215); BGH, Urteil v. 14.09.2000 – III ZR 33/00, BGHZ 145, 116 (119 f.); OLG Köln, Urteil v. 08.01.2004 – 18 U 59/03, SpuRt 2004, 110 (111); Schiedsgericht (Hamburg), Zwischenentscheid v. 05.05.2009, SchiedsVZ 2010, 173 (175).

479 BGH, Urteil v. 21. 11. 1968 – VII ZR 77/66, NJW 1969, 277 (277 f.).

480 BGH, Urteil v. 21.11.1968 – VII ZR 77/66, NJW 1969, 277 (278).

481 Z.B. BGH, Urteil v. 30.01.1964 – VII ZR 5/63, NJW 1964, 1129 (1130 f.).

482 Vgl. für eine Darstellung der Anwendungsmöglichkeit zum alten Recht sowie einer Beurteilung zum Recht nach der Schiedsrechtsmodernisierung: *Kremer/Weimann,* Die Einrede der verarmten Partei, MDR 2004, 181.

483 RG, Urteil v. 16.09.1924 – VII 765/23, RGZ 108, 374 (379), dort allerdings mit der Rechtsfolge, dass die Schiedsvereinbarung *ipso iure* durch die Undurchführbarkeit erloschen ist.

Übernahme der Schiedsrichterämter ablehnten[484]. Eine Ersatzschiedsrichterbestellung war, soweit ersichtlich, nicht in Frage gekommen, da die Schiedsvereinbarung ausdrücklich die ablehnenden Personen als Schiedsrichter vorgesehen hatte. Gleiches gilt für den Fall, dass ein bestellter Schiedsrichter ausgefallen ist und die Parteien die Bestellung eines Ersatzschiedsrichters in der Schiedsvereinbarung ausgeschlossen haben[485]. Verfahrensbezogene Undurchführbarkeit wurde ferner in einem Fall angenommen, in dem ein notwendiger Streitgenosse nicht schiedsgebunden werden konnte[486].

Nicht ausreichend für die Annahme einer verfahrensbezogenen Undurchführbarkeit ist, dass sich die Parteien nicht auf die Ernennung eines ordentlichen Richters als Schiedsrichter einigen können, welche gemäß § 40 Abs. 1 Alt. 1 DRiG gemeinschaftlich erfolgen muss[487]. Im Gegenteil: Mängel im Rahmen der Zusammensetzung des Schiedsgerichts beziehungsweise die Unmöglichkeit, das durch die Parteien gewählte Verfahren zur Bestellung der Schiedsrichter durchzuführen, sind getrennt von der Wirksamkeit und Durchführbarkeit der Schiedsvereinbarung zu betrachten. Begründet wird dies damit, dass der Gesetzgeber im Rahmen der Schiedsrechtsmodernisierung einen entsprechenden Passus in § 1025 Abs. 2 ZPO a.F. ersatzlos gestrichen hatte, welcher Mängel des vereinbarten Bestellmechanismus auf die Schiedsvereinbarung hatte durchschlagen lassen[488].

(2) Vereinbarungsbezogene Undurchführbarkeit

Daneben lässt sich als weitere Fallgruppe der Undurchführbarkeit die vereinbarungsbezogene Undurchführbarkeit bilden. Diese Fallgruppe erfasst alle Fälle, in denen die Schiedsvereinbarung aufgrund von pathologischen Mängeln in der Konstruktion der Schiedsvereinbarung nicht durchführbar ist. So soll eine Schiedsvereinbarung undurchführbar sein, wenn sie zu unklar abgefasst

---

484 RG, Urteil v. 25.06.1926 – VI 79/26, RGZ 114, 165 (166). Rechtsfolge der Undurchführbarkeit war hier ebenfalls ein Erlöschen der Schiedsvereinbarung.

485 Dem im Ergebnis zustimmend *Münch* in MüKo-ZPO[5] (2017), § 1032 Rn. 8. In den meisten Fällen wird es an einer solchen konkreteren Benennung der Schiedsrichter schon in der Schiedsvereinbarung jedoch fehlen, sodass in der Regel eine Ersatzschiedsrichterbestellung vorgenommen wird – entweder durch die Parteien selbst oder, sofern sich diese nicht einigen können, im Wege des Verfahrens zur Ersatzschiedsrichterbestellung nach § 1039 Abs. 1 ZPO.

486 OLG Oldenburg, Beschluss v. 12.04.2006 – 9 SchH 01/06 [II 2 a.E.], zitiert nach *Münch* in MüKo-ZPO[5] (2017), § 1029 Rn. 67 (Fn. 224).

487 BGH, Beschluss v. 18.06.2014 – III ZB 89/13, BeckRS 2014, 14706 Rn. 9 f.

488 BGH, Beschluss v. 18.06.2014 – III ZB 89/13, BeckRS 2014, 14706 Rn. 10.

wurde[489]. Gleiches gilt für den Fall, dass sich der Schiedsort (und damit die *lex fori*) nicht eindeutig durch die Schiedsvereinbarung bestimmen lässt[490].

(3) Undurchführbarkeit aufgrund äußerer Einflüsse

Die dritte Fallgruppe lässt sich als Störung der Durchführung des Schiedsverfahrens durch äußere Einflüsse definieren. Erfasst sind Fallkonstellationen, in denen das Schiedsverfahren durch äußere Einflüsse, das heißt aus Gründen, die weder in der Schiedsvereinbarung selbst liegen noch sich unmittelbar auf das Verfahren beziehen, undurchführbar geworden ist. So hielt das LG Kassel eine Schiedsvereinbarung für undurchführbar und damit außerordentlich kündbar, weil es aufgrund kriegerischer Ereignisse auf dem Balkan ist nicht mehr möglich gewesen war, ein Schiedsverfahren vor dem Außenhandelsschiedsgericht bei der Wirtschaftskammer des damals zerfallenden Jugoslawiens durchzuführen[491].

Gleiches gilt für den Wegfall der vereinbarten Schiedsinstitution. Im entsprechenden Fall hatte der Bundesgerichtshof eine Schiedsvereinbarung für undurchführbar befunden, welche ein Verfahren vor dem zu diesem Zeitpunkt bereits aufgelöstem Schiedsgericht der Außenhandelskammer der DDR vorgesehen hatte[492]. Anzumerken ist allerdings, dass der Bundesgerichtshof dort als Rechtsfolge kein Kündigungsrecht für die Parteien entstehen ließ, sondern stattdessen in analoger Anwendung des § 1033 Nr. 1 ZPO a.F. ein Erlöschen der Schiedsvereinbarung annahm[493]. Da diese Norm im Zuge der

489 *van den Berg*, The New York Arbitration Convention of 1958 (1981), S. 159; *Schwab* und *Walter* dagegen sehen diese Konstellation eher als eine Fallgruppe der Unwirksamkeit der Schiedsvereinbarung, vgl. *Schwab/Walter*, Schiedsgerichtsbarkeit[5] (2005), Kapitel 7, Rn. 9 Fn. 31.

490 *Bucher*, Die neue internationale Schiedsgerichtsbarkeit in der Schweiz (1989), S. 159.

491 LG Kassel, Urteil v. 02.04.1992 – 11 O 2778/91, NJW 1992, 3107.

492 BGH, Urteil v. 20.01.1994 – III ZR 143/92, BGHZ 125, 7 (13).

493 Die Norm sah das Erlöschen der Schiedsvereinbarung für den Fall vor, dass die Parteien eine bestimmte Person zum Schiedsrichter ernannt hatten und diese Person stirbt oder aus anderen Gründen nicht mehr das Schiedsrichteramt ausüben kann§ 1033 Nr. 1 ZPO a.F.: „*Der Schiedsvertrag tritt außer Kraft, sofern nicht für den betreffenden Fall durch eineVereinbarung der Parteien Vorsorge getroffen ist:*
Nr. 1: wenn bestimmte Personen in dem Vertrag zu Schiedsrichtern ernannt sind und ein Schiedsrichter stirbt oder aus einem anderen Grund wegfällt oder die Übernahme des Schiedsrichteramts verweigert oder von dem mit ihm geschlossenen Vertrag zurücktritt oder die Erfüllung seiner Pflichten ungebühr lich verzögert“, zitiert nach juris, abrufbar unter: https://www.juris.de/jportal/portal/t/sd8/page/jurisw.

Schiedsrechtsmodernisierung ersatzlos gestrichen wurde, hat der Bundesgerichtshof 2013 seine Rechtsprechung im Hinblick auf die Wahl einer weggefallenen beziehungsweise nicht existenten Schiedsorganisation angepasst und versucht im Sinne eines generellen *pro arbitration bias* zunächst, Schiedsvereinbarungen durch eine ergänzende Vertragsauslegung nach §§ 133, 157 BGB am Leben zu erhalten[494]. Zwar schweigt die Entscheidung in Bezug auf die Rechtsfolge, falls eine ergänzende Vertragsauslegung nicht gelingen sollte, es ist jedoch davon auszugehen, dass der Bundesgerichtshof hier entsprechend seiner sonstigen Rechtsprechung zur Undurchführbarkeit von Schiedsvereinbarungen davon ausgehen wird, dass diese damit erlischt.

bb) Rechtsprechung: keine Kündigung mehr bei Undurchführbarkeit

Der Bundesgerichtshof hat sich in einer Entscheidung aus dem Jahr 2000 von dem Erfordernis einer Kündigung im Rahmen der Undurchführbarkeit von Schiedsvereinbarungen abgewendet[495]. Dem Urteil lag die Fragestellung zugrunde, ob die Schiedseinrede einer mittellosen Partei nach § 1032 Abs. 1 ZPO zu berücksichtigen ist, weil die Schiedsvereinbarung erst gekündigt werden muss, oder ob die bloße Feststellung der Undurchführbarkeit aufgrund von Mittellosigkeit der Partei ausreichend für die Beendigung ist und somit ein staatliches Verfahren ohne weitere Zwischenschritte eingeleitet werden kann.

Der Bundesgerichtshof hat sich gegen ein Festhalten am Kündigungserfordernis entschieden und diese Entscheidung auf zwei wesentliche Begründungen gestützt.

Zum einen ergebe sich dies nun aus dem Wortlaut des neugefassten § 1032 Abs. 1 ZPO[496]. Dieser sieht vor, dass das Gericht bei Erhebung der Schiedseinrede die Klage als unzulässig abweise, es sei denn, das Gericht stellt die Nichtigkeit, Unwirksamkeit oder eben Undurchführbarkeit der Schiedsvereinbarung fest[497].

---

psml?pid=Dokumentanzeige&showdoccase=1&js_peid=Trefferliste&documentnumber=1&numberofresults=1&fromdoctodoc=yes&doc.id=BJNR005330950BJNE124400322&doc.part=s&doc.price=0.0#focuspoint (zuletzt abgerufen am 06.11.2018).

494 BGH, Beschluss v. 14. 7. 2011 – III ZB 70/10, NJW 2011, 2977 (2978). Ebenso: OLG Frankfurt a.M., Beschluss v. 24.10.2006 – 26 Sch 6/06, SchiedsVZ 2007, 217 (217 f.); OLG Karlsruhe, Urteil v. 04.04.2007 – 1 U 232/06, NJOZ 2007, 5365 (5368).

495 BGH, Urteil v. 14.09.2000 – III ZR 33/00, BGHZ 145, 116 (119 f.). Sich dem anschließend: KG, Beschluss v. 13.08.2001 – 2 W 8057/99 (92 O 116/99), SchiedsVZ 2003, 239 (240); OLG Köln, Beschluss v. 05.06.2013 – I-18 W 32/13, 18 W 32/13, ZIP 2013, 2024.

496 BGH, Urteil v. 14.09.2000 – III ZR 33/00, BGHZ 145, 116 (119 f.).

497 § 1032 Abs. 1 ZPO: „*Wird vor einem Gericht Klage in einer Angelegenheit erhoben, die Gegenstand einer Schiedsvereinbarung ist, so hat das Gericht die Klage als unzulässig*

Der Gesetzgeber, so die Argumentation des Bundesgerichtshofs, habe die Kategorie der Undurchführbarkeit mit in § 1032 ZPO aufgenommen, ohne jedoch in der Begründung vorzusehen, dass diese Undurchführbarkeit erst durch eine Kündigung geltend gemacht werden sollte[498]. Daraus, so der Bundesgerichtshof, sei zu schließen, dass der Gesetzgeber das Kündigungserfordernis bei Undurchführbarkeit nicht in das neue Schiedsverfahrensrecht übernehmen wollte[499]. Dieser Auffassung haben sich in der Folge weitere Instanzgerichte[500] sowie einige Stimmen in der Literatur angeschlossen[501].

cc) Schrifttum: Kündigung weiterhin erforderlich

Vielfach hat es jedoch auch Gegenstimmen gegen die Rechtsprechungsänderung des Bundesgerichtshofs gegeben. Diese Stimmen halten weiterhin ein Kündigungserfordernis der Schiedsvereinbarung in Fällen der Undurchführbarkeit für vorzugswürdig[502].

Kritisiert wird insbesondere, dass der Verzicht auf das Kündigungserfordernis zu Rechtsunsicherheit führe[503]. Diese Kritik ist gestützt auf das Verständnis, dass § 1032 Abs. 2 BGB in der Auslegung durch den Bundesgerichtshof zu einer *ipso iure* Unwirksamkeit der Schiedsklausel führe. Der Umstand, dass zuvor aktiv durch die Parteien gekündigt werden musste, fungierte, aus der Sicht von *Wagner* am Beispiel der Mittellosigkeit einer Partei als Sicherheit gegen missbräuchliches Verhalten. So sollte auf diese Art verhindert werden, dass eine Partei sich

---

abzuweisen, sofern der Beklagte dies vor Beginn der mündlichen Verhandlung zur Hauptsache rügt, es sei denn, das Gericht stellt fest, dass die Schiedsvereinbarung nichtig, unwirksam oder undurchführbar ist. (Hervorhebungen durch den Verfasser)".

498 Vgl. dazu nochmals die Gesetzesbegründung zum neugefassten § 1032 Abs. 1 ZPO, BtDrs. 13/5274, S. 37 f.

499 BGH, Urteil v. 14.09.2000 – III ZR 33/00, BGHZ 145, 116 (119 f.).

500 KG, Beschluss v. 13.08.2001 – 2 W 8057/99 (92 O 116/99), SchiedsVZ 2003, 239 (240); OLG Düsseldorf, Urteil v. 14.11.2003 – 16 U 95/98, ZIP 2004, 1956; OLG Köln, Beschluss v. 05.06.2013 – I-18 W 32/13, 18 W 32/13, ZIP 2013, 2024; a.A. jedoch OLG Hamm, Urteil v. 09.07.2013 – 21 U 16/13, SchiedsVZ 2014, 38 (44), das weiterhin von der Undurchführbarkeit als Kündigungsgrund auszugehen scheint.

501 *Saenger* in Saenger-ZPO[7] (2017), § 1032 Rn. 6.

502 *Risse*, Undurchführbarkeit der Schiedsvereinbarung bei Mittellosigkeit der Kläger, BB 2001, Beilage 6, 9; *Schlosser*, Anmerkung zu BGH III ZR 33/00, JZ 2001, 260; *Voit* in Musielak/Voit-ZPO[15] (2018), § 1029 Rn. 12; *Wagner*, Inpecunious Parties and Arbitration Agreements, SchiedsVZ 2003, 206 (216); *Wolf/Eslami* in BeckOk-ZPO[29] (2018), § 1029 Rn. 20.

503 *Risse*, Undurchführbarkeit der Schiedsvereinbarung bei Mittellosigkeit der Kläger, BB 2001, Beilage 6, 9. Wohl auch *Geimer* in Zöller-ZPO[32] (2018), § 1029 Rn. 98.

gegenüber dem Schiedsgericht als mittellos darstellt und es so dazu bewegt, das Verfahren zu unterbrechen, und gleichzeitig vor dem staatlichen Gericht eine gegenteilige Position einnimmt und versucht, die Schiedseinrede zu erheben[504]. Ein weiteres Argument für das Festhalten an dem Kündigungserfordernis sei der Umstand, dass die Rechtsfolge des Wegfalls der Schiedsvereinbarung derart gravierend sei, dass diese nicht ohne einen Willensakt der Parteien herbeigeführt werden sollte[505].

Weiterhin stellten sich praktische Schwierigkeiten in Fallkonstellationen, in denen eine der Parteien nur vorübergehend mittellos werde – wende man den Ansatz des Bundesgerichtshofs an, so erlösche im Zuge der vorübergehenden Mittellosigkeit die Schiedsvereinbarung *ipso iure*, sodass die Parteien auch bei Wiedererlangen von Finanzkraft vor ein staatliches Gericht ziehen müssten[506].

Eine weitere Schwierigkeit ergibt sich im Zusammenhang mit dem Recht der solventen Partei, die Verfahrenskosten für die mittellose Partei zu übernehmen und so das Fortbestehen der Schiedsvereinbarung zu sichern[507]. Zwar solle dieses Recht auch nach der Rechtsänderung zur *ipso iure* Unwirksamkeit der Schiedsvereinbarung fortbestehen[508], stellt allerdings den Ausübenden vor dogmatische Schwierigkeiten: so musste nach altem Recht die Partei, welche sich wegen Mittellosigkeit von der Schiedsvereinbarung lösen wollte, dies der anderen Parteien mitteilen und ihr eine Frist setzen, während dieser Zeit sie sich dann überlegen konnte, ob sie die Kosten für das Schiedsverfahren vorschießen möchte oder nicht[509]. Erst nach Ablauf dieser Frist war sodann eine Kündigung möglich. Dieser Mechanismus lasse sich nur schwierig auf eine *ipso iure* Unwirksamkeit übertragen, da nun die Gestaltungserklärung, welche mit der Ausübungsfrist verbunden war, fehle[510].

Eine vermittelnde Position nimmt *Voit* ein. So soll den Parteien auch bei Undurchführbarkeit der Schiedsvereinbarung weiterhin ein Kündigungsrecht zustehen. Die Regelung des § 1032 Abs. 1 ZPO stehe dem nicht entgegen, da

---

504 *Wagner*, Impecunious Parties and Arbitration Agreements, SchiedsVZ 2003, 206 (216).

505 *Risse*, Undurchführbarkeit der Schiedsvereinbarung bei Mittellosigkeit der Kläger, BB 2001, Beilage 6, 9 (11).

506 *Risse*, Undurchführbarkeit der Schiedsvereinbarung bei Mittellosigkeit der Kläger, BB 2001, Beilage 6, 9 (11).

507 Zum alten Recht noch: BGH, Urteil v. 10. 4. 1980 – III ZR 47/79, NJW 1980, 2136 (2137).

508 BGH, Urteil v. 14.09.2000 – III ZR 33/00, BGHZ 145, 116 (119).

509 BGH, Urteil v. 22.02.1971 – VII ZR 110/69, BGHZ 55, 344 (345).

510 *Wagner*, Impecunious Parties and Arbitration Agreements, SchiedsVZ 2003, 206 (217).

dieser lediglich die Wirksamkeit der Schiedseinrede betreffe und sich nicht auf die Kündbarkeit der Schiedsvereinbarung auswirke[511]. *Voit* scheint damit jedenfalls indirekt ebenfalls nicht von einer *ipso iure* Unwirksamkeit der Schiedsvereinbarung bei Undurchführbarkeit auszugehen.

dd) Stellungnahme

Der Frage, welche Auswirkungen die Undurchführbarkeit auf eine Schiedsvereinbarung hat, wirft nicht nur dogmatische Probleme auf, sondern ist auch von praktischer Relevanz, da sie aus Sicht der Parteien zu erheblichen Unterschieden in der Reaktion auf die Undurchführbarkeit führt.

Für die Auffassung der Rechtsprechung, dass es keiner separaten Kündigung der Schiedsvereinbarung vor Einleitung eines staatlichen Gerichtsverfahrens bedarf[512], spricht zunächst einmal der Wortlaut des neugefassten § 1032 Abs. 1 ZPO. Hiernach ist „*[…] die Klage als unzulässig abzuweisen, […] es sei denn, das Gericht stellt fest, dass die Schiedsvereinbarung nichtig, unwirksam oder undurchführbar ist.*“ Die Hauptwirkung der Schiedsvereinbarung, also der Ausschluss des staatlichen Rechtswegs, entfällt insoweit nach dem Wortlaut des Gesetzes bei Undurchführbarkeit der Schiedsvereinbarung nicht durch Kündigung der Parteien, sondern durch die Feststellung der Undurchführbarkeit durch das Gericht. Der Bundesgerichtshof führt weiter aus, dass die Gesetzgebungsmaterialien zur Neufassung des § 1032 ZPO an keiner Stelle auf eine Ausübung eines Kündigungsrechts durch die Parteien hinweisen und damit davon auszugehen ist, dass der Gesetzgeber das Kündigungserfordernis nicht übernehmen wollte[513].

Insoweit ist der Rechtsprechung durchaus zu folgen. Dass bei Undurchführbarkeit einer Schiedsvereinbarung einem staatlichen Gerichtsverfahren so lange noch die Schiedseinrede entgegengehalten werden kann, wie die Schiedsvereinbarung nicht gekündigt wurde, lässt sich vor dem Wortlaut des § 1032 Abs. 1 ZPO tatsächlich nur schwer aufrechterhalten. Die eigentlich dahinterstehende Frage, nämlich nach den Folgen der Undurchführbarkeit für die materiell-rechtliche Existenz der Schiedsvereinbarung, wird jedoch weder durch den Bundesgerichtshof noch die sich seiner Rechtsprechung anschließenden Instanzgerichte geklärt[514].

511 *Voit* in Musielak/Voit-ZPO[15] (2018), § 1029 Rn. 12.

512 Vgl. nochmals oben, Dritter Teil, A, § 1, II, 1, b, aa.

513 BGH, Urteil v. 14.09.2000 – III ZR 33/00, BGHZ 145, 116 (119).

514 KG, Beschluss v. 13.08.2001 – 2 W 8057/99 (92 O 116/99), SchiedsVZ 2003, 239 (240); OLG Düsseldorf, Urteil v. 14.11.2003 – 16 U 95/98, ZIP 2004, 1956; OLG Köln, Beschluss v. 05.06.2013 – I-18 W 32/13, 18 W 32/13, ZIP 2013, 2024.

Weite Teile der Literatur scheinen den Bundesgerichtshof so verstanden zu haben, dass das Kündigungserfordernis nicht nur in Bezug auf die Ausübung der Schiedseinrede entfällt, sondern die Undurchführbarkeit gleichzeitig auch auf die materiell-rechtliche Wirksamkeit der Schiedsvereinbarung durchschlägt[515]. Dass der Gesetzgeber tatsächlich einen solch weitgehenden Systemwechsel in Hinblick auf undurchführbare Schiedsvereinbarungen vornehmen wollte, ist aufgrund der fehlenden klaren Aussage in den Gesetzgebungsmaterialien fraglich. So hat der Gesetzgeber an anderen Stellen der Gesetzesbegründung zur Schiedsrechtsmodernisierung, an denen er eine Systemänderung vorgenommen hat, etwa im Zusammenhang mit der ersatzlosen Streichung der Überlegenheitsklausel des § 1025 Abs. 2 ZPO a.F., diese Änderung ausdrücklich erwähnt und begründet[516]. Ob der Gesetzgeber tatsächlich eine inhaltliche Änderung vornehmen wollte, ist weiterhin deshalb fraglich, weil der Wortlaut des § 1032 Abs. 1 ZPO auf einer wörtlichen Übersetzung des Art. 8 Abs. 1 UNCITRAL Model Law basiert, welcher wiederum identisch ist mit Art. II der NYC on the Recognition and Enforcement of Foreign Arbitral Awards von 1958[517]. Welche Rechtsfolgen die Undurchführbarkeit im Sinne des Art. 8 Model Law hat, ist wiederum bis heute nicht abschließend geklärt, sodass sich jedenfalls aus der Umsetzung des Modellgesetzes durch den deutschen Gesetzgeber keine Interpretationshilfe ziehen lässt[518]. Weiterhin ist die Frage der materiell-rechtlichen Wirksamkeit der Schiedsvereinbarung eine Frage des Vertragsstatuts, welche die New York

---

515 Siehe nochmals oben Dritter Teil, A, § 1, II, 1, b, aa.

516 Bt/Drs. 13/5274, S. 34.

517 Art. 8 Abs. 1 UNCITRAL Model Law on International Commercial Arbitration: „*A court before which an action is brought in a matter which is the subject of an arbitration agreement shall, if a party so requests not later than when submitting his first statement on the substance of the dispute, refer the parties to arbitration unless it finds that the agreement is null and void, inoperative or incapable of being performed*" (Hervorhebungen durch den Verfasser), abrufbar unter https://www.uncitral.org/pdf/english/texts/arbitration/ml-arb/07-86998_Ebook.pdf (zuletzt abgerufen am 06.11.2018).

Art. II Abs. 3 NY Convention: „*The court of a Contracting State, when seized of an action in a matter in respect of which the parties have made an agreement within the meaning of this article, shall, at the request of one of the parties, refer the parties to arbitration, unless it finds that the said agreement is null and void, inoperative or incapable of being performed*" (Hervorhebungen durch den Verfasser), abrufbar unter: http://newyorkconvention1958.org/index.php?lvl=cmspage&pageid=12&menu=684&opac_view=-1 (zuletzt abgerufen 06.11.2018).

518 *Holtzmann/Neuhaus*, A Guide to the 1985 UNCITRAL Model Law (1989), S. 304; *Wagner*, Impecunious Parties and Arbitration Agreements, SchiedsVZ 2003, 206 (217).

Convention nicht regelt[519], sodass sich Rückschlüsse auf die materiell-rechtliche Wirksamkeit der Schiedsvereinbarung aus einer ursprünglich der New York Convention entspringenden Klausel insgesamt als schwierig gestalten.

Ob somit der Gesetzgeber tatsächlich vom Kündigungserfordernis im Falle der Undurchführbarkeit von Schiedsvereinbarungen abweichen wollte, ist zweifelhaft, insbesondere, weil das Festhalten am Kündigungserfordernis eine Reihe an Vorteilen bietet.

Ein Festhalten am Kündigungserfordernis stellt zunächst die systematisch stringentere Lösung dar, denn auch außerhalb des Schiedsverfahrensrechts führen zur Undurchführbarkeit vergleichbare Konstellationen bei Dauerschuldverhältnissen, wie etwa die vorübergehende Unmöglichkeit der Leistungserbringung nach § 275 Abs. 1 BGB, jedenfalls nach herrschender Auffassung, ebenfalls nur zu einem Kündigungsrecht aus wichtigem Grund, nicht jedoch zu einem automatischen Erlöschen des Vertrages[520]. Gleiches gilt für das Rücktrittsrecht nach § 326 Abs. 5 BGB, das ebenfalls eine Gestaltungserklärung für das Erlöschen des Vertrages vorsieht. Bezieht man mit ein, dass die Kündigung respektive der Rücktritt auch auf die dauerhafte und nicht nur die vorübergehende Unmöglichkeit Anwendung findet und damit wenn bereits endgültig feststeht, dass die Leistung nicht mehr erbracht werden kann, wohingegen die Undurchführbarkeit der Schiedsvereinbarung, wie oben bereis angesprochen, auch Fälle der vorübergehenden Undurchführbarkeit erfasst[521], so ist nicht ersichtlich, weswegen bei der tatbestandlich weniger finalen Undurchführbarkeit der Schiedsvereinbarung die Unwirksamkeit aus dem Gesetz folgen soll, während es ansonsten bei der Unmöglichkeit einer Gestaltungserklärung bedarf.

Dazu hat auch der seitens *Wagner* und *Risse* vorgebrachte Einwand, dass aus Gründen der Rechtssicherheit und der Beweisbarkeit eine (schriftliche) Gestaltungserklärung dem Erlöschen *ipso iure* vorzuziehen ist[522], durchaus Berechtigung, da ein zusätzliches Maß an Rechtssicherheit immer wünschenswert ist. Jedoch ist dazu zum einen anzumerken, dass eine gewisse Rechtssunsicherheit bezüglich der noch fortbestehenden Wirksamkeit einer Schiedsvereinbarung durch die Möglichkeit der konkludenten Aufhebung der Schiedsvereinbarung

---

519 Vgl. *van den Berg*, The New York Arbitration Convention of 1958 (1981), S. 159.

520 *Gaier* in MüKo-BGB[7] (2016), § 314 Rn. 16; *Grigoleit*, Dauerschuldverhältnisse und allgemeines Leistungsstörungsrecht, in FS Lorenz (2014), S. 809.

521 Vgl. dazu oben zur Mittellosigkeit einer Partei Dritter Teil, A, § 1, II, 1, a, bb.

522 *Risse*, Undurchführbarkeit der Schiedsvereinbarung bei Mittellosigkeit der Kläger, BB 2001, Beilage 6, 9; *Wagner*, Impecunious Parties and Arbitration Agreements, SchiedsVZ 2003, 206 (216).

ohnehin gegeben ist[523]. Diese Rechtsunsicherheit besteht jedoch nur, wenn man, wie *Wagner* und *Risse,* von einer *ipso iure* Unwirksamkeit der Schiedsvereinbarung im Wortsinn, das heißt, der Beendigung automatisch mit Eintritt der Undurchführbarkeit ausgeht.

Jedoch liefert, wie oben bereits festgestellt, weder die Rechtsprechung des Bundesgerichtshofs Anhaltspunkte für eine solche *ipso iure* Unwirksamkeit noch gibt es dahingehende Anzeichen in der Gesetzesbegründung. Zuletzt finden sich dahingehend auch keine Anhaltspunkte im Wortlaut des § 1032 Abs. 1 ZPO: als Rechtsfolge ist nur der Wegfall der Schiedseinrede bestimmt. Gegen eine weitreichendere *ipso iure* Wirkung spricht dazu weiterhin die Formulierung, wonach die Schiedseinrede nicht erhoben werden kann, wenn das staatliche Gericht die *Feststellung* der Unwirksamkeit trifft[524]. Konstitutive Voraussetzung für den Wegfall der Schiedseinrede ist damit die gerichtliche Feststellung und nicht der Eintritt der Undurchführbarkeit als solcher[525].

Überzeugender ist damit, den Wegfall des Kündigungserfordernisses nur im Hinblick auf die Möglichkeit der Erhebung der Schiedseinrede anzunehmen.

Das Festhalten am Kündigungserfordernis der Schiedsvereinbarung ist auch vor dem Hintergrund des Gedankens der Privatautonomie der Parteien vorzugswürdig. Zum einen erleichtert es in den Fällen der Undurchführbarkeit wegen Insolvenz die Möglichkeit für die solvente Partei, die Kosten für die Gegenseite zu übernehmen, da sie so die Möglichkeit bekommt, auf eine Kündigungserklärung zu reagieren, und nicht das Gericht um Aussetzung des Verfahrens bitten muss[526]. Zum anderen sind die Parteien selbst in der besten Position zu entscheiden, wie mit dem rechtlichen Schicksal der Schiedsvereinbarung verfahren werden sollte.

Weiterhin stellt sich hinsichtlich der *ispo iure* Unwirksamkeit für Schiedsvereinbarungen, die, was den Regelfall darstellen wird, mehr als einen Streitgegenstand betreffen, noch ein zusätzliches Problem in Hinblick auf die Rechtsunsicherheit. So bleibt – je nach Grund für die Undurchführbarkeit – unklar, ob sich dieser auf die gesamte Schiedsvereinbarung erstreckt oder nur

---

523 Vgl. zur konkludenten Aufhebung der Schiedsvereinbarung ausführlich oben Erster Teil, A, § 1, II.

524 BGH, Urteil v. 14.09.2000 – III ZR 33/00, BGHZ 145, 116 (119).

525 A.A. *Risse*, Undurchführbarkeit der Schiedsvereinbarung bei Mittellosigkeit der Kläger, BB 2001, Beilage 6, 9 (11), welcher der Feststellung der Undurchführbarkeit durch das staatliche Gericht lediglich deklaratorischen Charakter zumisst.

526 So auch *Wagner*, Impecunious Parties and Arbitration Agreements, SchiedsVZ 2003, 206 (216 f.).

auf den gerade anhängigen Streitgegenstand. So ist beispielsweise denkbar, dass die Mittellosigkeit einer Partei in Zukunft wieder behoben wird, ebenso können Durchführungshindernisse wie etwa kriegerische Aktivitäten abebben und so ein Schiedsverfahren wieder durchführbar werden lassen. Wird die Schiedsvereinbarung *ipso iure* zu dem Zeitpunkt, an dem das Durchführungshindernis eintritt, unwirksam, muss dies für alle Streitgegenstände, welche unter die Schiedsvereinbarung fallen, gelten, da diese Durchführungshindernisse vereinbarungs- und nicht streitgegenstandsbezogen sind. Hält man an dem Kündigungserfordernis fest, überlässt man dagegen der kündigenden Partei selbst die Entscheidung über das Fortbestehen der Schiedsvereinbarung[527]. Denn in dieser Konstellation erlischt nur die Schiedseinrede, sodass zwar für akuten Streitfall vor ein staatliches Gericht gezogen werden kann, die Schiedsvereinbarung besteht aber ohne Kündigung im Hintergrund für potenzielle andere Streitgegenstände fort.

Es erscheint damit auch unter dem Gesichtspunkt der Verfahrensökonomie am sinnvollsten (und auch dogmatisch stringentesten), zwar die Schiedseinrede bei Feststellung der Undurchführbarkeit entfallen zu lassen, im Hinblick auf die Wirksamkeit der Schiedsvereinbarung jedoch am Kündigungserfordernis festzuhalten. So werden den Parteien unnötige Zwischenschritte vor Einleitung eines staatlichen Verfahrens bei undurchführbarer Schiedsvereinbarung erspart, gleichzeitig behalten sie jedoch die Kontrolle über die materiell-rechtliche Wirksamkeit der Schiedsvereinbarung. Es besteht damit kein Anlass in Bezug auf die Undurchführbarkeit der Schiedsvereinbarung, das allgemein übliche Regime der Kündigung von Dauerschuldverhältnissen in Fällen der Nichterbringung beziehungsweise der Nichterbringbarkeit von Leistungen zu ersetzen.

Es bedarf damit – konsequenterweise – weiterhin der Kündigung der Schiedsvereinbarung auch in Fällen der Undurchführbarkeit, wenn diese auch materiell-rechtlich beendet werden soll[528].

---

527 Aufgrund der grds. Unzulässigkeit von Teilkündigungen besteht wiederum auch nicht die Gefahr missbräuchlichen „*cherry pickings*" unten Dritter Teil, A, § 1, II, 4, b.

528 So im Ergebnis wohl auch *Voit* in Musielak/Voit-ZPO[15] (2018), § 1029 Rn. 12; *Lionnet/Lionnet*, Handbuch der Internationalen und Nationalen Schiedsgerichtsbarkeit[3] (2005), S. 214, S. 223, stimmen im Ergebnis der Beschränkung der Wirkung der Undurchführbarkeit auf die Schiedseinrede zu und lassen die Wirksamkeit der Schiedsvereinbarung davon unberührt, lehnen aber gleichzeitig generell die Möglichkeit der Kündigung der Schiedsvereinbarung bei Undurchführbarkeit ab.

2. *Zwischenergebnis*

Die Schiedsvereinbarung lässt sich damit, wie andere Dauerschuldverhältnisse auch, aus wichtigem Grund kündigen. Als wichtige Gründe kommen auch nach neuem Schiedsverfahrensrecht unter der Obergruppe der Unzumutbarkeit am Festhalten der Schiedsvereinbarung die Fallgruppen der verhaltensbezogenen Kündigung, der verfahrensbezogenen Kündigung, der vereinbarungsbezogenen Kündigung sowie der Kündigung aufgrund äußerer Umstände in Betracht. Die letzten drei Fallgruppen stellen dabei Unterfälle der Undurchführbarkeit der Schiedsvereinbarung dar.

3. *Erfordernis einer vorherigen Abmahnung/Abhilfefrist*

Es stellt sich sodann die Frage, ob eine Abmahnung beziehungsweise das Setzen einer Abhilfefrist notwendig ist, bevor die Kündigung aus wichtigem Grund ausgesprochen werden kann.

Gemäß § 314 Abs. 2 S. 1 BGB bedarf es vor der Kündigung eines Dauerschuldverhältnisses aus wichtigem Grund im Falle der Verletzung einer vertraglichen Frist einer Abmahnung beziehungsweise des erfolglosen Ablaufs einer Abhilfefrist[529]. Ergibt sich der wichtige Grund aus einem anderen Umstand als einer vertraglichen Pflichtverletzung der anderen Partei, kann das Kündigungsrecht dagegen sofort ausgeübt werden.

Wendet man jedoch § 723 Abs. 2 S. 1 BGB als Grundlage für die Kündigung der Schiedsvereinbarung als Gesellschaft an, besteht ein solches Fristsetzungs- beziehungsweise Abmahnugserfordernis nicht, da § 723 BGB als *lex specialis* zu § 314 BGB keine entsprechende Vorschrift enthält. In Einzelfällen kann die gesellschaftsrechtliche Treuepflicht zwar eine solche Fristsetzung erforderlich machen, dass dies jedoch zwischen den Gesellschaftern der Schiedsvereinbarung, welche in der Natur der Sache liegend ein deutlich loseres Verhältnis

529 Ob eine Abmahnung ausgesprochen werden muss oder eine Fristsetzung erforderlich ist, hängt dabei davon ab, ob die Pflichtverletzung oder ihre Folgen noch andauern oder bereits in der Vergangenheit liegen. Wird eine Abhilfefrist gesetzt, kann erst mit Ablauf dieser Frist gekündigt werden, wird abgemahnt, bedarf es einer Wiederholung des abgemahnten Verhaltens um kündigen zu können, vgl. *Gaier* in MüKo-BGB[7] (2016), § 314 Rn. 16; *von Hase,* Fristlose Kündigung und Abmahnung nach neuem Recht, NJW 2002, 2278 (2280); *Stadler* in Jauernig[17] (2018), § 314 Rn. 6; a.A. *Lorenz* in BeckOK-BGB[47] (2018), § 314 Rn. 18, der in Hinblick darauf differenziert, ob es sich um leistungsbezogene Pflichten handelt (dann „eher“ Fristsetzung) oder Nebenpflichten (dann „eher“ Abmahnung).

untereinander haben als viele andere Gesellschafter untereinander, der Fall ist, ist eher unwahrscheinlich[530].

Wendet man dagegen § 314 BGB an, gilt das Abmahnungs- und Fristsetzungserfordernis grundsätzlich auch für Schiedsvereinbarungen. Relevanz hat es dabei insbesondere im Zusammenhang mit der Nichtbezahlung der Vorschüsse für das Schiedsgericht. Hier hatte die Rechtsprechung noch zum alten Recht entschieden, dass es nach Ablauf einer angemessenem Frist gekündigt werden konnte[531]. Anzumerken ist allerdings, dass die beiden Entscheidungen des Bundesgerichtshofs jeweils Konstellationen betrafen, in denen die verarmte Partei kündigen wollte – die Frist stellte damit keine klassische Nachfrist im Sinne von § 314 Abs. 2 S. 1 BGB dar, da durch sie nicht der vertragsbrüchigen Partei eine zweite Chance zur Erfüllung ihrer Pflichten gegeben werden sollte, sondern stattdessen der vertragstreuen Partei die Chance gegeben werden sollte, die Schiedsvereinbarung selbst durch Zahlung des Vorschusses vor der Kündigung zu bewahren[532]. Die umgekehrte Konstellation, in der die vermögende Partei kündigt, weil die Gegenseite den Vorschuss nicht bezahlt, wurde – soweit ersichtlich – richterlich bisher nicht entschieden. Ob hier eine Fristsetzung tatsächlich sinnvoll ist, erscheint fraglich, da Gläubiger der Zahlung nicht die Gegenseite, sondern das Schiedsgericht beziehungsweise die dahinterstehende Schiedsinstitution ist. Zahlt die Gegenseite auch auf Mahnung seitens des Schiedsgerichts nicht, besteht jedenfalls kein Schutzinteresse des Schuldners mehr, da die Mahnung bereits eine ausreichende Warnung darstellt, sodass dann ohne weiteres gekündigt werden kann[533].

Davon abgesehen, ist allerdings die Relevanz von § 314 Abs. 3 BGB klein, da die meisten Gründe, welche zur Kündigung einer Schiedsvereinbarung berechtigen, nicht auf einer Pflichtverletzung der Parteien beruhen, wie beispielsweise bei auf Undurchführbarkeit basierenden Fallgruppen der vereinbarungsbezogenen Undurchführbarkeit sowie der Undurchführbarkeit aufgrund äußerer Umstände. Auch ein Großteil der unter die Fallgruppe der verfahrensbezogenen Undurchführbarkeit fallenden Kündigungsgründe basiert nicht auf einer

530 Vgl. dazu *Kilian* in Henssler/Strohn[3] (2016), § 723 Rn. 12.

531 BGH, Urteil v. 22.02.1971 – VII ZR 110/69, BGHZ 55, 344 (352); BGH, Urteil v. 10.03.1994 – III ZR 60/93, NJW-RR 1994, 1214 (1215); *Wagner*, Impecunious Parties and Arbitration Agreements, SchiedsVZ 2003, 206 (217).

532 Vgl. zum Zweck der Abhilfefristsetzung/Abmahnung: *Gaier* in MüKo-BGB[7] (2016), § 314 Rn. 15; *Lorenz* in BeckOK-BGB[47] (2018), § 314 Rn. 19.

533 So wohl auch *Voit* in Musielak/Voit-ZPO[15] (2018), § 1029 Rn. 12.

Pflichtverletzung der Parteien und bedarf somit keiner Abmahnung oder Fristsetzung[534].

Zumeist wird man in den Fällen, in dem der Kündigungsgrund auf einer Pflichtverletzung einer der Parteien beruht zudem bereits eine ernsthafte und endgültige Erfüllungsverweigerung sehen können, die eine Fristsetzung beziehungsweise Abmahnung nach § 314 Abs. 2 S. 2 i.V.m. § 323 Abs. 2 Nr. 1 BGB entbehrlich macht[535].

4. *Möglichkeit der Teilkündigung*

Fraglich ist, ob es auch möglich ist, die Schiedsvereinbarung vergleichbar mit der einvernehmlichen Teilaufhebung auch nur für einen Teil zu kündigen. Für die Zulässigkeit der Teilkündigung kommt es dabei darauf an, ob es sich um eine grundsätzlich zulässige sogenannte subjektive Teilkündigung oder eine grundsätzlich unzulässige objektive Teilkündigung handelt.

a) Subjektive Teilkündigung der Schiedsvereinbarung

Bei der subjektiven Teilkündigung handelt es sich um die Kündigung einer Vertragspartei bei einer Mehrzahl von Vertragsparteien[536]. Diese Verträge können aus wichtigem Grund auch nur durch eine der Parteien gekündigt werden, während das Schuldverhältnis für die anderen Parteien fortbesteht. Voraussetzung ist jedoch, dass keine Gesamtschuldnerschaft vorliegt[537]. Läge eine solche vor, und würde einer der Gesamtschuldner kündigen, würde die Teilkündigung ansonsten einseitig in die Rechtsstellung sowohl des Gesamtgläubigers als auch der anderen Gesamtschuldner zu deren jeweiligen Lasten darstellen. Die subjektive Teilkündigung ist insbesondere im Zusammenhang mit Personenhandelsgesellschaften von Bedeutung, der Grundgedanke lässt sich jedoch auch auf andere Dauerschuldverhältnisse übertragen[538]. Diese Lösung ist auch interessengerecht,

---

534 Vgl. dazu nochmals die einzelnen Fallgruppen zur Kündigung der Schiedsvereinbarung, Dritter Teil, A, § 1, II, 1.

535 Die Fristsetzung/Abmahnung kann weiterhin dann entbehrlich sein, wenn eine relative Fixschuld vorliegt oder unter Abwägung beidseitige Interessen eine sofortige Kündigung gerechtfertigt ist, § 314 Abs. 2 S. 2 i.V.m. § 323 Abs. 2 Nr. 2 BGB; § 314 Abs. 2 S. 3 BGB.

536 *Böttcher* in Erman-BGB[15] (2017), § 314 Rn. 11; *Gaier* in MüKo-BGB[7] (2016), § 314 Rn. 19; *Stürner* in PWW-BGB[13] (2018), § 314 Rn. 14.

537 *Böttcher* in Erman-BGB[15] (2017), § 314 Rn. 11.

538 *Kießling/Becker*, Die Teilkündigung von Dauerschuldverhältnissen, WM 2002, 578 (579 f.).

denn so wird einerseits keine Partei bei Vorliegen eines wichtigen Grundes gezwungen, am Vertrag festzuhalten, andererseits bleibt die Entscheidung, den Vertrag aufrecht zu erhalten für die verbleibenden Parteien jedoch erhalten.

Schiedsvereinbarungen selbst begründen zwischen den Parteien grundsätzlich keine Gesamtschuld, sodass aus diesem Grund eine subjektive Teilkündigung nicht ausgeschlossen ist. In Bezug auf Schiedsvereinbarungen ist eine Ausnahme von der Möglichkeit einer subjektiven Teilkündigung jedoch dann geboten, wenn das der Schiedsvereinbarung zugrundeliegende Rechtsverhältnis eine Gesamtschuld zwischen einigen der Parteien begründet. Kündigt dann einer der Gesamtschuldner die Schiedsvereinbarung, besteht die Gefahr, dass es im Streitfall zu widerstreitenden Ergebnissen zwischen einem staatlichen Gerichtsverfahren und einer Entscheidung des Schiedsgerichts über dieselbe Sache geben könnte[539]. Wie oben ausgeführt, ist das Risiko widerstreitender Entscheidungen grundsätzlich hinzunehmen, wenn sich die Parteien gemeinsam dazu entscheiden[540]. Im Rahmen einer subjektiven Teilkündigung aus wichtigem Grund fällt diese Entscheidung jedoch unilateral zu Lasten der anderen Vertragsparteien. Im Ergebnis handelt es sich damit um eine einseitige Vertragsanpassung zu Lasten der anderen Vertragspartner, welche im Rahmen objektiven Teilkündigung aus wichtigem Grund insgesamt zurecht als unzulässig angesehen wird[541]. Dieser Ausschluss der subjektiven Teilkündigung in Fällen einer zugrundeliegenden Gesamtschuld entspricht auch den Grundsätzen, welche der Bundesgerichtshof im Rahmen seiner Schiedsfähigkeit-II Entscheidung im Zusammenhang mit der Schiedsfähigkeit von aktienrechtlichen Beschlussmängelstreitigkeiten aufgestellt hat. So ist durch die entsprechende Schiedsvereinbarung sicherzustellen, dass alle demselben Streitgegenstand betreffenden Beschlussmängelstreitigkeiten bei einem Schiedsgericht konzentriert werden[542].

---

539 Vgl. zu dieser Problematik nochmals ausführlich oben im Zusammenhang mit der Bestimmung der Reichweite des Aufhebungswillens, Zweiter Teil, A, § 1, II, 1, c, bb.

540 Siehe oben Zweiter Teil, A, § 1, I, 3, b.

541 Vgl. dazu im Zusammenhang mit der objektiven Teilkündigung: BGH, Urteil v. 05.11.1992 – IX ZR 200/91, NJW 1993, 1320 (1322); BGH, Urteil v. 06.10.1999 – VIII ZR 125/98, NJW 2000, 515; *Gaier* in MüKo-BGB[7] (2016), § 314 Rn. 19; weiterhin schützt das Recht zur außerordentlichen Kündigung nach § 314 BGB dogmatisch die Vertragsbeendigungsfreiheit, während eine Teilkündigung eher ein einseitiges Vertragsdiktakt schaffe: *Kießling/Becker*, Die Teilkündigung von Dauerschuldverhältnissen, WM 2002, 578 (581). Siehe auch im Detail unten Dritter Teil, A, § 2, II, 4, b.

542 BGH, Urteil v. 06.04.2009 – II ZR 255/08, BGHZ 180, 221 (229); siehe auch *Berger*, Herausforderungen für die (deutsche) Schiedsgerichtsbarkeit, SchiedsVZ 2009, 289 (295).

b) Objektive Teilkündigung der Schiedsvereinbarung

Grundsätzlich werden sogenannte objektive Teilkündigungen, die über eine bloße Änderung der Vertragsparteien hinausgehen, als unzulässig angesehen[543], sofern sie gesetzlich nicht ausdrücklich zugelassen sind[544]. Begründet wird dies damit, dass eine solche Teilkündigung im Ergebnis nichts anderes wäre, als ein einseitiges Vertragsanpassungsrecht gegen den Willen des Vertragspartners, was den Grundsätzen der Privatautonomie und von Treu und Glauben zuwiderläuft[545]. Hinzu kommt, dass jedenfalls bei Kündigungen aufgrund unzumutbaren Verhaltens der Gegenseite eine Teilkündigung zumeist nicht in Frage kommt, da bei fortbestehendem Interesse am Restvertrag zweifelhaft ist, ob durch das Verhalten der Gegenseite tatsächlich eine derartige Beeinträchtigung erreicht wurde, dass ein Festhalten am Vertrag unzumutbar wurde, und damit überhaupt ein wichtiger Grund vorlag[546].

Im Bereich von Schiedsvereinbarungen ändern auch die wenigen durch die Rechtsprechung anerkannten Ausnahmefälle daran nichts. So ist zwar eine Teilkündigung des Vertrages zulässig, wenn sich ein Gesamtvertragsverhältnis aus mehreren Teilverträgen zusammensetzt und diese einzelnen Teilverträge als selbstständig auflösbar durch die Parteien verstanden werden[547]. Entscheidend ist dabei, ob durch eine Teilkündigung ein einheitliches Vertragsverhältnis inhaltlich verändert wird[548]. Dies sei insbesondere dann der Fall, wenn sich an den Bedingungen des Vertragsverhältnisses etwas ändere[549]. Dies beschränkt sich jedoch nicht nur auf eine Veränderung der inhaltlichen Bestimmungen,

543 BGH, Urteil v. 05.11.1992 – IX ZR 200/91, NJW 1993, 1320 (1322); BGH, Urteil v. 06.10.1999 – VIII ZR 125/98, NJW 2000, 515 (515 f.); *Gaier* in MüKo-BGB[7] (2016), § 314 Rn. 19; *Stürner* in PWW-BGB[13] (2018), § 314 Rn. 14.

544 So bspw. im Zusammenhag mit Darlehensverträgen und im Mietrecht, vgl. dazu die Übersicht bei *Kießling/Becker*, Die Teilkündigung von Dauerschuldverhältnissen, WM 2002, 578 (579).

545 BGH, Urteil v. 05.11.1992 – IX ZR 200/91, NJW 1993, 1320 (1322); BGH, Urteil v. 06.10.1999 – VIII ZR 125/98, NJW 2000, 515; *Gaier* in MüKo-BGB[7] (2016), § 314 Rn. 19; weiterhin schützt das Recht zur außerordentlichen Kündigung nach § 314 BGB dogmatisch die Vertragsbeendigungsfreiheit, während eine Teilkündigung eher ein einseitiges Vertragsdiktakt schaffe: *Kießling/Becker*, Die Teilkündigung von Dauerschuldverhältnissen, WM 2002, 578 (581).

546 RG, Urteil v. 27.02.1936 – IV 249/35, RGZ 150, 321 (322); BGH, Urteil v. 05.11.1992 – IX ZR 200/91, NJW 1993, 1320 (1322).

547 BGH, Urteil v. 16.06.2010 – VIII ZR 62/09, NJW-RR 2011, 189 (193).

548 BGH, Urteil v. 18.02.1977 – I ZR 175/75, BeckRS 1977, 30385508 unter II.

549 BGH, Urteil v. 18.02.1977 – I ZR 175/75, BeckRS 1977, 30385508 unter II.

bei einer Schiedsvereinbarung also etwa auf die Wahl des Schiedsgerichts, Wahl der Schiedsordnung sowie des Schiedsortes, sondern setzt einen rechtlich vollständig fehlenden Zusammenhang zwischen den einzelnen Vereinbarungen voraus[550]. Ein solcher Zusammenhang besteht jedoch auch bei einer Rahmenschiedsvereinbarung, denn auch wenn nur ein einzelner Vertrag herausgelöst wird, findet jedenfalls eine Änderung des sachlichen Anwendungsbereichs der Schiedsvereinbarung statt, sodass auch hier eine inhaltliche Veränderung vorliegt. Ob die der Schiedsvereinbarung zugrunde liegenden Hauptverträge dabei rechtlich in einem Zusammenhang stehen, ist aufgrund des Trennungsprinzips unerheblich[551].

Das Ergebnis ist dogmatisch auch zutreffend, weil die Teilkündigungsmöglichkeit in nicht zu rechtfertigender Intensität in die Vertragsabschlussfreiheit der Gegenseite eingreift. Die außerordentliche Kündigung soll die Möglichkeit geben, ein unzumutbar gewordenes Dauerschuldverhältnis ausnahmsweise beenden zu können[552]. Es soll jedoch nicht dazu führen, dass die vertragstreue Partei dadurch ein Recht erhält, die Vertragsverhältnisse nach ihrem Belieben neu zu ordnen.

Eine objektive Teilkündigung der Schiedsvereinbarung ist damit nicht möglich.

5. *Form der Kündigung*

Die Kündigung der Schiedsvereinbarung ist, sofern die Parteien nicht etwas anderes vereinbaren, formlos möglich[553]. Sie kann auch konkludent erfolgen[554].

---

550 BGH, Urteil v. 18.02.1977 – I ZR 175/75, BeckRS 1977, 30385508 unter II.

551 Vgl. zur Wirkung des Trennungsprinzips von Schiedsvereinbarung und Hauptvertrag nochmals oben Dritter Teil, A, § 1, 1.

552 Vgl. zum Zweck von § 314 BGB: *Böttcher* in Erman-BGB[15] (2017), § 314 Rn. 1; *Stürner* in PWW-BGB[13] (2018), § 314 Rn. 2; Bt-Drs. 14/6040, S. 176f; a.A. noch zum alten Recht, *Schlosser*, Recht der internationalen privaten Schiedsgerichtsbarkeit[2] (1989), S. 442, der eine Teilkündigung nur für den betroffenen Streitgegenstand jedenfalls bei Mittellosigkeit der Gegenseite – jedoch ohne tiefergehende Begründung – für zulässig erachtet.

553 *Gaier* in MüKo-BGB[7] (2016), § 314 Rn. 18; für die Kündigung nach § 723 BGB: *Kilian* in Henssler/Strohn[3] (2016), § 723 Rn. 6.

554 Zu § 314 BGB im Allgemeinen: *Böttcher* in Erman-BGB[15] (2017), § 314 Rn. 11; Spezifisch betreffend Schiedsvereinbarungen, *Münch* in MüKo-ZPO[5] (2017), § 1029 Rn. 133.

6. *Zeitpunkt der Kündigung*

Eine zeitliche Schranke für die Kündigung der Schiedsvereinbarung gibt es nicht, sie ist grundsätzlich jederzeit möglich. Bei einer Kündigung nach § 723 Abs. 1 BGB ist jedoch § 314 Abs. 3 BGB zu beachten, welcher entsprechend gilt[555]. Demnach muss die Kündigung innerhalb einer angemessenen Frist nach Kenntniserlangung des Kündigungsgrundes erklärt werden.

Zweck dieser Frist ist es zum einen, durch Erklärung der Kündigung schnell Rechtsklarheit zu schaffen. Zum anderen zeigt sich im Ausbleiben der Erklärung der Kündigung trotz Kenntnis des Kündigungsgrundes, dass ein Festhalten am Vertrag eventuell doch nicht unzumutbar ist[556]. Was eine solche angemessene Frist darstellt, ist im Einzelfall unter Berücksichtigung aller Umstände sowie unter Zugrundelegung der beiden Fristzwecke zu bestimmen[557]. Entsprechend groß ist die in der Rechtsprechung als zulässig angesehene Spanne von Kündigungsfristen: Sie reicht von etwa einem Monat[558] bis hin zu sechs Monaten[559]. Insgesamt ist die Rechtsprechung im Bereich der Fristen immer dann großzügiger gewesen, wenn weiterer Nachforschungsbedarf vor dem Ausspruch der Kündigung notwendig gewesen ist oder aber die Gegenseite im Hinblick auf die Schaffung von Rechtsklarheit nicht schutzwürdig ist[560].

Auch im Rahmen der Kündigung von Schiedsvereinbarungen hängt die Frist im Ergebnis von den Einzelfallumständen ab, sodass eine genaue Einordnung

---

555 *Kilian* in Henssler/Strohn[3] (2016), § 723 Rn. 18; *Schäfer* in MüKo-BGB[6] (2013), § 723 Rn. 48. Gemäß § 723 Abs. 2 BGB gilt weiterhin, dass die Kündigung nicht zur Unzeit erfolgen darf. Dies hat jedoch keine Auswirkungen auf die Wirksamkeit der Kündigung als solches, sondern gibt den Mitgesellschaftern im Falle einer unzeitigen Kündigung („Kündigung gegen die gemeinschaftlichen Interessen der Mitgesellschafter") lediglich einen Schadensersatzanspruch gegen den kündigenden Gesellschafter, siehe *Kilian* in Henssler/Strohn[3] (2016), § 723 Rn. 21. Insgesamt dürfte die Relevanz in Bezug auf Schiedsvereinbarung ohnehin eher gering sein, da die Schiedsgesellschaft nicht operativ tätig ist.

556 BGH, Urteil v. 25.11.2010 – Xa ZR 48/09, NJW 2011, 1438 (1440); Bt-Drs. 14/6040, S. 178; *Gaier* in MüKo-BGB[7] (2016), § 314 Rn. 20.

557 BGH, Urteil v. 23.04.2010 – LwZR 20/09, NZM 2010, 552 (553); *Gaier* in MüKo-BGB[7] (2016), § 314 Rn. 20.

558 Bei einem Know-how Lizenzvertrag – BGH, Urteil v. 25.11.2010 – Xa ZR 48/09, NJW 2011, 1438 (1440).

559 Bei einem Mietrückstand über von Wohnraummiete – BGH, Urteil v. 11.03.2009 – VIII ZR 115/08, NZM 2009, 314 (315).

560 BGH, Urteil v. 21.03.2007 – XII ZR 36/05, NJW-RR 2007, 886 (887); BGH, Urteil v. 23.04.2010 – LwZR 20/09, NZM 2010, 552 (553).

schwierig ist. Besonders lang dürften die Fristen aber nicht ausfallen, da umfangreiche rechtliche Prüfungen im Zusammenhang mit der Kündigung zumeist nicht notwendig sein werden[561]. Je nach Kündigungsgrund dürfte diese damit im Mittel der zulässigen Wartezeit von etwa einem bis zwei Monaten liegen[562]. Das OLG Brandenburg hat in einer Entscheidung betreffend die Kündigung einer zwei-Personen GbR – allerdings ohne nähere Begründung – eine Verwirkungsfrist von einem Monat angenommen[563]. Da auch die Schiedsvereinbarung im Regelfall nur zwei Gesellschafter haben wird, liefert die Entscheidung jedenfalls ein Indiz dafür, wie die Rechtsprechung im Hinblick auf Schiedsvereinbarungen entscheiden könnte.

Liegt der wichtige Grund in der Nichtzahlung des Vorschusses durch die Gegenseite, kann die Frist auch etwas großzügiger bemessen werden, da hier der nichtzahlenden Partei ein schutzwürdiges Interesse am Erlangen von Rechtsklarheit fehlt, da sie jederzeit durch Zahlung des Vorschusses Klarheit erlangen könnte. In der vergleichbaren Situation der Nichtzahlung einer Mietkaution hatte der Bundesgerichtshof ein Warten von bis zu drei Monaten noch als zulässig erachtet[564]. Ähnliches dürfte auch für eine Schiedsvereinbarung gelten.

7. *Zwischenergebnis*

Die Schiedsvereinbarung lässt sich somit aus wichtigem Grund nach § 314 BGB/§ 723 Abs. 1 S. 2 BGB kündigen. Welche Anspruchsgrundlage als einschlägig erachtet wird, wirkt sich im Ergebnis nicht aus. Als wichtiger Grund gilt jeder Umstand, der den Parteien ein Festhalten an der Schiedsvereinbarung unzumutbar werden lässt. Dies beinhaltet verhaltens-, verfahrens- und vereinbarungsbezogene Gründe sowie Gründe, welche in äußeren Umständen liegen. Die Undurchführbarkeit der Schiedsvereinbarung berechtigt auch nach neuem Schiedsverfahrensrecht weiterhin zur Kündigung.

Die Kündigung kann dabei formlos erfolgen und bedarf – außer in Fällen der verhaltensbezogenen Kündigung sowie, als Sonderfall bei Mittellosigkeit der Gegenseite – keiner Abmahnung beziehungsweise keines erfolglosen Ablaufs einer Abhilfefrist.

---

561 So wurde jedenfalls eine Kündigung acht Monate nach Kenntnis des Kündigungsgrundes als nicht mehr fristgemäß angesehen, OLG Frankfurt a.M., Beschluss v. 17.02.2011 – 26 Sch 13/10, SchiedsVZ 2013, 49 (59).

562 So etwa auch bei Handelsvertreter-, Kredit-, und Vertragshändlerverträgen, *Gaier* in MüKo-BGB[7] (2016), § 314 Rn. 18.

563 OLG Brandenburg, Urteil v. 21.07.2004 – 7 U 221/03 Rn. 34, zitiert nach juris.

564 BGH, Urteil v. 21.03.2007 – XII ZR 36/05, NJW-RR 2007, 886 (887).

Eine Teilkündigung der Schiedsvereinbarung kommt nur in Form der subjektiven Teilkündigung in Betracht, das heißt bei Schiedsvereinbarungen mit mehr als zwei Parteien. Eine objektive Teilkündigung scheidet dagegen aus.

In Hinblick auf die Verwirkung des Kündigungsrechts nach § 314 Abs. 3 BGB bestimmt sich die Frist nach den Umständen des Einzelfalls. Eine Wartezeit von etwa einem Monat dürfte noch zulässig sein, unter Umständen, insbesondere bei fehlender Schutzwürdigkeit der Gegenseite, ist auch ein längerer Zeitraum ausreichend.

§ 2 Kündigung bei Störung der Geschäftsgrundlage

Neben einer Kündigung aus wichtigem Grund kommt auch eine Kündigung der Schiedsvereinbarung aufgrund § 313 Abs. 3 S. 2 BGB in Betracht. Dies ist dann der Fall, wenn es den Parteien bei gestörter Geschäftsgrundlage nicht gelungen beziehungsweise nicht zumutbar ist den Vertrag anzupassen. Eine gesellschaftsrechtliche Sondervorschrift gibt es nicht, sodass § 313 BGB auch auf Schiedsvereinbarungen Anwendung findet[565].

I. Fallgruppen der Störung der Geschäftsgrundlage

Die Anwendbarkeit von § 313 BGB setzt voraus, dass sich wesentliche Umstände, welche die Parteien dem Vertragsschluss zugrunde gelegt haben, entweder verändert haben (§ 313 Abs. 1 BGB) oder sich im späteren Verlauf als falsch herausgestellt haben (§ 313 Abs. 2 BGB). Die Definition von Umständen im Sinne von § 313 BGB ist zwischen Teilen der Literatur und der Rechtsprechung umstritten. Folgt man der Rechtsprechung sowie der Begründung des Gesetzgebers, muss es sich dabei um Umstände handeln, über die sich die Parteien als Grundlage des Vertrages einig waren, die jedoch nicht selbst Bestandteil des Vertrages geworden sind[566], während in Teilen der Literatur die „Geschäftsgrundlage" auch auf

565 OLG Stuttgart, Beschluss v. 15.11.2007 – 1 SchH 4/07, BeckRS 2009, 13147 Rz. 2, (c), bb, (1); *Schäfer*, Die Verträge zur Durchführung des Schiedsverfahrens (2010), S. 194; *Illmer*, Der Arglisteinwand an der Schnittstelle von staatlicher Gerichtsbarkeit und Schiedsgerichtsbarkeit (2007), S. 38 f.; *Schlosser* noch zur Regelung vor der Kodifizierung von § 313 BGB im Zuge der Schuldrechtsmodernisierung, *Schlosser*, Recht der internationalen privaten Schiedsgerichtsbarkeit² (1989), Rn. 439 f.

566 Gesetzesbegründung zur Einführung des § 313 BGB im Zuge der Schuldrechtsmodernisierung, Bt-Drs. 14/6049, S. 175; st. Rspr, BGH, Urteil v. 25.02.1993 – VII ZR 24/92, BGHZ 121, 378 (391); BGH, Urteil v. 25.09.1997 – II ZR 269/96, NJW 1997, 3371 (3372).

vertragliche Vereinbarungen erstreckt werden soll[567]. Diese Streitigkeit ist in Bezug auf Schiedsvereinbarungen von geringer Relevanz, da sich Störungen der Geschäftsgrundlage hier zumeist aus Umständen ergeben werden, welche die Parteien nur in den seltensten Fällen vertraglich regeln werden.

Dieser Unterschied ergibt sich daraus, dass es sich bei der Schiedsvereinbarung um keinen typischen synallagmatischen Vertrag handelt[568] und daher viele der Fallgruppen, welche für Austauschverträge entwickelt wurden, nicht passen[569]. In Betracht kommt schlussendlich nur die Fallgruppe der Leistungserschwernisse. Diese Leistungserschwernisse können etwa in Ereignissen höherer Gewalt liegen, wie Kriegen oder Umweltkatastrophen[570], sie können aber auch in Merkmalen der Parteien liegen, sodass beispielsweise auch der Vermögensverfall der Gegenseite ein Leistungserschwernis darstellen kann[571]. Es ließen sich damit auch Teile der Fallgruppen, welche oben zur Undurchführbarkeit der Schiedsvereinbarung entwickelt wurden, unter die Störung der Geschäftsgrundlage subsumieren. Hierbei handelt es sich insbesondere die Mittellosigkeit der Gegenseite sowie die Undurchführbarkeit aufgrund von äußeren Umständen[572].

---

567 *Finkenauer* in MüKo-BGB[7] (2016), § 313 Rn. 8 f. Dahinter steht die dogmatische Frage, ob § 313 BGB eine besondere Ausprägung des Grundsatzes von Treu und Glauben nach § 242 BGB ist (so der Gesetzgeber) oder ein jetzt kodifizierter Unterfall des Instituts der ergänzenden Vertragsauslegung (u.a. *Finkenauer*).

568 Aus der Einordnung aus Schiedsgesellschaft folgt, dass einzelne Beitragspflichten der Gesellschafter den Charakter einer gegenseitigen Verpflichtung aufweisen können, vgl. dazu im Detail unten Dritter Teil, B.

569 So etwa die Fallgruppen der Erschütterung des Leistungsgefüges, der Wertveränderungen sowie der Störungen des Leistungszwecks, vgl. dazu die Übersicht bei *Lorenz* in BeckOK-BGB[47] (2018), § 313 Rn. 32 ff.

570 In Bezug auf zu DDR Zeiten abgeschlossene Nutzungsverträge über Datschen: BGH, Urteil v. 06.03.2002 – XII ZR 133/00, NJW 2002, 2098 (2099f); in Bezug auf einen Grundstückskaufvertrag nach Beginn der deutschen Teilung, OLG Düsseldorf, Urteil v. 22.06.1955 – 9 U 94/54, NJW 1955, 1797 (1798); *Lorenz* liefert weitere Beispiele in Zusammenhang mit Kriegsschäden nach dem zweiten Weltkrieg, vgl. dazu *Lorenz* in BeckOK-BGB[47] (2018), § 313 Rn. 47.

571 So entschieden in Bezug auf ein vertragliches vereinbartes Aufrechnungsverbot, welches durch die Mittellosigkeit der Gegenseite die solvente Partei in unzulässiger Weise benachteiligt hätte, ohne allerdings die Unwirksamkeit explizit auf einen Wegfall der Geschäftsgrundlage zu stützen, BGH, Urteil v. 19.09.1988 II ZR 362/87, NJW-RR 1989, 124 (125). Vgl. auch weitere Beispiele bei *Finkenauer* in MüKo-BGB[7] (2016), § 313 Rn. 228.

572 Siehe oben Dritter Teil, § 1, II, 1, b, aa.

II. Abgrenzung und Rechtsfolgen

Es liegen damit in Bezug auf diese beiden Fallgruppen Überschneidungen zwischen den Voraussetzungen der Kündigung aus wichtigem Grund sowie der Störung der Geschäftsgrundlage vor. Das Verhältnis der Kündigung aus wichtigem Grund zu § 313 BGB ist umstritten. Sowohl § 313 BGB als auch § 314 BGB haben den gleichen in § 242 BGB verankerten Schutzzweck, unter Berücksichtigung der Interessen beider Vertragsparteien die Bindung an unzumutbare Vertragsverhältnisse zu verhindern, und schützen damit im Ergebnis die Vertragsgerechtigkeit[573]. Der Gesetzgeber hält § 313 BGB grundsätzlich für eine *lex specialis* gegenüber der Kündigung aus wichtigem Grund[574]. Andere sehen eine Spezialität nur im Hinblick auf die Kündigung nach § 313 Abs. 3 S. 2 BGB[575] oder genau umgekehrt einen Vorrang von § 314 BGB für die Kündigung, dem jedoch wiederum eine Anpassung nach § 313 Abs. 1 BGB entweder vorangeht[576] oder zur Seite gestellt ist[577]. Wieder andere sehen die beiden Normen unabhängig nebeneinander stehen[578]. Jedenfalls im Hinblick auf die Ausübung des Kündigungsrechts sollten richtigerweise § 314 BGB sowie § 313 BGB getrennt voneinander betrachtet werden. Es ist nicht ersichtlich, weswegen den Parteien eine Kündigung nach § 314 BGB verwehrt sein sollte, weil der wichtige Grund gleichzeitig auch die tatbestandlich höheren Anforderungen an eine Störung der Geschäftsgrundlage erfüllt[579]. Ein Vorrang des § 313 BGB würde zu der schwer nachvollziehbaren Regelung führen, dass in vermeintlich minder schweren Fällen, in denen zwar ein wichtiger Grund in Sinne des § 314 BGB, aber keine Störung der Geschäftsgrundlage vorliegt, gekündigt werden kann, während in den Fällen, in denen der wichtige Grund auch eine Störung der Geschäftsgrundlage darstellt, die Parteien nur Anpassung des Vertrages verlangen können. Die Schiedsvereinbarung kann daher auch dann aus wichtigem Grund gekündigt werden, wenn der Kündigungsgrund gleichzeitig auch eine Störung der Geschäftsgrundlage

---

573 BT-Drs. 14/6040, S. 174; *Finkenauer* in MüKo-BGB[7] (2016), § 313 Rn. 2; *Schulze* in HK-BGB[9] (2017), § 314 Rn. 1; *Stadler* in Jauernig[17] (2018), § 313 Rn. 1; *Lorenz* in BeckOK-BGB[47] (2018), § 313 Rn. 1.

574 Bt-Drs. 14/6040, S. 177; so auch *Finkenauer* in MüKo-BGB[7] (2016), § 313 Rn. 169 f.

575 OLG Saarbrücken, Urteil v. 27.04.2010 – 4 U 41/09, BeckRS 2010, 14170 unter II. 1; *Feldhahn*, Die Störung der Geschäftsgrundlage im System reformierten Schuldrechts, NJW 2005, 3381 (3382).

576 *Lorenz* in BeckOk-BGB[47] (2018), § 313 Rn. 21.

577 *Stadler* in Jauernig[17] (2018), § 313 Rn. 12.

578 *Schulze* in HK-BGB[9] (2017), § 314 Rn. 2.

579 So auch *Schulze* in HK-BGB[9] (2017), § 314 Rn. 2

nach § 313 BGB darstellt, ohne dass vorrangig eine Anpassung der Schiedsvereinbarung versucht werden muss.

Diese Diskussion ist allerdings ohnehin praktisch von geringer Bedeutung, denn es führt im Ergebnis in den meisten Fällen zu keinem Unterschied für die Kündigung der Schiedsvereinbarung. Die zusätzliche Voraussetzung der Abmahnung beziehungsweise des Ablaufs einer Abhilfefrist nach § 314 Abs. 2 BGB, welche sich ohnehin nur dann stellt, wenn man die Schiedsvereinbarung nicht als Schiedsgesellschaft betrachtet, stellt sich in Bezug auf eine Störung der Geschäftsgrundlage betreffenden Fallgruppen nicht, da es sich entweder nicht um Vertragsverletzungen handelt (wie bei Undurchführbarkeit aufgrund von Kriegen oder Naturkatastrophen) oder, wie bei Mittellosigkeit der Gegenseite, ohnehin erst dann eine tatsächliche Störung der Geschäftsgrundlage vorliegt, wenn die Gegenseite tatsächlich objektiv nicht in der Lage ist, die Kosten für das Schiedsverfahren aufzubringen, sodass auch in diesem Fall eine Abhilfefrist oder eine Abmahnung nicht erforderlich wäre[580]. Auch die im Hinblick auf die Störung der Geschäftsgrundlage grundsätzlich vorrangige Vertragsanpassung nach § 313 Abs. 1 BGB kommt in diesen Fallgruppen zumeist nicht in Betracht, da sie den Parteien entweder nicht zugemutet werden kann (Kostenübernahme für die Gegenseite[581]) oder nicht möglich ist, da auch eine ergänzende Vertragsauslegung zu keiner durchführbaren Schiedsvereinbarung führen würde, wie in den zur Kündigung berechtigenden Fällen des Wegfalls der Schiedsinstitution oder der Verfahrensverhinderung bei kriegerischen Einflüssen[582].

§ 3 Vereinbarung eines vertraglichen Kündigungsrechts

Neben den zuvor dargestellten, aus dem Gesetz folgenden Kündigungsrecht, steht es den Parteien auch frei, in der Schiedsvereinbarung ein vertragliches Kündigungsrecht zu vereinbaren.

580 Vgl. dazu nochmals zur Notwendigkeit einer Abhilfefrist bzw. einer Abmahnung bei § 314 BGB oben, Dritter Teil, A, § 1, 3.

581 Vgl. BGH, Urteil v. 30.01.1964 – VII ZR 5/63, NJW 1964, 1129 (1130 f.).

582 Siehe oben Dritter Teil, § 1, II, 1, b, aa; Zur Erinnerung – auch im Rahmen der Kündigung aus wichtigem Grund kann zum Beispiel bei Wegfall der Schiedsinstitution nur dann gekündigt werden, wenn durch ergänzende Vertragsauslegung keine andere Institution bestimmt werden kann, welche für das Verfahren in Betracht kommt, vgl. dazu nochmals BGH, Beschluss v. 14. 7. 2011 – III ZB 70/10, NJW 2011, 2977 (2978).

I. Vertragliche Definition von wichtigen Gründen

Eine vertragliche Regelung des Kündigungsrechts kann einerseits als Erweiterung beziehungsweise Konkretisierung des gesetzlichen Kündigungsrechts aus wichtigem Grund erfolgen, indem die Parteien von vornherein wichtige Gründe definieren, welche zur Kündigung berechtigen sollen[583]. Dies hat den Vorteil, dass die Parteien damit eine vorweggenommene Abwägung der Zumutbarkeit am Festhalten des Vertrages vornehmen. Tritt damit der durch die Parteien festgelegte Grund ein, bedarf es keiner weiteren Abwägung, es kann dann vielmehr umgehend gekündigt werden[584]. Zu beachten ist jedoch, dass hiervon nicht zu umfassend Gebrauch gemacht werden darf, da ansonsten die Charakteristik der Kündigung aus wichtigem Grund als nur ausnahmsweise mögliche Kündigung umgangen wird[585]. Grundsätzlich unzulässig ist eine solche Erweiterung im Zuge von AGB-Klauseln, insbesondere durch die Benennung von Gründen, welche ansonsten keinen wichtigen Grund darstellen würden[586]. Damit stellt die Möglichkeit, besondere Kündigungsgründe vertraglich zu definieren, eher eine Konkretisierungs- als eine Ausweitungsmöglichkeit der Kündigung aus wichtigem Grund dar.

II. Möglichkeit einer ordentlichen Kündigung

Wie oben bereits ausgeführt, lässt sich die Schiedsvereinbarung nach § 723 Abs. 1 BGB nicht ordentlich kündigen, da die Schiedsvereinbarung zwar auf unbestimmte Zeit geschlossen wird, die ordentliche Kündigungsmöglichkeit jedoch durch die Funktion der Schiedseinrede nach § 1032 ZPO in ihrer Wirkung ausgeschlossen wird, sodass eine gesetzliche ordentliche Kündigungsmöglichkeit nicht besteht[587].

Den Parteien steht es jedoch frei, von diesem Grundsatz vertraglich abzuweichen. Es spricht nichts dagegen, für die Zeit vor Einleitung des Schiedsverfahrens sowie nach Verfahrensabschluss für den fortbestehenden Restteil der Schiedsvereinbarung ein ordentliches Kündigungsrecht zu vereinbaren. In diesem Fall stellt ein solches Kündigungsrecht eine besondere Ausprägungsform einer Optionsklausel dar, welche den Parteien die Wahl zwischen staatlichem

---

583 Zur grundsätzlichen Zulässigkeit solcher Definitionen BGH, Urteil v. 07.07.1988 – I ZR 78/87, NJW-RR 1988, 1381 (1382).

584 BGH, Urteil v. 07.07.1988 – I ZR 78/87, NJW-RR 1988, 1381 (1382).

585 „*Begrenzte Ausweitung*", *Gaier* in MüKo-BGB[7] (2016), § 314 Rn. 4.

586 BGH, Urteil v. 15.11.2007 – III ZR 247/06, NJW 2008, 360 (364).

587 Siehe oben Dritter Teil, A, § 1, I, 2.

oder schiedsrichterlichem Verfahren lässst[588] und damit unter Gesichtspunkten des Rechtsschutzes unbedenklich ist.

Etwas anderes ergibt sich auch nicht für den Fall, dass eine Schiedsvereinbarung nicht als Gesellschaft eingestuft wird. Dauerschuldverhältnisse sind im Allgemeinen dann ordentlich kündbar, wenn die Parteien dies vorher vereinbart haben[589]. Ausdrückliche Aussagen in Bezug auf Schiedsvereinbarungen gibt es – soweit ersichtlich – weder seitens der Rechtsprechung noch der Literatur[590]. Dennoch ist nicht ersichtlich, warum dieser Grundsatz nicht auch in Bezug auf Schiedsvereinbarungen zulässig sein sollte. Die Parteien könnten also – jedenfalls abseits laufender Verfahren – ein ordentliches Kündigungsrechts vereinbaren.

Eine Teilkündigung ist, im Gegensatz zu der Kündigung aus wichtigem Grund[591], als vertraglich vereinbartes Kündigungsrecht denkbar. Denn das gegen eine Teilkündigung vorgebrachte Argument, es stelle ein einseitiges Vertragsanpassungsrecht dar[592], greift nicht, da die Parteien es hier ja gerade selbst vereinbart haben. Dies gilt für die subjektive wie die objektive Teilkündigung gleichermaßen.

Im Ergebnis ist damit die Vereinbarung eines ordentlichen Kündigungsrechts durch die Parteien möglich.

B. Beendigung durch Rücktritt

Der zweite Abschnitt dieses Teils setzt sich mit der Frage auseinander, ob Schiedsvereinbarungen neben einer Kündigung auch durch Rücktritt beendet werden können.

---

588 Zur Zulässigkeit einer solchen Klausel BGH, Urteil v. 18.12.1975 – III ZR 103/73, NJW 1976, 852 (852 f.); in AGB: BGH, Urteil v. 10.10.1991 – III ZR 141/90, BGHZ 115, 324 (325); *Münch* in MüKo-ZPO[5] (2017), § 1029 Rn. 96; *Voit* in Musielak/Voit-ZPO[15] (2018), § 1029 Rn. 21.

589 Für die BGB Gesellschaft *Kilian* in Henssler/Strohn[3] (2016), § 723 Rn. 7; für Dienstverträge nach § 620 BGB vgl. *Hesse* in MüKo-BGB[7] (2016), § 620 Rn. 11.

590 Sehr allgemein die Möglichkeit eines vertraglichen Kündigungsrechts anerkennend: OLG Stuttgart, Beschluss v. 15.11.2007 – 1 SchH 4/07, BeckRS 2009, 13147 unter 2, c, bb (sic), (1).

591 Vgl. dazu nochmals zur Teilkündigung oben Dritter Teil, A, § 1, II, 4.

592 BGH, Urteil v. 05.11.1992 – IX ZR 200/91, NJW 1993, 1320 (1322); BGH, Urteil v. 06.10.1999 – VIII ZR 125/98, NJW 2000, 515; *Gaier* in MüKo-BGB[7] (2016), § 314 Rn. 19.

§ 1 Anwendbarkeit des Rücktrittsrechts auf Schiedsvereinbarungen

Dazu müssten zunächst die Vorschriften über den Rücktritt nach §§ 323 ff. BGB Anwendung auf die Schiedsvereinbarung finden. Wie festgestellt, handelt es sich bei der Schiedsvereinbarung um ein Dauerschuldverhältnis, sodass die Vorschriften über die Kündigung aus wichtigem Grund vorrangig anwendbar sind, was Rücktrittsvorschriften ausschließt. Dennoch gibt es einige Stimmen, die auf die Schiedsvereinbarung auch die Vorschriften der §§ 323 ff. BGB anwenden möchten[593]. Dabei soll der Rücktritt jedoch nicht für alle Fallkonstellationen in Betracht kommen, sondern ist auf Fälle beschränkt, in denen ein Schiedsverfahren noch nicht eingeleitet wurde[594]. Hauptanwendungsfall ist damit auch hier die bereits zuvor thematisierte Weigerung der Gegenseite, den Vergütungsvorschuss an das Gericht zu zahlen.

Der Mehrwert einer Anwendbarkeit der Rücktrittsvorschriften ist dabei eher gering: zwar können sich die Parteien zur Rückabwicklung der Schiedsvereinbarung auf § 346 BGB berufen[595], während bei der Kündigung aus wichtigem Grund aufgrund der *ex-nunc* Beendigung der Schiedsvereinbarung eine Rückabwicklung nicht stattfindet[596]. Geschuldete und bereits ausgetauschte Vorleistungen werden aber auch bei der Kündigung aus wichtigem Grund nicht nach Bereicherungsrecht abgewickelt, sondern über eine entsprechende Anwendung von § 346 BGB[597]. Zudem kommen bei Beschränkung des Rücktrittsrechts auf die Phase bis zur Einleitung des Schiedsverfahrens neben dem gezahlten Vorschuss kaum weitere Posten in Betracht, die rückabgewickelt werden könnten und was einen Mehrwert von § 346 BGB begründen könnte.

Dogmatisch steht die Anwendbarkeit des Rücktrittsrechts auf die Schiedsvereinbarung vor zwei Hürden. Eine dieser Hürden liegt in der Anspruchskonkurrenz aus Rücktritt und Kündigung bei Vorliegen eines Dauerschuldverhältnisses

---

593 *Hartmann* in Baumbach/Lauterbach-ZPO[76] (2018), § 1029 Rn. 27; *Schütze/Tscherning/Wais*, Handbuch des Schiedsverfahrens[2] (1990), Rn. 139.

594 Implizit *Hartmann in* Baumbach/Lauterbach-ZPO[76] (2018), § 1029 Rn. 27; *Geimer* in Zöller-ZPO[32] (2018), § 1029 Rn. 97.

595 Insoweit missverständlich *Schütze/Tscherning/Wais,* Handbuch des Schiedsverfahrensrechts[2] (1990), Rn. 139, die von einem rückwirkenden Erlöschen der Schiedsvereinbarung durch Rücktritt sprechen.

596 *Gaier* in MüKo-BGB[7] (2016), § 314 Rn. 23.

597 So die h.M., die für den Fall, dass der Kündigungsgegner die Kündigung zu vertreten hat, über eine entsprechende Anwendung von § 628 Abs. 1 S. 3 zum Rücktritt gelangt, vgl. *Gaier* in MüKo-BGB[7] (2016), § 314 Rn. 23; *Stürner* in PWW-BGB[13] (2018), § 314 Rn. 20.

(I). Zum anderen handelt es sich bei der Schiedsvereinbarung nicht um einen klassischen, synallagmatischen Austauschvertrag, was die Rückabwicklung nach § 346 BGB aus diesem Grund schwierig erscheinen lässt (II).

I. Anwendbarkeit des Rücktrittsrechts auf Dauerschuldverhältnisse

Hinsichtlich der Loslösung von Dauerschuldverhältnissen ist die Kündigung aus wichtigem Grund grundsätzlich zwar *lex specialis*[598]. Die besondere Charakteristik der *ex-nunc* Wirkung der Kündigung begründet sich jedoch insbesondere daraus, dass in Vollzug gesetzte Dauerschuldverhältnisse deutlich schwieriger rückabzuwickeln sind, als einfache Austauschverträge[599]. Hinsichtlich der ruhenden Schiedsvereinbarung vor Einleitung eines Schiedsverfahrens besteht diese Schwierigkeit jedoch, wie gerade festgestellt, hinsichtlich der Rückabwicklung des Parteiverhältnisses nicht, sodass auch die Vorschriften über den Rücktritt Anwendung finden können. Ob man dabei die ruhende Schiedsvereinbarung als bereits in Vollzug gesetzt ansieht (aufgrund ihrer bereits mit Abschluss eintretenden prozessrechtlichen Wirkungen) oder ein Invollzugsetzen erst mit Beginn des ersten Schiedsverfahrens annimmt, ist dabei unerheblich. Denn hinsichtlich der parallelen Anwendbarkeit von Rücktritts- und Kündigungsnormen kommt es nicht auf diese abstrakte Unterscheidung an, sondern auf den dahinter stehenden Gedanken der Rückabwickelbarkeit[600]. Diese ist hinsichtlich der Schiedsvereinbarung erst ab dem Moment der Anrufung des Schiedsgerichts mit erheblichen Schwierigkeiten verbunden, da auf Basis der Schiedsvereinbarung jetzt die Schiedsinstitution mit verfahrenseinleitenden und vorbereitenden Schritten beginnt. Da hierfür einem Dritten, nämlich der Schiedsinstitution, Kosten entstehen, welche die Parteien zu tragen haben und die Leistungen, welche die Schiedsinstitution im Rahmen der Vorbereitung auf das Verfahren erbringt, keine Leistungen sind, die sich ohne weiteres zurückgewähren lassen, ist ab diesem Zeitpunkt die Kündigung aus wichtigem Grund mit ihrer Wirkung *ex-nunc* sachgerechter.

---

598 BGH, Urteil v. 10.07.1968 – VIII ZR 120/66, BGHZ 50, 312 (315): *Stürner* in PWW-BGB[13] (2018), § 314 Rn. 19.

599 *Gaier* in MüKo-BGB[7] (2016), § 314 Rn. 3.

600 BGH, Urteil v. 19.02.2002 – X ZR 166/99, NJW 2002, 1870 (1870).

II. Anwendbarkeit des Rücktrittsrechts auf nicht-synallagmatische Vertragsverhältnisse

Die Charakterisierung der Schiedsvereinbarung als Dauerschuldverhältnis ist nicht die einzige Hürde, die hinsichtlich der Anwendbarkeit der §§ 323 ff. BGB problematisch erscheint. In seiner Rechtsfolge nach § 346 BGB ist der Rücktritt nämlich auf die Rückgewähr von empfangenen Leistungen in gegenseitigen Verträgen ausgerichtet[601], was wiederum voraussetzt, dass der Vertrag die Parteien auch zum Austausch solcher Leistungen verpflichtet. Ein gegenseitiger oder synallagmatischer Vertrag ist dabei ein Vertrag, in dem eine Partei ihre Leistung verspricht, damit die Gegenseite auch ihre Leistung erbringt[602].

Ob es sich bei der Schiedsvereinbarung um einen gegenseitigen Vertrag handelt, ist umstritten und hängt auch von der Zuordnung der Schiedsvereinbarung zu einem bestimmten Vertragstypus ab. Wie zuvor festgestellt, handelt es sich bei der Schiedsvereinbarung um eine Schiedsgesellschaft nach den §§ 705 ff. BGB[603]. Hinsichtlich der Gesellschaft ist die Einordnung als gegenseitiger Vertrag ebenfalls Gegenstand reger Auseinandersetzungen. Die Debatte wird bisher insbesondere vor dem Hintergrund der Anwendbarkeit der §§ 320 ff. BGB auf ein Gesellschaftsverhältnis geführt[604]. Die Rechtsprechung qualifiziert die Gesellschaft als gegenseitigen Vertrag mit der Begründung, dass die Gesellschafter sich gegenseitig zur Zweckverfolgung verpflichten[605]. Im Schrifttum wird diese generelle Einordnung als gegenseitiger Vertrag als zu pauschal kritisiert und für eine differenziertere Betrachtung eingetreten. Es komme entscheidend auf eine Einzelfallbetrachtung der jeweiligen Gesellschaft und der einzelnen Beziehung zwischen den Gesellschaftern an[606]. Differenziert wird in zwei Richtungen: Zum einen betreffe das Gegenseitigkeitsverhältnis immer nur das Verhältnis der Gesellschafter untereinander, nicht jedoch das Verhältnis der Gesellschafter zur Gesellschaft[607]. Weiterhin sollen die §§ 320 ff. BGB insbesondere bei Außengesellschaften nicht zur Anwendung kommen, weil aufgrund der Rechtsfähigkeit und der Organisation der Gesellschaft das Verhältnis zwischen der Gesellschaft

601 *Ernst* in MüKo-BGB[7] (2016), § 323 Rn. 1.

602 *Stürner* in PWW-BGB[13] (2018), Vor §§ 320 ff. Rn. 1.

603 Siehe oben Erster Teil, C, § 2.

604 *Stürner* in PWW-BGB[13] (2018), Vor §§ 320 ff. Rn. 8.

605 BGH, Urteil v. 29.01.1951 – IV ZR 171/50, NJW 1951, 308.

606 *Stadler* in Jauernig[17] (2018), § 320 Rn. 4; *Stürner* in PWW-BGB[13] (2018), Vor §§ 320 Rn. 8.

607 *Emmerich* in MüKo-BGB[7] (2016), § 320 Rn. 16.

und den Gesellschaftern, nicht jedoch das Verhältnis der einzelnen Gesellschafter untereinander, im Vordergrund stehe[608]. Weiterhin wird differenziert hinsichtlich der Anzahl der Gesellschafter. Im zweigliedrigen Gesellschaftsverhältnis findet § 320 BGB Anwendung, im Verhältnis von mehr als zwei Gesellschaftern untereinander nicht mehr[609].

Einigkeit betreffend der Gegenseitigkeit von gesellschaftsvertraglichen Pflichten (nicht jedoch bezüglich der daraus folgenden Anwendbarkeit der §§ 320 ff. BGB) besteht jedenfalls hinsichtlich der Beitragspflicht der Gesellschafter[610].

Überträgt man diese Grundsätze auf die Schiedsvereinbarung als Verfahrensgesellschaft, lässt sich festhalten, dass das Rücktrittsrecht aufgrund einer Pflichtverletzung der Parteien immer dann parallel zur Kündigung aus wichtigem Grund angewandt werden kann, wenn es sich bei der betroffenen Pflicht um eine Pflicht handelt, die sich die Gesellschafter gegenseitig schulden und die damit eine „Hauptleistungspflicht" des Gesellschaftsverhältnisses darstellt. In Betracht kommt damit als primäre Mitwirkungspflicht vor Einleitung des Schiedsverfahrens die Zahlung des Vorschusses an das Schiedsgericht[611]. Denn selbst wenn weiteren Verfahrensbeteiligungspflichten ebenfalls eine Gegenseitigkeit zugesprochen werden könnte, scheitert in diesen Fällen die Anwendbarkeit der §§ 323 ff. BGB daran, dass nach Zahlung des Vorschusses das Schiedsverfahren eingeleitet wird und ab diesen Zeitpunkt aufgrund des Invollzugsetzens die Kündigung vorgeht[612].

Hinsichtlich der Nichtzahlung des Vorschusses für das Schiedsgericht kann damit konsequenterweise von der Schiedsvereinbarung zurückgetreten werden[613].

---

608 *K. Schmidt,* Gesellschaftsrecht[4] (2002), § 20 III 2.

609 *Emmerich* in MüKo-BGB[7] (2016), § 320 Rn. 16; *Stürner* in Jauernig[17] (2018), § 705 Rn. 18.

610 *Emmerich* in MüKo-BGB[7] (2016), § 320 Rn. 16; *K. Schmidt,* Gesellschaftsrecht[4] (2002), § 20 III 2; *Stürner* in Jauernig[17] (2018), § 705 Rn. 18.

611 Vgl. *Hartmann* in Baumbach/Lauterbach-ZPO[76] (2018), § 1029 Rn. 19.

612 Siehe oben Zweiter Teil, B.

613 A.A. *Habscheid,* Die Kündigung des Schiedsvertrages aus wichtigem Grunde, KTS 1980, 285 (291); *Schwab/Walter,* Schiedsgerichtsbarkeit[7] (2005), Kapitel 8, I Rn. 10, die jeweils eine Anwendbarkeit des Rücktrittsrechts mit der Begründung ablehnen, dass es der Schiedsvereinbarung an der Gegenseitigkeit fehlt, sowie *Schiedermair,* Buchbesprechung Baumbach – Schwab, Schiedsgerichtsbarkeit, ZZP 74, 142 (143 f.), der eine Anwendbarkeit der Rücktrittsvorschriften durch die prozessuale Natur der Schiedsvereinbarung ausgeschlossen sieht.

§ 2 Rücktrittsgrund und Rechtsfolge

Als Rücktrittsgrund kommt § 323 Abs. 1 BGB in Betracht. Abhängig davon, ob die Gegenseite die Zahlung bereits ernsthaft und endgültig verweigert hat oder nicht, ist eine Fristsetzung gemäß § 323 Abs. 2 Nr. 1 BGB entbehrlich.

Die Rechtsfolge bestimmt sich gemäß § 346 Abs. 1 BGB: alle nicht erfüllten Pflichten erlöschen, hinsichtlich bereits erfüllter Pflichten entsteht ein Rückgewährschuldverhältnis[614]. Die empfangenen Leistungen sind also zurückzugewähren. Sollte dies nicht möglich sein, ist Wertersatz gemäß § 346 Abs. 2 BGB zu leisten.

Während hinsichtlich des Erlöschens der Leistungspflichten in Bezug auf die Schiedsvereinbarung keine Besonderheiten bestehen, ist die Rückgewähr des bereits Geleisteten problematisch. Wird bezüglich der Nichtzahlung des Vorschusses zurückgetreten, wird die zurücktretende Partei im Regelfall den Vorschuss bereits bezahlt haben und damit ihre Beitragspflicht erfüllt haben. Diese Beitragsleistung ist jedoch regelmäßig nicht direkt an den anderen Gesellschafter geleistet worden, sondern an einen Dritten, nämlich die Schiedsinstitution.

Damit ist § 346 Abs. 1 BGB jedoch dem Wortlaut nach nicht anwendbar, denn dieser setzt die Rückgabe bereits *empfangener* Leistungen voraus. Empfangen hat die andere Partei der Schiedsvereinbarung jedoch unmittelbar nichts, allenfalls mittelbar die Möglichkeit, ein Schiedsverfahren durch eigene Zahlung des Vorschusses einleiten zu können. Orientiert man sich hinsichtlich der Bestimmung, wann eine Leistung eine empfangene Leistung ist, am in der Rechtsfolge vergleichbaren Bereicherungsrecht[615], so müsste einerseits die Zahlung des Vorschusses an das Schiedsgericht einen vermögenswerten Vorteil für die andere Schiedspartei darstellen[616]. Andererseits müsste eine bewusste und zweckgerichtete Mehrung ihres Vermögens stattgefunden haben[617]. Beides liegt bei der Zahlung des Vorschusses an das Schiedsgericht jedoch nicht vor. Das Vermögen der anderen Partei ist durch die Zahlung an das Schiedsgericht nicht gemehrt, denn die Vermögenslage der Gegenseite wird durch die Zahlung des Vorschusses in keiner Weise berührt oder verändert. Auch liegt keine Leistung vor, denn selbst unter der Annahme, dass die Gegenseite einen vermögenswerten Vorteil erlangt

---

614 *Gaier* in MüKo-BGB[7] (2016), § 346 Rn. 1; *Stürner* in PWW-BGB[13] (2018), § 346 Rn. 3.

615 *Stadler* in Jauernig[17] (2018), § 346 Rn. 2.

616 Vgl. *Prütting* in PWW-BGB[13] (2018), § 812 Rn. 28.

617 BGH, Urteil v. 24.02.1972 – VII ZR 207/70, BGHZ 58, 184 (188); BGH, Urteil v. 31.05.1990 – VII ZR 336/89, BGHZ 111, 382 (382); BGH, Urteil v. 10.02.2005 – VII ZR 184/04, BGHZ 162, 157 (157); *Prütting* in PWW-BGB[13] (2018), § 812 Rn. 22 f.

hat, ist aus der Sicht der anderen Schiedspartei die Zahlung an die Schiedsinstitution erfolgt und nicht an die Gegenseite, sodass nur in diesem Verhältnis von einer Leistungsbeziehung auszugehen ist. Damit liegt hinsichtlich des Vorschusses keine empfangene Leistung nach § 346 Abs. 1 BGB vor und § 346 BGB findet damit auf die Rückzahlung des bereits geleisteten Vorschusses keine Anwendung.

So ist aufgrund der fehlenden Invollzugsetzung der Schiedsvereinbarung zwar ein Rücktritt nach § 323 BGB wegen fehlender Zahlung des Vorschusses durch die Gegenseite möglich, praktische Auswirkungen bestehen im Vergleich zur Kündigung aus wichtigem Grund jedoch nicht, da auch bei einem Rücktritt § 346 BGB hinsichtlich der Schiedsvereinbarung nur zu einem Erlöschen der zukünftigen Pflichten führt und nicht zu einer Rückabwicklung von bereits erfolgten Leistungen zwischen den Parteien.

C. Beendigung durch Anfechtung

§ 1 Allgemeines

Neben der Kündigung und dem Rücktritt kommt in Bezug auf die einseitigen Beendigungsmöglichkeiten einer Schiedsvereinbarung auch die Anfechtung nach §§ 119 ff. BGB in Betracht. Wie auch die sonstigen Vorschriften des Allgemeinen Teils des BGB, finden auch die Anfechtungsnormen analog Anwendung auf die Schiedsvereinbarung als Prozessvertrag[618]. Möglich ist dabei sowohl eine Irrtumsanfechtung nach § 119 BGB als auch eine Anfechtung wegen arglistiger Täuschung oder widerrechtlicher Drohung nach § 123 BGB[619]. Auch die Anfechtung wegen falscher Übermittlung nach § 120 BGB kommt in Betracht, besitzt jedoch aufgrund der in der Regel schriftlich geschlossenen Schiedsvereinbarung nur eine geringe Praxisrelevanz.

Im Hinblick auf den Irrtum stellen sich grundsätzlich keine schiedsvereinbarungsspezifischen Besonderheiten. Zu beachten ist jedoch, dass sich der Anfechtungsgrund auf die Schiedsvereinbarung selbst beziehen muss. Eine

---

618 Zur Zulässigkeit der Anfechtung von Schiedsklauseln im allgemeinen: BGH, Urteil v. 10.03.1955 – II ZR 193/53, BGHZ 17, 7 (8); *Geimer* in Zöller[32] (2018), § 1029 Rn. 24; *Habscheid*, Die Rechtsnatur des Schiedsvertrags und ihre Auswirkungen, KTS 1955, 33 (36); *Ders.*, Aus der höchstrichterlichen Rechtsprechung zur Schiedsgerichtsbarkeit, KTS 1967, 1 (2); *Lionnet/Lionnet*, Handbuch der internationalen und nationalen Schiedsgerichtsbarkeit[3] (2005), S. 210; *Schwab/Walter*, Schiedsgerichtsbarkeit[7] (2005), Kapitel 8, I, Rn. 9.

619 *Saenger* in Saenger-ZPO[7] (2017), § 1029 Rn. 26.

arglistige Täuschung in Bezug auf den Hauptvertrag reicht demnach nicht für eine Anfechtung der Schiedsvereinbarung selbst aus. Dies folgt aus dem Trennungsprinzip[620]. Entsprechend hohe Anforderungen sind damit auch an den Nachweis der Kausalität der Täuschung etwa für den Abschluss der Schiedsvereinbarung zu stellen[621].

Zu beachten ist weiterhin, dass Sonderregelungen eine Anfechtung in besonderen Fällen ausschließen können. So kann bei Vorliegen eines Irrtums über wesentliche Eigenschaften eines in der Schiedsvereinbarung bestimmten Schiedsrichters ab Einleitung des Schiedsverfahrens nicht mehr angefochten werden, weil die spezielleren Vorschriften von §§ 1036 ff. ZPO über die Ablehnung von Schiedsrichtern in diesem Fall vorgehen[622].

§ 2 Zeitpunkt der Anfechtung

Für den Zeitpunkt der Anfechtung gelten zunächst die allgemeinen Regelungen, das heißt bei einer Anfechtung nach §§ 119, 120 BGB muss diese unverzüglich nach Kenntnis des Anfechtungsgrundes erfolgen, für § 123 BGB gilt entsprechend die Jahresfrist nach § 124 BGB.

Speziell im Hinblick auf Schiedsvereinbarungen ist dabei aber umstritten, ob die Anfechtung der Schiedsvereinbarung auch noch nach Einleitung des Schiedsverfahrens erklärt werden kann oder ab diesem Zeitpunkt ausgeschlossen ist[623]. Richtigerweise ist dabei von der Möglichkeit der freien Anfechtbarkeit

620 *Geimer* in Zöller-ZPO[32] (2018), § 1029 Rn. 1; *Voit* in Musielak/Voit-ZPO[15] (2018), § 1029 Rn. 13.

621 Vgl. dazu BGH, Beschluss v. 27.11.2008 – III ZB 59/07, BeckRS 2008, 26011 unter Rn. 6.

622 Noch zum alten Recht: BGH, Urteil v. 10.03.1955 – II ZR 193/53, BGHZ 17, 7 (8); *Voit* in Musielak/Voit-ZPO[15] (2018), § 1029 Rn. 11.

623 Noch zum alten Recht für eine Anfechtbarkeit der Schiedsvereinbarung bis zum Zeitpunkt der Vollstreckbarerklärung des Schiedsspruchs: BGH, Urteil v. 10.03.1955 – II ZR 193/53, BGHZ 17, 7 (8); auch nach neuem Recht für eine Anfechtbarkeit der Schiedsvereinbarung bis zum Zeitpunkt der Vollstreckbarerklärung, *Voit* in Musielak/Voit-ZPO[15] (2018), § 1029 Rn. 11; implizit wohl auch *Saenger* in Saenger-ZPO[7] (2017), § 1029 Rn. 26; Für eine Anwendbarkeit nur bis zur Einleitung eines Schiedsverfahrens insbesondere: *Schwab/Walter*, Schiedsgerichtsbarkeit[7] (2005), Kapitel 8, I, Nr. 8, Rn. 9; differenzierend dagegen *Schlosser* in Stein/Jonas-ZPO[23] (2014), § 1029 Rn. 9, der sich dafür ausspricht, die Anfechtbarkeit auch bei bereits begonnenem Verfahren so lange zu erhalten, bis sich die Gegenseite nicht am Verfahren beteiligt hat. Ab diesem Zeitpunkt dagegen soll die Anfechtung ausgeschlossen sein im Sinne einer „Heilung" des Anfechtungsgrundes durch Einlassen trotz Kenntnis.

von Schiedsvereinbarungen bis zur Vollstreckbarerklärung des Schiedsspruchs auszugehen.

Für einen Ausschluss der Anfechtbarkeit von Schiedsvereinbarung ab dem Zeitpunkt der Einleitung eines Schiedsverfahrens wird seitens *Schwab* und *Walter* die prozessuale Natur der Schiedsvereinbarung angeführt[624]. Eine genauere Begründung, weswegen die prozessuale Natur der Schiedsvereinbarung eine solche Anfechtung ausschließt, wird jedoch nicht gegeben. Aus dem alleinigen Umstand, dass die Schiedsvereinbarung prozessuale Wirkungen entfaltet, folgt ein solcher Ausschluss nicht, denn auch der in dieser Hinsicht vergleichbare Prozessvergleich nach § 794 BGB kann angefochten werden[625]. Die hier vertrene Einstufung der Schiedsvereinbarung als Prozessvertrag schließt eine Anfechtbarkeit der Schiedsvereinbarung nicht aus, denn auch Prozessverträge können grundsätzlich angefochten werden[626].

Auch aus Gründen der Rechtssicherheit oder Rechtsklarheit ist nicht ersichtlich, weswegen eine Anfechtung nach Verfahrensbeginn nicht mehr zulässig sein sollte. Zwar wird damit dem dann laufenden Schiedsverfahren die Legitimationsgrundlage entzogen, nichts anderes geschieht jedoch auch bei der Kündigung aus wichtigem Grund nach Verfahrensbeginn, welche einhellig als zulässig angesehen wird[627].

Durch das Erfordernis der unverzüglichen Anfechtung nach § 121 BGB besteht auch nicht das Risiko, dass eine der Parteien das Anfechtungsrecht missbraucht, um bei einem eventuell nicht genehmen Schiedsspruch diesen durch Anfechtung anzugreifen[628]. In Fällen, in denen eine längere Anfechtungsfrist besteht, kann ein solches Taktieren der Parteien verhindert werden, indem man eine „Heilung" des Willensmangels durch fortgesetztes Verhandeln und Zuwarten auf den Schiedsspruch annimmt. Dies kann entweder auf eine Bestätigung der Schiedsvereinbarung im Sinne von § 144 BGB[629] gestützt werden, einer entsprechenden Anwendung des Rechtsgedankens von § 1031 Abs. 6 ZPO und

624 *Schwab/Walter*, Schiedsgerichtsbarkeit[7] (2005), Kapitel 8, I, Nr. 8, Rn. 9.

625 Wenngleich die Rechtsfolge einer solchen Anfechtung streitig ist. Vgl. dazu *Arnold* in Erman-BGB[15] (2017), § 119 Rn. 2; *Becker-Eberhardt* in MüKo-ZPO[5] (2016), § 261 Rn. 7.

626 *Wendtland* in BeckOK-BGB[47] (2018), § 119 Rn. 4. Etwas anderes gilt nur für genuine Prozesshandlungen, welche keine Willenserklärungen im Sinne von § 119 ff. BGB darstellen.

627 Vgl. nochmals oben, Dritter Teil, A, § 1, II, 6.

628 *Voit* in Musielak/Voit-ZPO[15] (2018), § 1029 Rn. 11.

629 *Münch* in MüKo-ZPO[5] (2017), § 1029 Rn. 19.

damit dem konkludenten Abschluss einer neuen, willensmangelfreien Schiedsvereinbarung[630] oder dem Verlust des Rügerechts nach § 1027 ZPO bei Weiterbetreiben des Verfahrens trotz Kenntnis des Anfechtungsgrundes[631]. Welche der vertretenen Rechtsgrundlagen im Ergebnis für eine Heilung herangezogen wird, ist dabei unerheblich, interessengerecht ist das Ergebnis in jedem Fall. Einerseits wird so das Anfechtungsrecht auch nach Verfahrenseinleitung aufrechterhalten, andererseits wird die Integrität des Schiedsverfahrens vor dem „Rosinenpicken" einer sich im Irrtum befindlichen Partei geschützt.

Im Übrigen toleriert das Schiedsverfahrensrecht auch an anderer Stelle das Risiko, dass der Fortbestand der Schiedsvereinbarung durch strategische Erwägungen der Parteien für eine gewisse Zeit in der Schwebe gehalten wird, und zwar bei der Kündigung aus wichtigem Grund. Diese muss binnen einer angemessen Zeit ab Kenntnis des Kündigungsgrundes erfolgen, was einen Zeitraum von einem bis zu drei Monaten abdeckt[632].

Die Schiedsvereinbarung bleibt damit bis Vollstreckbarerklärung des Schiedsspruchs anfechtbar.

§ 3 Rechtsfolge

Durch die Anfechtung wird die Schiedsvereinbarung grundsätzlich nach § 142 Abs. 1 BGB *ex-tunc* nichtig. Dies gilt ohne Frage für Schiedsvereinbarungen, bei denen noch kein Verfahren eingeleitet wurde. Hinsichtlich der *ex-tunc* Wirkung der Anfechtung bei einem bereits laufenden Verfahren bestehen dagegen teilweise Bedenken[633]. Die Rechtsprechung hat dabei auch bei bereits in Vollzug gesetzten Dauerschuldverhältnissen nur in seltenen Fällen eine Ausnahme vom gesetzlichen Regelfall der *ex-tunc* Wirkung der Anfechtung zugelassen[634]. Zur Bestimmung dieser Ausnahmen hat die Rechtsprechung eine Reihe von Kriterien aufgestellt, deren Erfüllung für eine *ex-nunc* Wirkung der Anfechtung in dem entsprechenden Fall sprechen. Hierbei handelt es sich um Erwägungen betreffend einer komplizierten Rückabwickelbarkeit über das Bereicherungsrecht,

---

630 *Schlosser* in Stein/Jonas-ZPO[23] (2014), § 1029 Rn. 9.

631 *Voit* in Musielak/Voit-ZPO[15] (2018), § 1029 Rn. 11.

632 Siehe oben Dritter Teil, A, § 1, II, 6.

633 Zum Beispiel *Münch* in MüKo-ZPO[5] (2017), § 1029 Rn. 19; *Voit* in Musielak/Voit[15] (2018), § 1029 Rn. 11.

634 So bei den Grundsätzen der fehlerhaften Gesellschaft sowie in Vollzug gesetzten Arbeitsverhältnissen, vgl. *Arnold* in Erman-BGB[15] (2017), § 119 Rn. 13; *Busche* in MüKo-BGB[7] (2015), § 142 Rn. 17; *Dörner* in HK-BGB[9] (2017), § 119 Rn. 2.

Sozialschutz oder Rechtssicherheit im Allgemeinen[635]. Auch Drittschutz kann eine Rolle spielen[636]. Komplikationen bei einer Anfechtung der Schiedsvereinbarung ergeben sich nicht aus dem Verhältnis der Parteien untereinander, da kein synallagmatischer Austausch stattfindet, sondern eher im Verhältnis zum Schiedsgericht. Hier müssen etwa Vorschüsse an das Schiedsgericht oder aber Kosten für die Schiedsrichter rückabgewickelt werden. Dennoch ist die Komplexität der Rückabwicklung nicht mit der Komplexität der Rückabwicklung einer seit Jahren im Rechtsverkehr aktiven fehlerhaften Gesellschaft zu vergleichen. Auch fehlen Sozialschutzaspekte, wie sie etwa bei Arbeitsverhältnissen oder im Zusammenhang mit der Wohnraummiete eine Rolle spielen können[637].

Im Ergebnis erscheint es damit nicht als gerechtfertigt, eine Ausnahme von dem Grundsatz des § 142 Abs. 1 BGB vorzunehmen und die Anfechtung der Schiedsvereinbarung nur *ex-nunc* wirken zu lassen.

§ 4 Ergebnis

Die Schiedsvereinbarung kann somit durch eine Anfechtung nach §§ 119, 120 BGB oder § 123 BGB bis zur Vollstreckbarerklärung des Schiedsspruchs mit Wirkung *ex-tunc* beendet werden. Zu beachten ist jedoch, dass sich schiedsverfahrensrechtliche Sonderregelungen aus den §§ 1025 ff. ZPO ergeben können, sodass bei Irrtum über Eigenschaften der Person des Schiedsrichters ab Einleitung des Schiedsverfahrens die §§ 1036 ff. ZPO vorgehen und eine Anfechtung ausschließen.

D. Schlussbetrachtung Dritter Teil

Der dritte Teil der Arbeit hat gezeigt, dass die einseitigen Beendigungsmöglichen, welche sich aus dem allgemeinen Teil des Schuldrechts ergeben, auch auf Schiedsvereinbarungen Anwendung finden. Die Ausgangsthese, dass auch für die einseitige Beendigung des Schiedsverfahrens jederzeit Möglichkeiten zur Verfügung stehen, hat sich dabei bestätigt. Bei der einseitigen Beendigung ist jedoch eine Reihe von schiedsverfahrensspezifischen Besonderheiten zu beachten.

---

635 Für die fehlerhafte Gesellschaft nur: BGH, Urteil v. 12.05.1954 – II ZR 167/53, BGHZ 13, 320; für das in Vollzug gesetzte Arbeitsverhältnis: BAG, Urteil v. 03.12.1998 – 2 AZR 754/97, NZA 1999, 584 (585).

636 *Busche* in MüKo-BGB[7] (2015), § 142 Rn. 17.

637 Jedenfalls für die Gewerberaummiete jedoch ablehnend: BGH, Urteil v. 06.08.2008 – XII ZR 67/06, NJW 2009, 1266 (1267 f.).

Die mit Abstand relevanteste Fallgruppe der einseitigen Beendigung der Schiedsvereinbarung ist die Kündigung. Die Kündigung kann sowohl auf einem gesetzlichen, als auch einem vertraglichen Kündigungsrecht basieren.

Rechtsgrundlage für die auf Gesetz basierende Kündigung aus wichtigem Grund ist zunächst § 723 Abs. 1 S. 2 BGB. Hält man die Schiedsvereinbarung nicht für eine Gesellschaft, findet als Generalklausel § 314 BGB Anwendung, was im Ergebnis keinen Unterschied in Hinblick auf die Voraussetzungen der Kündigung ergibt. Für das Vorliegen eines wichtigen Grundes haben sich vier Fallgruppen herausgestellt: Verhaltens-, verfahrens- und vereinbarungsbezogene Gründe sowie Gründe, welche in äußeren Umständen liegen. Zu beachtende Schranken sind einerseits die Notwendigkeit, die Kündigung binnen angemessener Zeit zu erklären und andererseits, sofern man § 314 BGB für anwendbar hält, in Einzelfällen die Notwendigkeit einer Abmahnung beziehungsweise das Setzen einer Abhilfefrist. Richterrechtliche Besonderheit bei der Kündigung durch eine mittellose Partei ist die Möglichkeit der Gegenseite, binnen angemessener Frist selbst die Kosten für das Verfahren zu übernehmen und so eine Kündigung der Schiedsvereinbarung abzuwenden.

Neben der Kündigung aus wichtigem Grund besteht die Möglichkeit der Kündigung für Fälle, in denen eine Vertragsanpassung in Fällen der Störung der Geschäftsgrundlage unzumutbar ist nach § 313 Abs. 3 S. 2 BGB. Überschneidungen zur Kündigung aus wichtigen Grund sind in einzelnen Fallgruppen denkbar, wirken sich im Ergebnis jedoch nicht aus, da das Kündigungsrecht nach § 314 BGB parallel zu einer etwaigen Kündigung nach § 313 Abs. 3 S. 2 BGB fortbesteht. Weiterhin werden die Kündigungsvoraussetzungen in diesen Fallgruppen zumeist identisch mit denen der Kündigung aus wichtigen Grund sein, sodass der Entscheidung zwischen den Kündigungsvorschriften nur theoretische Bedeutung zukommt.

Neben der gesetzlichen Kündigungsmöglichkeit haben die Parteien auch die Möglichkeit, im Vorfeld unter Ausübung ihrer Privatautonomie ein vertragliches Kündigungsrecht zu vereinbaren. Dabei können sie einerseits die Kündigung aus wichtigem Grund konkretisieren, indem sie spezifische Gründe als wichtige Gründe bereits im Vorfeld festlegen oder auch ein ordentliches Kündigungsrecht vereinbaren. Ein solches ordentliches Kündigungsrecht ergibt jedoch nur bis zur Einleitung eines Schiedsverfahrens Sinn, da ansonsten in der Folge der Fortgang des Schiedsverfahrens von dem Gutdünken einer Seite abhängen würde und damit ein effektiver Rechtsschutz im Schiedsverfahren kaum mehr möglich wäre.

Daneben kommt ein Rücktritt nach § 323 BGB (nur) bis zum Zeitpunkt der Einleitung eines Schiedsverfahrens in Betracht, denn ab diesem Moment wandelt sich die Schiedsvereinbarung in ein in Vollzug gesetztes Dauerschuldverhältnis.

Rücktrittsgrund ist dabei die Nichtzahlung des Kostenvorschusses durch eine Partei als wesentliche Pflicht vor Einleitung des Schiedsverfahrens. Die Rückabwicklung nach § 346 Abs. 1 BGB als wesentlicher Vorteil eines Rücktritts im Vergleich zur Kündigung aus wichtigem Grund, greift in dieser Konstellation jedoch nicht, da die Parteien untereinander keine Leistungen austauschen und § 346 BGB auch nicht auf die Rückzahlung eines eventuell an das Schiedsgericht bereits gezahlten eigenen Anteils anwendbar ist. Ein Rücktritt ist damit zwar möglich, bietet jedoch keinen Vorteil gegenüber der Kündigung aus wichtigem Grund.

Zuletzt kommt zur einseitigen Beendigung auch eine Anfechtung in Betracht. Diese bemisst sich nach den §§ 119 ff. BGB. Die Anfechtung ist dabei bis zur Vollstreckbarerklärung des Schiedsspruchs möglich. Zu beachten ist, dass Sonderbestimmungen des Schiedsverfahrensrechts, wie etwa die Schiedsrichterablehnung nach § 1036 ZPO, der Anfechtung vorgehen.

Der Dritte Teil der Arbeit hat damit gezeigt, dass auch bei fehlendem Konsens die Möglichkeit besteht, die Schiedsvereinbarung zu beenden. Die Anforderungen steigen dabei mit Verlauf des Schiedsverfahrens, was den intensiveren Eingriff in Rechtsschutzinteressen sowie investierten Kosten der Gegenseite berücksichtigt.

Vierter Teil: Wegfall der Schiedsvereinbarung

Nachdem im Zweiten Teil die gemeinsamen Beendigungsmöglichkeiten von Schiedsvereinbarungen durch die Parteien untersucht wurden und im Dritten Teil die einseitige Beendigung durch eine der Parteien, geht dieser vierte Teil auf den Wegfall der Schiedsvereinbarung *ipso iure* ein, also der Beendigung von Rechtswegen losgelöst von einer Willenserklärung der Parteien. Hierbei wird die letzte der Arbeitsthesen untersucht werden. Entsprechend dieser These steht unter eng begrenzten Voraussetzungen die privatautonome Natur der Schiedsvereinbarung einem *ipso iure* Erlöschen der Schiedsvereinbarung nicht im Weg.

A. Erlöschen der Schiedsvereinbarung nach § 726 BGB

Der Regelfall des Wegfalls der Schiedsvereinbarung ohne Willenserklärung der Parteien ist der Wegfall der Schiedsvereinbarung durch Zweckerfüllung. Dies ist dann der Fall, wenn das Schiedsverfahren ordnungsgemäß durch Erlass eines formell wirksamen Schiedsspruchs nach § 1056 Abs. 1 ZPO oder dem Abschluss eines Schiedsvergleichs gemäß § 1053 Abs. 1 S. 1 ZPO zum Ende gebracht worden ist[638]. Unklar ist dabei die Rechtsgrundlage für dieses Erlöschen der Schiedsvereinbarung. In der ZPO finden sich keine Vorschriften, aus denen sich unmittelbar eine solche Rechtsfolge ergeben könnte. Die Beendigung des Schiedsverfahrens richtet sich nach § 1056 ZPO, jedoch wird dort keine Verbindung zum Schicksal der Schiedsvereinbarung hergestellt. Aus § 1059 Abs. 5 ZPO ergibt sich, dass bei Aufhebung eines Schiedsspruchs die Schiedsvereinbarung im Zweifel wieder auflebt, woran sich jedoch lediglich erkennen lässt, dass auch der Gesetzgeber von einem Erlöschen der Schiedsvereinbarung bei Erlass des Schiedsspruchs ausgeht[639].

Ein Rückgriff auf den allgemeinen Teil des Schuldrechts ist ebenfalls wenig aufschlussreich, § 362 BGB etwa lässt bei Erfüllung lediglich das Schuldverhältnis im engeren Sinn (also den Anspruch), nicht jedoch auch das Schuldverhältnis im weiteren Sinn (und damit den Vertrag) erlöschen[640]. Auch andere Normen,

---

638 *Münch* in MüKo-ZPO[5] (2017), § 1029 Rn. 121; *Saenger* in Saenger-ZPO[7] (2017), § 1029 Rn. 26; *Schwab/Walter*, Schiedsgerichtsbarkeit[7] (2015), Kapitel 8 Rn. 1; *Stürmer*, Die Vereinbarung von privater Streitbeilegung (2008), S. 45 f.

639 Auch die Gesetzesbegründung schweigt im Bezug auf das Erlöschen der Schiedsvereinbarung, vgl. Bt.-Drs. 13/5274, S. 60.

640 *Fetzer* in MüKo-BGB[7] (2016), Vor § 362, Rn. 1.

welche zum *ipso iure* Erlöschen eines Vertrages führen, sind nicht ersichtlich. Auch seitens der Literatur wird eine Normanknüpfung nicht vorgenommen, stattdessen wird sich lediglich auf „Zweckerreichung“, „Verbrauch“ oder „Erledigung“ berufen, ohne dies dogmatisch jedoch anzuknüpfen[641].

Schließt man sich jedoch dem Verständnis der Schiedsvereinbarung als Verfahrensgesellschaft an, lässt sich diese Rechtsfolge auch dogmatisch verorten: gemäß § 726 BGB endet die Gesellschaft nämlich *ipso iure* entweder durch Erreichung des Gesellschaftszwecks oder durch Unmöglichkeit der Zweckerreichung.

§ 1 Erlöschen durch Zweckerreichung

Gemäß § 726 Var. 1 BGB erlischt die Gesellschaft mit Erreichen des Gesellschaftszwecks[642]. Unter Zweckerreichung versteht man dabei das Erreichen des gemeinsamen gesetzten Ziels innerhalb der Gesellschaft[643]. Dies gilt insbesondere bei Gelegenheitsgesellschaften, welche auf das Erreichen eines bestimmten Zwecks gerichtet sind, da mit Zweckerreichung das Interesse der Gesellschafter am Bestand der Gesellschaft erlischt[644]. Bei der Schiedsvereinbarung stellt dieser Zweck die Streitbeilegung durch ein schiedsrichterliches Verfahren dar, entsprechend tritt die Zweckerreichung damit durch Erlass eines wirksamen Schiedsspruchs respektive dem Abschluss eines wirksamen Schiedsvergleichs ein[645]. Das Gesellschaftsrecht bietet damit die dogmatische Grundlage und passende Verankerung dieser zu der Beendigung der Schiedsvereinbarung allgemein anerkannten Rechtsgrundsätze[646].

Teilweise wird ein Erlöschen der Schiedsvereinbarung durch Zweckerfüllung auch dann angenommen, wenn eine Entscheidung über einen der Schiedsvereinbarung unterfallenden Streitgegenstand durch ein staatliches Gericht

---

641 *Lachmann*, Handbuch für die Schiedsgerichtspraxis[3] (2008), Rn. 626; *Münch* in MüKo-ZPO[5] (2017), § 1059 Rn. 77; *Wolf/Eslami* in BeckOK-ZPO[29] (2018), § 1029 Rn. 20.

642 BGH, Urteil v. 02.11.1987 – II ZR 10/87, NJW-RR 1988, 616 (617); *Schäfer* in MüKo-BGB[6] (2013), § 726 Rn. 3.

643 *H.P. Westermann* in Ermann-BGB[15] (2017), § 726 Rn. 1.

644 *von Dithfurth* in PWW-BGB[13] (2018), § 726 Rn. 2; *Kilian* in Henssler/Strohn[3] (2016), § 726 Rn. 3; *H.P. Westermann* in Ermann-BGB[15] (2017), § 726 Rn. 1.

645 Vgl. zum Gesellschaftszweck der Schiedsverfahrensgesellschaft nochmals ausführlich oben Erster Teil, C, § 2, 2.

646 So auch *Stürmer*, Die Vereinbarung von Verfahren privater Streitbeilegung (2008), S. 45 f.

rechtskräftig getroffen wird[647]. Dem ist nicht zu folgen. Ein Erlöschen der Schiedsvereinbarung bei Erlass eines staatlichen Urteils zum selben Streitgegenstand hätte zwar den Vorteil, dass Friktionen oder Fragen zum Verhältnis von Schiedsspruch und zum selben Streitgegenstand erlassenem, früheren Urteil einfach umgangen werden könnten, denn der Schiedsspruch wäre gemäß § 1059 Abs. 2 Nr. 1 lit. a ZPO aufhebbar. Gleichzeitig wird durch eine derartige Auslegung jedoch der Gesellschaftszweck der Schiedsvereinbarung überdehnt. Denn die Parteien schließen sich zusammen, um eine Streitigkeit durch ein Schiedsgericht und gerade nicht durch ein staatliches Gericht entscheiden zu lassen. Nähme man an, dass durch die Entscheidung eines staatlichen Gerichts Zweckerfüllung eintreten würde, verkehrte man den Zweck der Schiedsvereinbarung in ihr Gegenteil[648]. Stattdessen handelt es sich dabei um einen Unterfall der Unmöglichkeit der Zweckerreichung, wie sich im nächsten Kapitel der Arbeit zeigen wird.

§ 2 Erlöschen durch Unmöglichkeit der Zweckerreichung

Neben dem Erlöschen der Schiedsvereinbarung durch Zweckerreichung führt § 726 Var. 2 BGB auch zu einem *ipso iure* Erlöschen der Schiedsvereinbarung durch Unmöglichkeit der Zweckerreichung.

I. Definition und Prüfungsmaßstab

Unmöglichkeit im Sinne von § 726 BGB liegt dann vor, wenn die Zweckerreichung dauerhaft und offenbar unmöglich wird[649]. Da hiermit ein massiver Eingriff in die Gesellschaftsstruktur vorgenommen wird, sind an die Feststellung der Unmöglichkeit hohe Anforderungen zu stellen[650]. Die Unmöglichkeit der Zweckerreichung ist damit nicht zu verwechseln mit der Undurchführbarkeit der Schiedsvereinbarung aus § 1032 Abs. 1 ZPO, welche auch vorübergehende

---

647 *Lühmann*, Die Rechtskraft des Schiedsspruchs im deutschen und US-amerikanischen Recht (2014), S. 231, unter Rückgriff auf weitere Fundstellen, die jedoch lediglich das Erlöschen der Schiedsvereinbarung durch Zweckerfüllung in Fällen annehmen, in denen ein Schiedsspruch erlassen wurde.

648 Davon unabhängig ist die Frage, ob die Schiedsvereinbarung bei Erlass eines staatlichen Urteils zum selben Streitgegenstand nicht wegen Unmöglichkeit der Zweckerreichung dennoch erlischt. Dazu siehe unten Vierter Teil, A, § 2, II, 1, b.

649 BGH, Urteil v. 23.05.1957 – II ZR 250/55, BGHZ 24, 379 (394); BGH, Urteil v. 12.07.1982 – II ZR 157/81, BGHZ 84, 379 (381).

650 OLG Köln, Urteil v. 14.03.2002 – 7 U 112/01, BeckRS 2002, 30247051.

oder normative Durchführungsstörungen erfasst und nach hier vertretener Ansicht nur zur Kündigung der Schiedsvereinbarung berechtigt[651].

II. Fallgruppen

Entsprechend begrenzt sind die Fallgruppen, in denen tatsächlich eine Unmöglichkeit der Zweckerreichung angenommen werden kann. In Betracht kommen dabei grundsätzlich sowohl Fallgruppen der rechtlichen als auch der tatsächlichen Unmöglichkeit.

1. Rechtliche Unmöglichkeit der Zweckerreichung

Rechtliche Unmöglichkeit liegt vor, wenn es aus rechtlichen Gründen ausgeschlossen ist, noch eine endgültige Entscheidung durch ein Schiedsgericht über den Streitgegenstand treffen zu können[652]. Aufgrund der schwerwiegenden Rechtsfolge der Auflösung der Gesellschaft darf dabei zum Zeitpunkt der Auflösung dieser Zweck endgültig nicht mehr zu erreichen sein. Wann genau dieser Zeitpunkt vorliegt, ist schwierig zu bestimmen.

a) Fallgruppen der rechtlichen Unmöglichkeit

Eine solche rechtliche Unmöglichkeit wird zunächst dann angenommen, wenn sich das Schiedsgericht gemäß § 1040 Abs. 1 ZPO für unzuständig erklärt hat. In diesem Fall soll nach der herrschenden Meinung die Schiedsvereinbarung erlöschen, weil diese endgültig undurchführbar geworden ist[653]. Dies ist im Ergebnis systematisch zutreffend. Die Unzuständigkeitserklärung des Schiedsgerichts ist die Kehrseite des ordnungsgemäßen Abschlusses des Schiedsverfahrens durch Schiedsspruch oder -vergleich. Hält sich das Schiedsgericht für unzuständig und stellt es dies durch Beschluss fest, können sich die Parteien konsequenterweise, wie auch gegen einen Schiedsspruch, nur durch einen Aufhebungsantrag nach § 1059 ZPO dagegen wehren, eine umfassende Überprüfung der Entscheidung wie im Falle einer bejahenden Zuständigkeitsentscheidung nach § 1040 Abs. 2 S. 3 ZPO ist nicht möglich[654]. Zutreffenderweise erlischt die Schiedsvereinbarung

---

651 Vgl. dazu im Detail nochmals oben, Dritter Teil, A, § 1, II, 1, b, dd.

652 *Kersting*, Die Beendigung einer Schiedsvereinbarung durch Anrufung staatlicher Gerichte, SchiedsVZ 2013, 297 (301); *Stürmer*, Die Vereinbarung von Verfahren privater Streitbeilegung (2008), S. 45 f.

653 *Adolphsen* in MüKo-ZPO[5] (2017), Art. II UNÜ Rn. 24; *Schwab/Walter*, Schiedsgerichtsbarkeit[7] (2005), Kapitel 8, Rn. 2.

654 H.M., BGH, Beschluss v. 06.06.2002 – III ZB 44/01, BGHZ 151, 79 (81); *Huber*, Das Verhältnis von Schiedsgericht und staatlichen Gerichten bei der Entscheidung über

damit durch Feststellung der Unzuständigkeit durch das Schiedsgericht und lebt, bei erfolgreichem Aufhebungsantrag nach § 1059 Abs. 5 ZPO, wieder auf[655].

Die rechtliche Unmöglichkeit wird weiterhin vor allem im Zusammenhang mit parallelen staatlichen Gerichtsverfahren genannt, auf die sich die Parteien eingelassen haben. So wird als ein Beispiel zum Eintritt dieser Unmöglichkeit die Situation genannt, in der es den Parteien nicht mehr möglich ist, einseitig die Durchführung eines Schiedsverfahrens zu erzwingen, etwa bei Verlust der Schiedseinrede in einem laufenden Gerichtsverfahren[656]. Richtig ist, dass diese Partei dann subjektiv ab dem Moment des Verlusts der Schiedseinrede keine Handhabe mehr hat, die Schiedsvereinbarung durchzusetzen. Gleichzeitig ist eine Zweckerreichung in Zukunft jedoch in Hinblick auf die Streitbeilegung vor einem Schiedsgericht noch nicht ausgeschlossen – so steht es der Gegenseite jederzeit frei, das Verfahren zu beenden und gegebenenfalls vor ein Schiedsgericht zu ziehen.

b) Sonderfall: Rechtliche Unmöglichkeit bei vorangehendem rechtskräftigen Urteil

Als weiteres Beispiel der rechtlichen Unmöglichkeit wird die vorangegangene rechtskräftige Entscheidung eines staatlichen Gerichts über einen der Schiedsvereinbarung unterstehenden Streitgegenstand angeführt[657].

Um untersuchen zu können, wie sich der Erlass eines vorangehenden staatlichen Urteils auf das Bestehen einer Schiedsvereinbarung auswirkt, ist zunächst zu überprüfen, in welchem Verhältnis ein rechtskräftiges Urteil zu einem nachfolgenden Schiedsspruch zum selben Streitgegenstand steht.

aa) Verhältnis von vorangehendem rechtskräftigen Urteil zum Schiedsspruch

Das Verhältnis zwischen einem rechtskräftigen staatlichen Urteil und einem nachfolgenden Schiedsspruch bei identischem Streitgegenstand ist ebenso

---

die Zuständigkeit, SchiedsVZ 2003, 73 (75); *Kröll*, Die Entwicklung des Rechts der Schiedsgerichtsbarkeit 2001/2002, NJW 2003, 791 (793); *Kremer/Weimann*, Die Aufhebbarkeit von Schiedssprüchen, SchiedsVZ 2007, 238 (240); *Münch* in MüKo-ZPO[5] (2017), § 1040 Rn. 30; a.A. *Voit* in Musielak/Voit-ZPO[15] (2018), § 1040 Rn. 8.

655 BGH, Beschluss v. 06.06.2002 – III ZB 44/01, BGHZ 151, 79 (81); OLG Frankfurt a.M., Beschluss v. 17.01.2013 – 26 Sch 24/12, SchiedsVZ 2013, 341 (342 f.).

656 *Kersting*, Die Beendigung einer Schiedsvereinbarung durch Anrufung staatlicher Gerichte, SchiedsVZ 2013, 297 (301).

657 So *Stürmer*, Die Vereinbarung von Verfahren privater Streitbeilegung (2008), S. 45 f.

unklar, wie das Verhältnis zweier Urteile, welche zur selben Sache ergehen. Ausgangspunkt der Überlegungen ist dabei die in § 322 ZPO geregelte materielle Rechtskraft eines Urteils, die über § 1055 ZPO auch für Schiedssprüche gilt[658]. Die materielle Rechtskraft bezweckt den Bestand richterlicher Entscheidungen und dient damit Rechtssicherheit und Rechtsfrieden[659]. Aus ihr folgt, dass eine rechtskräftig entschiedene Streitigkeit nicht erneut entschieden werden darf. Sie stellt damit strukturell ein Wiederholungsverbot dar[660]. Wird hinsichtlich des selben Streitgegenstands erneut Klage erhoben, ist diese als unzulässig abzuweisen. Die entgegenstehende Rechtskraft eines anderen Urteils ist dabei von Amts wegen zu prüfen[661]. Kommt es dennoch zu zwei Entscheidungen staatlicher Gerichte, lässt sich durch die Restitutionsklage nach § 580 Nr. 7a ZPO das jüngere Urteil aufheben und sich somit im Ergebnis die materielle Rechtskraft

---

658 BGH, Urteil v. 13.01.2009 – XI ZR 66/08, BKR 2009, 161 (162); *Gottwald* in MüKo-ZPO[5] (2016), § 322 Rn. 33; *Saenger* in Saenger-ZPO[7] (2017), § 322 Rn. 6; *Voit* in Musielak/Voit-ZPO[15] (2018), § 1055 Rn. 5; *Wirth*, Zur Auslegung und Reichweite eines Schiedsspruchs, SchiedsVZ 2009, 203 (204 f.).

659 BGH, Urteil v. 19.09.1963 – III ZR 180/61, VersR 1964, 89 (93); BGH, Beschluss v. 16.06.1993 – I ZB 14/91, BGHZ 123, 30 (34); *Gottwald* in MüKo-ZPO[5] (2016), § 322 Rn. 2; *Lühmann*, Die Rechtskraft des Schiedsspruchs im deutschen und US-amerikanischen Recht (2014), S. 213 f.

660 *„Ne bis in idem"*, st. Rspr.: BGH, Beschluss v. 16.06.1993 – I ZB 14/91 BGHZ 123, 30 (34); BGH, Urteil v. 19.11.2003 – VIII ZR 60/03, NJW 2004, 1252 (1253); BGH, Beschluss v. 03.03.2004 – IV ZB 43/03, NJW 2004, 1805 (1806). Neben dem Wiederholungsverbot bereits rechtskräftig entschiedenen Streitigkeiten hat die materielle Rechtskraft in Form eines Widerspruchsverbots noch eine zweite Komponente, in dem sie eine präjudizielle Wirkung eines Urteils auf nachfolgende Entscheidungen festlegt. Entscheidet damit ein Gericht über eine Vorfrage, die in einem nachfolgeden Verfahren von Bedeutung ist, muss sich der Richter an die bereits getroffene Entscheidung halten und darf über diese nicht neu befinden. Dogmatisch ist umstritten, ob es sich bei diesem Widerspruchsverbot um einen Untefall des *ne bis in idem* Grundsatzes handelt oder um eine weitere, positive Wirkung der materiellen Rechtskraft, vgl. dazu *Musielak* in Musielak/Voit-ZPO[15] (2018), § 322 Rn. 10.

661 BGH, Beschluss v. 16.06.1993 – I ZB 14/91 BGHZ 123, 30 (34); BGH, Urteil v. 19.11.2003 – VIII ZR 60/03, NJW 2004, 1252 (1253); vgl. auch *Gottwald* in MüKo-ZPO[5] (2016), § 322 Rn. 39 mit weiteren Nachweisen. In Bezug auf Schiedssprüche ist umstritten, ob die Bindungswirkung eines vorangegangenen Schiedsspruchs für ein staatliches Gericht nur dann gilt, wenn sich eine der Parteien im Verfahren auf den Schiedsspruch beruft oder auch hier die entgegenstehende Rechtskraft gleich einem vorangegangenen Urteil von Amts wegen zu prüfen ist, vgl. dazu zum Meinungsstand die Übersicht bei *Wilske/Markert* in BeckOK-ZPO[29] (2018), § 1055 Rn. 4.

der ersten Entscheidung durchsetzen[662]. Ob das später ergangene Urteil bis zu seiner Aufhebung selbst materielle Rechtskraft besitzt, ist umstritten[663]. Mit der Frage der Rechtskraft des später ergangenen Urteils verbunden ist die Frage nach dem Rangverhältnis zweier zum identischen Streitgegenstand erlassener Entscheidungen bis zum Abschluss eines etwaigen Aufhebungsverfahrens nach § 580 Nr. 7a ZPO[664]. Teilweise wird vertreten, dass bis zur Aufhebung die neuere Entscheidung Vorrang habe[665]. Begründet wird dies zunächst damit, dass sich aus § 580 Nr. 7a ZPO und der Aufhebbarkeit der neueren Entscheidung nur unter den dort kodifizierten Voraussetzungen ergebe, dass grundsätzlich die neuere Entscheidung Vorrang habe. Weiterhin spreche die Aktualität der neueren Entscheidung für eine höhere Richtigkeitsgewähr und sei daher vorzugswürdig[666]. Demgegenüber hält die Mehrzahl der Stimmen in Rechtsprechung und Schrifttum die zeitlich vorgelagerte Entscheidung auch vor Aufhebung des nachfolgenden Urteils für vorrangig[667]. Dies wird entweder ebenfalls mit § 780 Nr. 7a ZPO und einem daraus erkennbaren Vorrang der älteren Entscheidung[668] oder, allgemeiner, mit dem Wesen und dem Inhalt der materiellen Rechtskraft, begründet[669]. Teilweise wird der Vorrang des älteren Urteils auch mit den

---

662 BGH, Urteil v. 13.03.1981 – V ZR 115/80, NJW 1981, 1517 (1518); vgl. auch *Lühmann*, Die Rechtskraft des Schiedsspruchs im deutschen und US-amerikanischen Recht (2014), S. 210 f.

663 Für volle Rechtskraft bis zur Aufhebung der späteren Entscheidung: *Braun* in MüKo-ZPO[5] (2016), § 580 Rn. 45; Gegen Rechtskraft der später ergangenen Entscheidung: *Lenenbach*, Die Behandlung von Unvereinbarkeiten zwischen rechtskräftigen Zivilurteilen (1997), S. 62 f.; *Lühmann*, Die Rechtskraft des Schiedsspruchs im deutschen und US-amerikanischen Recht (2014), S. 211; *Musielak* in Musielak/Voit-ZPO[15] (2018), § 322 Rn. 15.

664 Vgl. dazu die Übersicht bei *Gottwald* in MüKo-ZPO[5] (2016), § 322 Rn. 64.

665 RG, Urteil v. 01.10.1902 – I 130/02, RGZ 52, 216 (218); *Leipold* in Stein/Jonas[23] (2014), § 322 Rn. 215; *Triebel/Coenen*, Die Parallelität von staatlichem Gerichtsverfahren und Schiedsverfahren, BB 2003 Beilage zu Heft 5, 1 (2).

666 Vgl. dazu mit weiteren Nachweisen die Übersicht bei *Lühmann*, Die Rechtskraft des Schiedsspruchs im deutschen und US-amerikanischen Recht (2014), S. 211.

667 BGH, Urteil v. 13.03.1981 – V ZR 115/80, NJW 1981, 1517 (1518); BAG, Urteil v. 12.09.1985 – 2 AZR 324/84, NJW 1986, 1831 (1832); *Gottwald* in MüKo-ZPO[5] (2016), § 322 Rn. 64; *Gruber* in BeckOK-ZPO[29] (2018), § 322 Rn. 91; *Lühmann*, Die Rechtskraft des Schiedsspruchs im deutschen und US-amerikanischen Recht (2014), S. 212 f.; *Saenger* in Saenger-ZPO[7] (2017), § 322 Rn. 21; *Musielak* in Musielak/Voit-ZPO[15] (2018), § 322 Rn. 15; *Vollkommer* in Zöller-ZPO[32] (2018), Vor § 322 Rn. 77.

668 So z.B. *Gruber* in BeckOK-ZPO[29] (2018), § 322 Rn. 91.

669 So z.B. *Musielak* in Musielak/Voit-ZPO[15] (2018), § 322 Rn. 15, § 580 Rn. 13.

Rechtskraftzwecken begründet. Würde man dem zweiten Urteil Vorrang über das erste Urteil geben, wäre das Vertrauen in den Bestand gerichtlicher Entscheidungen nach Ablauf der Rechtsmittelfristen erschüttert und damit der Rechtsfrieden gefährdet[670].

Den letztgenannten Ansichten ist zuzustimmen. Ein Vorrang der später ergangenen Entscheidung würde nicht nur, wie *Lühmann* zutreffend schreibt, das Vertrauen in die Rechtssicherheit und den Bestand einmal entschiedener Streitigkeiten erschüttern und damit den Rechtsfrieden gefährden. Sondern gleichzeitig würden die Folgen einer fehlerhaften, von Amts wegen durchzuführenden, Prüfung der Sachurteilsvoraussetzungen des später entscheidenden Gerichts zu Lasten der im ersten Verfahren obsiegenden Partei fallen.

Fraglich ist, ob sich diese Wertung auch auf das Verhältnis von vorangegangener staatlicher Gerichtsentscheidung zu einem zeitlich nachfolgenden Schiedsspruch übertragen lässt. Ob die materielle Rechtskraft einer vorangegangenen Entscheidung eines staatlichen Gerichts ein Schiedsgericht bindet, ist umstritten. Unstreitig besteht Bindungswirkung einer Entscheidung eines staatlichen Gerichts bezüglich der Unwirksamkeit der Schiedsvereinbarung, dies folgt bereits aus § 1040 Abs. 3 S. 1 ZPO sowie der letztgültigen Kompetenz-Kompetenz der staatlichen Gerichte über die Zuständigkeitsentscheidung von Schiedsgerichten. Ob daneben im Allgemeinen die Entscheidungen eines staatlichen Gerichts ein Schiedsgericht binden, die materielle Rechtskraft vorangehender Urteile den Schiedsrichter also genauso bindet, wie den staatlichen Richter, soll im Folgenden untersucht werden.

(1) Das Schrifttum zur Bindung des Schiedsgerichts

Eine Vielzahl von Stimmen im Schrifttum spricht sich für eine Bindung des Schiedsgerichts an eine vorangegangene Entscheidung eines staatlichen Gerichts aus[671]. Dies ergebe sich aus der Gleichstellung der Schiedsgerichtsbarkeit mit der staatlichen Gerichtsbarkeit, dem Umstand, dass der Schiedsspruch bei Verstoß gegen die materielle Rechtskraft eines staatsgerichtlichen Urteils gemäß § 1059

---

670 Zuletzt *Lühmann*, Die Rechtskraft des Schiedsspruchs im deutschen und US-amerikanischen Recht (2014), S. 213 f.

671 *Geimer* in Zöller-ZPO[32] (2018), § 1032 Rn. 14; *Illmer*, Der Arglisteinwand an der Schnittstelle von staatlicher Gerichtsbarkeit und Schiedsgerichtsbarkeit (2007), S. 107; *Lühmann*, Die Rechtskraft des Schiedsspruchs im deutschen und US-amerikanischen Recht (2014), S. 224; *Schlosser* in Stein/Jonas[23] (2014), § 1044 Rn. 6; *Synatschke*, Die Unzuständigkeitserklärung des Schiedsgerichts, S. 106 f.; *Solomon*, Die Verbindlichkeit von Schiedssprüchen in der internationalen privaten Schiedsgerichtsbarkeit (2007), S. 562.

Abs. 2 Nr. 2 lit. b ZPO aufgehoben werden könne sowie aus der zwingenden Natur der materiellen Rechtskraft nach § 322 ZPO[672].

Eine andere Strömung lehnt eine Bindung des Schiedsgerichts an vorangehende staatsgerichtliche Entscheidungen grundsätzlich ab[673]. Begründet wird dies damit, dass Adressat des staatlichen Verfahrensrechts nur die staatlichen Gerichte seien und sich damit die Vorschriften der materiellen Rechtskraft auch nur an staatliche Gerichte richten können. Schiedsgerichte dagegen werden ausschließlich auf Veranlassung der Parteien der Schiedsvereinbarung tätig und führen das Verfahren nach den Regeln, welche die Parteien für diesen Zweck vereinbart haben. Eine Bindung des Schiedsgerichts an vorangegangene Entscheidungen staatlicher Gerichte könne sich demnach nur aus einer Vereinbarung der Parteien ergeben[674].

Eine dritte Strömung wiederum wählt einen Mittelweg für die Wirkung der materiellen Rechtskraft staatlicher Gerichtsentscheidungen im Schiedsverfahren. So soll das Schiedsgericht gebunden sein, jedoch nur dann, wenn eine der Parteien im Schiedsverfahren die Einrede entgegenstehender Rechtskraft erhebe – eine Prüfung der entgegenstehenden Rechtskraft von Amts wegen als negative Zulässigkeitsvoraussetzung, wie im staatlichen Gerichtsverfahren soll dagegen nicht stattfinden[675]. Als Begründung für diese differenzierende Ansicht wird angeführt, dass es den Parteien im Rahmen ihrer Privatautonomie freistehe,

672 *Illmer*, Der Arglisteinwand an der Schnittstelle von staatlicher Gerichtsbarkeit und Schiedsgerichtsbarkeit (2007), S. 107; *Synatschke*, Die Unzuständigkeitserklärung des Schiedsgerichts, S. 106 f.; vgl. auch mit weiteren Nachweisen *Lühmann*, Die Rechtskraft des Schiedsspruchs im deutschen und US-amerikanischen Recht (2014), S. 223 f. Das OLG Stuttgart geht jedenfalls davon aus, dass eine vorangehende Entscheidung eines Schiedsgerichts staatliche Gerichte und Schiedsgerichte in einem späteren Verfahren binde – da das Gericht davon auszugehen scheint, dass die materielle Rechtskraft Bindungswirkung auch zwischen zwei schiedsrichterlichen Entscheidungen entfaltet, dürfte dies auch im Bezug auf staatliche Gerichtsentscheidungen gelten, denen ein Schiedsspruch nachfolgt. Vgl. dazu: OLG Stuttgart, Beschluss v. 18.08.2006 – 1 Sch 1/06, OLGR Stuttgart 2006, 945.

673 *Voit* in Musielak/Voit-ZPO[15] (2018), § 1032 Rn. 13; differenzierend *Schroeter*, Der Antrag auf Feststellung der Zulässigkeit eines schiedsrichterlichen Verfahrens gemäß § 1032 Abs. 2 ZPO, SchiedsVZ 2004, 288 (296), der von einer Bindung lediglich „im prakteischen Ergebnis" ausgeht.

674 *Voit* in Musielak/Voit-ZPO[15] (2018), § 1032 Rn. 13.

675 *Lühmann*, Die Rechtskraft des Schiedsspruchs im deutschen und US-amerikanischen Recht (2014), S. 226; *Triebel/Coenen*, Die Parallelität von staatlichem Gerichtsverfahren und Schiedsverfahren, BB 2003 Beilage zu Heft 5, 1 (2).

eine erneute Entscheidung durch ein Schiedsgericht über einen Streitgegenstand herbeizuführen, über den bereits ein staatliches Gericht entschieden habe. Da keine doppelte Beanspruchung der staatlichen Gerichte drohen würde, stünden dem auch keine öffentlichen Belange entgegen[676]. *Lühmann* argumentiert in eine ähnliche Richtung, in dem er die Prüfung entgegenstehender Rechtskraft mit dem Schutz der effektiven Rechtspflege begründet, welche bei einer erneuten Entscheidung einer Streitigkeit durch ein Schiedsgericht nicht gefährdet werde[677].

(2) Stellungnahme

Aus den dargestellten Auffassungen zur Frage der Wirkung der materiellen Rechtskraft staatlicher Urteile auf nachfolgende Schiedsverfahren lässt sich das dem Schiedsverfahrensrecht innewohnende Spannungsfeld zwischen der Schiedsgerichtsbarkeit als privatautonome Rechtsprechungsalternative einerseits und einer der staatlichen Gerichtsbarkeit gleichgestellten Form der Streitbeilegung andererseits gut erkennen.

(i) Schiedsspruch verletzt die materielle Rechtskraft des Urteils

Zunächst ist festzuhalten, dass ein Schiedsspruch, der zu einem durch ein staatliches Gerichtsverfahren bereits entschiedenem Streitgegenstand erlassen wird, die materielle Rechtskraft der staatlichen Gerichtsentscheidung verletzt.

Dies folgt aus § 322 ZPO sowie dem Umstand, dass die Rechtskraft eines staatlichen Urteils für die Parteien nicht disponibel ist[678]. Das bedeutet, dass die Parteien nicht durch eine eigene Vereinbarung die Rechtskraft eines Urteils aufheben können, um auf diesem Wege etwa eine erneute Entscheidung durch ein staatliches Gericht zu ermöglichen. Es ist den Parteien zwar möglich, den entschiedenen Streitgegenstand, sofern dieser ihrer Disposition unterliegt, eigenständig anders als durch das Gericht entschieden zu regeln, etwa durch eine außergerichtliche Vergleichsvereinbarung oder den Erlass einer zugesprochenen

676 *Triebel/Coenen*, Die Parallelität von staatlichem Gerichtsverfahren und Schiedsverfahren, BB 2003 Beilage zu Heft 5, 1 (2).

677 *Lühmann*, Die Rechtskraft des Schiedsspruchs im deutschen und US-amerikanischen Recht (2014), S. 226.

678 Sowohl die formelle, als auch die materielle Rechtskraft eines Urteils stehen nicht zur Disposition der Parteien: BGH, Urteil v. 11-03-1983 – V ZR 287/81, NJW 1984, 126 (127); BGH, Urteil v. 06.03.1985 – IV b ZR 76/83, NJW 1985, 2325 (2326); BGH, Urteil v. 26.04.1989 – IV b ZR 64/88, NJW-RR 1990, 194 (194 f.); *Gottwald* in MüKo-ZPO[5] (2016), § 322 Rn. 59; *Vorkommer* in Zöller-ZPO[32] (2018), Vor § 322 Rn. 18; *Saenger* in Saenger-ZPO[7] (2017), § 322 Rn. 17.

Forderung[679]. Dies stellt zutreffender Weise aber deswegen keinen Eingriff in die materielle Rechtskraft des Urteils dar, weil die Parteien die durch das Urteil geschaffene Rechtslage nicht aufheben, sondern auf Basis des Urteils im Wege ihrer Privatautonomie eine neue Regelung treffen.

Der Ansatz der nachträglichen Änderung der Rechtslage lässt sich jedoch auf Schiedsverfahren aus zwei Gründen nicht übertragen. Erstens sind seit der Schiedsrechtsreform, wie im Ersten Teil bereits dargestellt, auch Streitgegenstände schiedsfähig, welche nicht der materiell-rechtlichen Disposition der Parteien unterliegen[680]. Zweitens setzt das Schiedsgericht in seiner Entscheidung bei vorangegangenem staatlichen Urteil auch gerade nicht bei der durch das Urteil geschaffenen Rechtslage an, wie die Parteien es bei einer an ein Urteil anschließenden außergerichtlichen Erlassvertrag etwa tun würden, sondern entscheidet über den Streitgegenstand unter Nichtbeachtung des Urteils neu. Da gemäß § 1055 ZPO der Schiedsspruch zwischen den Parteien urteilsgleiche Wirkung entfaltet und ebenfalls in materielle Rechtskraft erwächst, liegt systematisch die gleiche Situation vor, wie bei zwei zum identischen Streitgegenstand ergangenen Gerichtsentscheidungen. Demnach kann es auch nicht, wie *Triebel* und *Coenen* meinen, für die Frage nach der Wirkung der materiellen Rechtskraft im Schiedsverfahren darauf ankommen, ob eine der Parteien die Einrede entgegenstehender Rechtskraft in dem Verfahren erhoben hat[681]. Denn damit würde man die materielle Rechtskraft des Urteils eben doch in die Disposition der Parteien stellen.

(ii) Gesetzliche Bindung des Schiedsgerichts

Losgelöst von der soeben beantworteten Frage, ob ein Schiedsspruch die materielle Rechtskraft eines Urteils verletzt, stellt sich die Frage nach der dogmatischen Grundlage der Bindung des Schiedsgerichts an ein vorangegangenes Urteil.

Eine ausdrückliche gesetzliche Regelung für die Bindung des Schiedsgerichts an vorangehende staatsgerichtliche Entscheidungen findet sich nicht[682].

---

679 Vgl. *Saenger* in Saenger-ZPO[7] (2017), § 322 Rn. 17.

680 Siehe dazu nochmals oben Erster Teil, A, § 4.

681 *Triebel/Coenen*, Die Parallelität von staatlichem Gerichtsverfahren und Schiedsverfahren, BB 2003 Beilage zu Heft 5, 1 (7).

682 Diese findet sich im übrigen auch für die Bindung eines Richters an eine vorangegangene Gerichtsentscheidung nicht. So regelt § 318 ZPO die innerprozessuale Bindung des Gerichts an eigene Entscheidungen, welche es im selben Verfahren getroffen hat. Auch wenn der Zweck der Norm in der Schaffung von Rechtssicherheit und dem Schutz des Vertrauens in die staatliche Gerichtsbarkeit liegt und damit mit der Funktion der materiellen Rechtskraft vergleichbar ist, wird damit ein anderes

Die Begründung einer Bindung des Schiedsgerichts an die materielle Rechtskraft eines vorangegangenen Urteils aus der Gleichstellung des Schiedsspruchs nach § 1055 ZPO mit einem staatlichen Urteil überzeugt nicht vollends. Zum einen stellt § 1055 ZPO lediglich einen Schiedsspruch in seiner Wirkung einem Urteil gleich. Damit ließe sich die Bindungswirkung eines nachfolgenden staatlichen Gerichtsverfahrens an die Ergebnisse eines vorangehenden Schiedsverfahrens begründen, denn gemäß § 1055 ZPO erwächst auch der Schiedsspruch in materielle Rechtskraft[683]. Rückschlüsse bezüglich der Bindung des Schiedsrichters an ein vorangegangenes Urteil jedoch lassen sich jedenfalls formaljuristisch nur bedingt ziehen, da Gegenstand der Norm ausschließlich der am Ende des Verfahrens stehende Schiedsspruch ist, nicht jedoch das zum Schiedsspruch führende Verfahren. Gleichwohl lässt sich anhand von § 1055 ZPO erkennen, dass der Schiedsspruch in der Systematik der ZPO eine dem Urteil vergleichbare Stellung einnehmen soll. Dies bedeutet dann in der Folge, dass einerseits Schiedssprüche in materielle Rechtskraft erwachsen, was ein direktes Ergebnis aus § 1055 ZPO ist. Daraus ließe sich weiterhin folgern, dass ein Schiedsspruch nicht weitergehende Wirkungen haben könne, als ein Urteil, und sich damit nicht über die materielle Rechtskraft eines vorangegangenen Urteils hinwegsetzen könne.

Auch lässt sich die Bindung des Schiedsgerichts nicht allein aus einer unterstellten Gleichwertigkeit eines Schiedsverfahrens mit der staatlichen Gerichtsbarkeit begründen. Wie bereits im Ersten Teil gesehen, stößt die Gleichwertigkeitsthese des Schiedsverfahrens mit einem staatlichen Gerichtsverfahren schnell an Grenzen. Mögen die verschiedenen Verfahrensarten aus Sicht

---

Prozessrechtsverhältnis geregelt. Zur Bindung des Richters an die materielle Rechtskraft vorangegangener Etnscheidungen haben sich dabei eine Reihe von Ansätzen entwickelt. So wird die Bindung des Richters entweder aus der Ausübung richterlicher Tätigkeit als solcher, der Natur der Rechtskraft oder im Umkehrschluss aus der Möglichkeit der Aufhebung des später ergangenen Urteils im Wege der Restitutionsklage nach § 580 Nr. 7a ZPO, vgl. dazu *Koussoulis*, Beiträge zur modernen Rechtskraftlehre (1986), S. 195 f.; *Lühmann*, Die Rechtskraft des Schiedsspruchs im deutschen und US-amerikanischen Recht (2014), S. 225.

683 OLG Stuttgart, Beschluss v. 18.08.2006 – 1 Sch 1/06, OLGR Stuttgart 2006, 945; OLG Karlsruhe, Urteil v. 15.07.2008 – 17 U 79/07, SchiedsVZ 2008, 311 (312); *Münch* in MüKo-ZPO[5] (2017), § 1055 Rn. 7 f.; *Saenger* in Saenger-ZPO[7] (2017), § 1055 Rn. 4, allerdings mit der Einschränkung, dass sich die Parteien nach herrschender Meinung im staatlichen Verfahren auf den Schiedsspruch berufen müssen und dieser nicht von Amts wegen berücksichtigt wird. Für eine Berücksichtigung von Amts wegen: *Voit* in Musielak/Voit-ZPO[15] (2018), § 1055 Rn. 5.

der Parteien annähernd gleichwertig sein, gilt dies mitnichten für die ebenfalls unstreitig bestehenden öffentlichen Funktionen der Rechtsprechung, wie etwa der Fortbildung des Rechts[684]. Wenn es aber schon an der Gleichwertigkeit der Schiedsgerichtsbarkeit fehlt, lässt sich mit dieser vermeintlichen Gleichwertigkeit freilich auch nicht die Bindung des Schiedsgerichts an die materielle Rechtskraft staatlicher Gerichtsentscheidungen begründen.

Auch das Argument, die materielle Rechtskraft habe zwingenden Charakter, stellt schlussendlich nur eine Vorwegnahme des Ergebnisses als Begründung dar, denn ob, und weswegen, die für staatliche Gerichtsverfahren zwingenden Vorschriften auch auf das Schiedsverfahrensrecht Anwendung finden sollen, ist ja gerade die zu untersuchende Frage. Es gilt im Schiedsverfahrensrecht gerade nicht, dass Grundsätze des staatlichen Verfahrensrechts automatisch auch im Schiedsverfahren gelten. So ordnet etwa § 1042 Abs. 1 ZPO den Gleichbehandlungsgrundsatz sowie das Recht auf rechtliches Gehör, beides grundrechtlich garantierte Verfahrensgrundsätze für staatliche Gerichtsverfahren, erst ausdrücklich für Schiedsverfahren an[685]. Ansonsten gilt für den Ablauf des Verfahrens das Primat der Privatautonomie der Parteien[686]. Auch andere Verfahrensgrundsätze des Zivilprozesses, wie etwa der Öffentlichkeitsgrundsatz[687], gelten im Schiedsverfahren nicht, sondern werden zur Disposition der Parteien gestellt. Damit lässt alleine der Umstand, dass die materielle Rechtskraft tragender Verfahrensgrundsatz im staatlichen Prozessrecht ist, noch kein Rückschluss auf das Schiedsverfahren zu.

Allerdings folgt die Bindung des Schiedsgerichts unmittelbar aus der Natur der Rechtskraft und damit aus § 322 ZPO. Wie zuvor bereits ausgeführt, ist die Rechtskraft der Disposition der Parteien entzogen[688]. Das Schiedsgericht selbst

---

684 Deutliche Unterschiede zeigen sich weiterhin im Bereich der Befugnisse des Schiedsgerichts, etwa im Bereich der Zwangsmaßnahmen und des einstweiligen Rechtsschutzes; vgl. zur Gleichwertigkeitsthese ausführlich oben, Erster Teil, B, § 2, II, 3.

685 *Saenger* in Saenger-ZPO[7] (2017), § 1042 Rn. 1; *Voit* in Musielak/Voit-ZPO[15] (2018), § 1042 Rn. 1; *Wilske/Markert* in BeckOK-ZPO[29] (2018), § 1042 Rn. 2.

686 *Saenger* in Saenger-ZPO[7] (2017), § 1042 Rn. 1; *Voit* in Musielak/Voit-ZPO[15] (2018), § 1042 Rn. 1; *Wilske/Markert* in BeckOK-ZPO[29] (2018), § 1042 Rn. 2; vgl. zur Reichweite der Privatautonomie im Schiedsverfahren auch nochmals oben Erster Teil, B, § 2, II.

687 Vgl. dazu statt vieler nur *Musielak* in Musielak/Voit-ZPO[15] (2018), Einleitung Rn. 49.

688 BGH, Urteil v. 11.03.1983 – V ZR 287/81, NJW 1984, 126 (127); BGH, Urteil v. 06.03.1985 – IV b ZR 76/83, NJW 1985, 2325 (2326); BGH, Urteil v. 26.04.1989 – IV b ZR 64/88, NJW-RR 1990, 194 (194 f.); *Gottwald* in MüKo-ZPO[5] (2016), § 322 Rn. 59; *Vorkommer* in Zöller-ZPO[32] (2018), Vor § 322 Rn. 18; *Saenger* in Saenger-ZPO[7] (2017), § 322 Rn. 17; siehe auch nochmals oben Viertrer Teil, A, § 2, II.

wiederum leitet seine eigene Entscheidungsbefugnis, wie im Ersten Teil dieser Arbeit dargestellt, aus der prozessualen Dispositionsbefugnis der Parteien ab und findet damit dort auch dort ihre Grenzen, wo die Dispositionsbefugnis der Parteien endet[689]. Damit kann das Schiedsgericht nur in dem Rahmen tätig werden, der von der prozessualen Dispostionsbefugnis der Parteien umfasst ist und ist damit an die Rechtskraft staatlicher Urteile, wie die Parteien selbst, gebunden.

(iii) Rechtsfolge eines Verstoßes gegen die materielle Rechtskraft

Ergeht ein Schiedsspruch zu einem Streitgegenstand, der bereits durch Urteil entschieden wurde, stellt sich, wie bei zwei zum identischen Streitgegenstand ergangenen Urteilen, die Frage nach der Rechtsfolge. In Betracht kommen grundsätzlich zwei Ansätze. Einerseits lässt sich an eine *ipso iure* Nichtigkeit des Schiedsspruchs durch den Verstoß gegen die materielle Rechtskraft des Urteils denken[690]. Andererseits erscheint eine Aufhebbarkeit des Schiedsspruchs möglich[691].

Die Stimmen, welche von einer *ipso iure* Nichtigkeit des Schiedsspruchs ausgehen, haben dies, soweit ersichtlich, immer im Kontext der Entscheidung eines Schiedsgerichts bei vorangeganener staatlicher Gerichtsentscheidung über die *Zuständigkeit* des Schiedsgerichts, betrachtet[692]. Begründet wird die Nichtigkeit des Schiedsspruchs insbesondere damit, dass es nicht sachgerecht sei, die Parteien bei bereits ergangener Entscheidung eines staatlichen Gerichts bezüglich des Schiedsspruchs noch auf ein Aufhebungsverfahren zu verweisen, weiterhin werde dadurch im besonderen Maße nochmals der Vorrang der staatlichen

689 Siehe oben Erster Teil, B, § 2, II, 2, b.

690 So *Voit* in Musielak/Voit-ZPO[15] (2018), § 1032 Rn. 9, allerdings aus Gründen der Rechtsklarheit in Kombination mit einer deklaratorischen Aufhebung; im Kontext der Entscheidung des staatlichen Gerichts über die Wirksamkeit einer Schiedsereinbarung auch OLG Frankfurt a.M., Beschluss v. 26.09.2013 – 26 SchH 7/12, BeckRS 2014, 14826, Rn. 50 ff.; *Spohnheimer*, Die Vorabentscheidung über die (Un-)Zulässigkeit des schiedsgerichtlichen Verfahrens nach § 1032 Abs. 2 ZPO durch staatliche Gerichte, in FS Käfer (2009), S. 357.

691 *Lühmann*, Die Rechtskraft des Schiedsspruchs im deutschen und US-amerikanischen Recht (2014), S. 232 f.; für eine Aufhebung gemäß § 1059 Abs. 2 Nr. 1 lit. d ZPO: *Schlosser* in Stein/Jonas-ZPO[23] (2014), § 1059 Rn. 23. Ebenfalls im Kontext zu einem Beschluss nach § 1040 Abs. 3 S. 2 ZPO: BGH, Beschluss v. 09.08.2016 – I ZB 1/15, NJW 2017, 488 (489). Neuerdings aufgeschlossen hinsichtlich der Aufhebungslösung des Bundesgerichtshofs *Voit* in Musielak/Voit-ZPO[15] (2018), § 1032 Rn. 14, siehe aber auch Fn. 690.

692 Siehe Fn. 690.

Gerichte im Zusammenhang mit der Kompetenz-Kompetenz unterstrichen werden[693]. Die Annahme der Nichtigkeit des Schiedsspruchs ist insbesondere aus prozessökonomischen Gesichtspunkten vorteilhaft. So bleiben den Parteien die Kosten für ein Aufhebungsverfahren nach §§ 1059 ff. ZPO erspart. Gleichzeitig werden auch die staatlichen Gerichte entlastet, da eine Entscheidung des Oberlandesgerichts über die Aufhebung des Schiedsspruchs unnötig wird.

In Teilen des Schrifttums sowie jüngst auch in einer Entscheidung des Bundesgerichtshofs wird stattdessen die Aufhebbarkeit des Schiedsspruchs nach § 1059 Abs. 2 ZPO in den Fällen bevorzugt, dass es zu einer Kollision zwischen einer Gerichtsentscheidung über die Zuständigkeit des Schiedsgerichts und einem Schiedsspruch kommt[694].

Während sich das jüngere Urteil gemäß § 580 Nr. 7 lit. a ZPO in Wege der Restitutionsklage aufheben lässt, fehlt allerdings eine entsprechende ausdrückliche Regelung für Schiedssprüche im Katalog der Aufhebungsgründe des § 1059 ZPO. Eine analoge Anwendung des § 580 ZPO scheidet mangels planwidriger Regelungslücke aus, denn bei den Aufhebungsgründen des § 1059 Abs. 2 ZPO handelt es sich um eine abschließende Regelung[695]. Eine mögliche Aufhebung des Schiedsspruchs ließe sich damit nur auf die generalklauselartige Regelung des § 1059 Abs. 2 Nr. 2 lit. b ZPO stützen, wonach der Schiedsspruch aufgehoben wird, wenn das Ergebnis des Schiedsverfahrens den *ordre public* am Vollstreckungsort verletzt[696]. Der Bundesgerichtshof definiert einen *ordre public* Verstoß in ständiger Rechtsprechung als Verletzung einer Norm durch den

---

693 *Voit* in Musielak/Voit-ZPO[15] (2018), § 1032 Rn. 14.

694 Siehe Fn. 691; Der BGH-Entscheidung lag die Konstellation zu Grunde, dass eine der Parteien die gerichtliche Aufhebung eines Zwischenentscheids des Schiedsgerichts, mit dem es sich für zuständig erklärt hatte, begehrte, während gleichzeitig das Schiedsverfahren weitergeführt wurde. Der BGH setzte sich mit der Frage auseinander, welche Auswirkungen die Entscheidung des OLG über den Zwischenentscheid auf den Schiedsspruch haben würde, wenn dieser vor der Entscheidung über den Zwischenentscheid ergeht. Hier stehe nach dem BGH keine Nichtigkeit des Schiedsspruchs im Raum, stattdessen soll die Möglichkeit bestehen, den Schiedsspruch nach § 1059 Abs. 1 ZPO aufzuheben, BGH, Beschluss v. 09.08.2016 – I ZB 1/15, NJW 2017, 488 (489).

695 Wortlaut des § 1059 Abs. 2 Nr. 1 ZPO: *„Ein Schiedsspruch kann nur aufgehoben werden, wenn […].“* (Hervorhebung durch den Bearbeiter); Bt-Drs. 13/5274, S. 58; BGH, Beschluss v. 06.06.2002 – III ZB 44/01, BGHZ 151, 79 (83); *Münch* in MüKo-ZPO[5] (2017), § 1059 Rn. 6; *Saenger* in Saenger-ZPO[7] (2017), § 1059 Rn. 5.

696 *Lühmann*, Die Rechtskraft des Schiedsspruchs im deutschen und US-amerikanischen Recht (2014), S. 236.

Schiedsspruch, welche die Grundlagen des staatlichen und wirtschaftlichen Zusammenlebens regelt[697]. Der *ordre public* besitzt dabei sowohl materiell-rechtliche, als auch verfahrensrechtliche Facetten[698]. In den verfahrensrechtlichen *ordre public* werden dabei die in § 580 ZPO aufgeführten Restitutionsgründe mit hineingelesen[699] und so die Aufhebbarkeit des Schiedsspruchs bei vorangegangenem staatlichen Urteil ermöglicht.

Die Einordnung eines Vertstoßes gegen die materielle Rechtskraft als einen Verstoß gegen den verfahrensrechtlichen *ordre public* und die daraus folgende Auffhebbarkeit ist auch unabhängig von der dogamtischen Lösung über die Anlehnung an die Restitutionsgründe des § 580 ZPO überzeugend. So bietet der Gang über das Aufhebungsverfahren des § 1059 ZPO den Vorteil, dass der Schiedsspruch durch einen formellen Akt aufgehoben wird und damit mehr Rechtssicherheit geschaffen wird als über die Lösung der Nichtigkeit. Weiterhin fügt sich die Aufhhebarkeit des Schiedsspruchs besser in die bereits bestehende Systematik zur Behandlung von Rechtskraftkonflikten bei Urteilen ein. Auch hier wurde es für ausreichend erachtet, die Möglichkeit der Aufhebung zur Verfügung zu stellen, während die Nichtigkeit eines Urteils für wenige, krasse, Fehler vorbehalten wird, welche die Existenz des Urteils für die Rechtsordnung unerträglich machen[700]. Es ist nicht ersichtlich, weswegen die Auswirkungen

---

697 Ebenso soll der *ordre public* verletzt sein, wenn der Schiedsspruch zu dem deutschen Gerechtigkeitsempfinden in untragbarem Widerspruch steht; st. Rspr., BGH, Beschluss v. 30.10.2008 – III ZB 17/08, NJW 2009, 1215 (1216); BGH, Beschluss v. 28.01.2014 – III ZB 40/13, NJW 2014, 1597 (1598); BGH, Beschluss v. 10.3.2016 – I ZB 99/14, NJW-RR 2016, 892 (894); BGH, Beschluss v. 06.10.2016 – I ZB 13/15, NZG 2017, 227 (233 ff.).

698 Zum Begriff und den einzelnen Facetten des *ordre public* im Rahmen von § 1059 ZPO vgl. die ausführliche Darstellung bei *Münch* in MüKo-ZPO[5] (2017), § 1059 Rn. 42 ff.

699 BT-Drs. 13/5274, S. 59; BGH, Beschluss v. 02.11.2000 – III ZB 55/99, BGHZ 145, 376 (380); BGH, Beschluss v. 06.10.2016 – I ZB 13/15, NZG 2017, 227 (233 ff.); *Lühmann*, Die Rechtskraft des Schiedsspruchs im deutschen und US-amerikanischen Recht (2014), S. 235 f.; *Münch* in MüKo-ZPO[5] (2017), § 1059 Rn. 45; *Voit* in Musielak/Voit-ZPO[15] (2018), § 1059 Rn. 28, jedoch mit der Einschränkung, dass dies gerade nicht für den Fall des § 580 Nr. 7 lit. a ZPO gelten solle, da in diesem Falle der Schiedsspruch bereits nichtig sei und daher eine Aufhebung nicht in Frage käme.

700 Es muss sich um einen schweren und offensichtlichen Fehler handeln, BGH, Urteil v. 07.05.1991 – IX ZR 30/90, BGHZ 114, 315 (326); BGH, Urteil v. 09.01.2003 – IX ZR 85/02, NJW-RR 2003, 842 (843); BGH, Urteil v. 23.11.2006 – IX ZR 141/04, NJW-RR 2007, 767. Die Fallgruppen, in denen ein Urteil als nichtig angesehen wird, sind dabei eng begrenzt. So soll unter anderem dann ein nichtiges Urteil vorliegen, wenn das Verfahren gar nicht rechtshängig war, wenn das Urteil gegen eine nicht existierende

eines Rechtskraftverstoßes bei einem Schiedsspruch anders behandelt werden sollten, als bei einem Urteil. Dies gilt umso mehr, weil die Umstände, welche die Nichtigkeit des Schiedsspruchs begründen, den Umständen der Nichtigkeit von Urteilen entsprechen und nur bei wenigen, besonders schweren Fehlern Anwendung finden[701]. Auch überzeugt das Argument der Entlastung staatlicher Gerichte im Ergebnis nur teilweise, da zumeist auch bei einem nichtigen Schiedsspruch die begünstigte Partei versuchen würde, den Schiedsspruch gemäß § 1060 ZPO für vollstreckbar erklären zu lassen, sodass es auch in diesem Fall wieder zu einer Inanspruchnahme staatlicher Gerichte kommt. Im Ergebnis erscheint daher das Erfordernis der Aufhebbarkeit eines Schiedsspruchs nach § 1059 Abs. 2 Nr. 2 lit. b ZPO als sachgerechter.

Einen Sonderfall stellt die Missachtung präjudizieller Wirkungen aus einem staatlichen Verfahren im Schiedsverfahren dar[702]. Missachtet ein staatliches Gericht eine vorangegangene Entscheidung, die nicht zum selben Streitgegenstand ergangen ist, sondern lediglich präjudiziell auf das nachfolgende Verfahren wirkt, stellt dies keinen direkten Rechtskraftverstoß, sondern lediglich einen Verfahrensfehler dar, der wiederum durch die Rechtskraft des jüngeren Urteils zunächst „geheilt" wird[703]. Dem ist insoweit zuzustimmen, als dass es bei der Missachtung von präjudiziell wirkenden Feststellungen nicht zu zwei sich bereits im Tenor etwaig widersprechenden Entscheidungen kommt und damit zu

---

Partei ergangen ist, wenn die deutsche Gerichtsbarkeit nicht gegeben war, wenn das Gericht eine unbekannte Rechtsfolge ausgesprochen hat oder wenn das Urteil widersprüchlich oder zu unbestimmt ist, sodass es nicht vollstreckt werden kann. Vgl. die Auflistung der Fallgruppen bei *Elzer* in BeckOK-ZPO[29] (2018), § 300 Rn. 65.

701 Vgl. die Ausführungen bei *Voit* in Musielak/Voit-ZPO[15] (2018), § 1059 Rn. 4 ff., der jedoch auch in Fällen der Rechtskraftkollision von einer Nichtigkeit des Schiedsspruchs ausgeht.

702 Die Rechtskraft erstreckt sich auch auf präjuidzielle Fragen, wie beispielsweise die Festellung der Eigentümerstellung im ersten Verfahren bei der Geltendmachung eines Herausgabeanspruchs nach § 985 BGB in einem späteren Verfahren. Vgl.: BGH, Urteil v. 26.06.2003 – I ZR 269/00, NJW 2003, 3058 (3059); BGH, Urteil v. 24.09.2003 – XII ZR 70/02, NJW-RR 2006, 712 (714); BAG, Urteil v. 29.08.2013 – 2 AZR 273/12, NJW 2014, 1323 (1324); *Gottwald* in MüKo-ZPO[5] (2016), § 322 Rn. 51, mit einer umfassenden Übersicht an Beispielen der präjudiziellen Bindung; *Musielak* in Musielak/Voit-ZPO[15] (2018), § 322 Rn. 10 ff.

703 *Lenenbach*, Die Behandlung von Unvereinbarkeiten zwischen rechtskräftigen Zivilurteilen (1997), S. 87; *Lühmann*, Die Rechtskraft des Schiedsspruchs im deutschen und US-amerikanischen Recht (2014), S. 216; *Musielak* in Musielak/Voit-ZPO[15] (2018), § 580 Rn. 13.

keiner unmittelbaren Rechtskraftkollision. Dies führt konsequenterweise dazu, dass auch die jüngere Entscheidung gemäß § 322 ZPO in Rechtskraft erwächst, das Urteil aber dennoch gemäß § 580 Nr. 7a ZPO im Wege der Restitutionsklage aufgehoben werden kann[704].

Die Übertragung dieser Grundsätze auf Schiedssprüche wird im Schrifttum nur teilweise vorgenommen. So scheint zwar Einigkeit darüber zu bestehen, dass der entgegen einer präjudiziell entschiedenenen Vorfrage ergangene Schiedsspruch wie ein Urteil in materielle Rechtskraft erwächst. Ob der Schiedsspruch dann jedoch auch gemäß § 1059 Abs. 2 Nr. 2 lit. b ZPO aufgehoben werden kann, wird unterschiedlich beurteilt[705]. Weswegen bezüglich eines Schiedsspruchs jedoch etwas anderes gelten sollte als bezüglich eines Urteils, ist nicht ersichtlich. Zutreffenderweise wird allgemein angenommen, dass der verfahrensrechtliche *ordre public* durch die Restitutionsgründe des § 580 ZPO konkretisiert wird[706]. Damit sollte auch der Schiedsspruch entsprechend aufhebbar sein. Dies überzeugt im Übrigen auch rechtspolitisch, denn ansonsten würde der Verstoß des Schiedsgerichts gegen die rechtskräftigen Festellungen der vorangehenden Entscheidung unberücksichtigt bleiben[707].

Für das Vollstreckungsverfahren bedeutet dies, dass der Antrag auf Vollstreckbarerklärung des Schiedsspruchs gemäß § 1060 Abs. 2 S. 2 ZPO in Verbindung mit § 1059 Abs. 2 Nr. 2 lit. b ZPO abgelehnt wird und somit eine Vollstreckung des Schiedsspruchs nicht in Frage kommt. Die Rechtskraft der vorangegangenen

---

704 *Musielak* in Musielak/Voit-ZPO[15] (2018), § 580 Rn. 13.

705 Gegen eine Auffhebbarkeit, *Schlosser* in Stein/Jonas-ZPO[23] (2014), Anhang § 1061 Rn. 363 ff.; für eine beschränkte Aufhebbarkeit in den Fällen, in denen sich das Schiedsgericht bewusst über die präjudizielle Entscheidung hinweg setzt, *Voit* in Musielak/Voit-ZPO[15] (2018), § 1059 Rn. 28; ähnlich *Lühmann*, Die Rechtskraft des Schiedsspruchs im deutschen und US-amerikanischen Recht (2014), S. 239, der eine Aufhebbarkeit des Schiedsspruchs nach § 1059 für die Fälle anerkennt, in denen sich eine der Parteien zuvor auf die präjudizielle Entscheidung im Schiedsverfahren berufen hat; wohl generell für eine Aufhebbarkeit des Schiedsspruchs, *Münch* in MüKo-ZPO[5] (2017), § 1059 Rn. 45, der bezüglich der Aufhebbarkeit lediglich pauschal auf Ergehen eines Schiedsspruchs unter „Nichtachtung anderwärts rechtskräftig ergangener Entscheidung“ abstellt.

706 Siehe nochmals oben Vierter Teil, A, § 2, II, 1, b, aa, (2), (ii).

707 So mit der Einschränkung, dass es ein Berufen einer Partei auf ein präjudizielles Urteil braucht, *Lühmann*, Die Rechtskraft des Schiedsspruchs im deutschen und US-amerikanischen Recht (2014), S. 239.

staatlichen Entscheidung hat dabei genauso Vorrang, wie es bei zwei staatlichen Urteilen der Fall sein würde[708].

bb) Auswirkungen auf die Schiedsvereinbarung

Es stellt sich damit die Frage, ob durch die Aufhebbarkeit des Schiedsspruchs beziehungsweise dem Ausschluss seiner Vollstreckbarkeit das Erreichen des Zwecks der Schiedsvereinbarung bereits derart unmöglich wird, dass die Schiedsvereinbarung nach § 726 BGB erlischt. Der Zweck der Schiedsvereinbarung liegt in der endgültigen Streitbeilegung durch ein schiedsrichterliches Verfahren. Entsprechend tritt die Zweckerreichung durch Erlass eines wirksamen Schiedsspruchs, respektive dem Abschluss eines wirksamen Schiedsvergleichs ein[709]. Nach der hier vertretenen Auffassung ist der Schiedsspruch durch die Verletzung der materiellen Rechtskaft einer Gerichtsentscheidung nicht nichtig, sodass zunächst ein wirksamer, wenngleich auch aufhebbarer, Schiedsspruch vorliegt[710]. Auch führt die fehlende Vollstreckbarkeit in Deutschland aufgrund eines Verstoßes gegen den verfahrensrechtlichen *ordre public interna* noch nicht automatisch auch zu einer fehlenden Vollstreckbarkeit im Ausland. Denn die Aufhebungsgründe in Art. V NYC zur Vollstreckung ausländischer Schiedssprüche spiegeln sich zwar in § 1059 ZPO wieder, sodass auch im Rahmen der internationalen Vollstreckung ein Verstoß gegen den *ordre public* gemäß Art. V Abs. 2 lit. b NYC einer Vollstreckung des Schiedsspruchs entgegenstehen kann. Allerdings knüpft der *ordre public* Vorbehalt des Art. V Abs. 2 lit. b NYC an den jeweiligen *ordre public* im Vollstreckungsstaat an[711]. Ob die Vollstreckung im Ausland an der Kollision der Rechtskraft des Schiedsspruchs mit der Rechtskraft einer deutschen Gerichtsentscheidung aufgrund eines *ordre public* Verstoßes scheitert,

---

708 A.A. *Lühmann*, Die Rechtskraft des Schiedsspruchs im deutschen und US-amerikanischen Recht (2014), S. 235 f., der den Vorrang von der Erhebung der *res iudicata* Einrede im Schiedsverfahren abhängig macht.

709 Vgl. zum Gesellschaftszweck der Schiedsverfahrensgesellschaft nochmals ausführlich oben Erster Teil, C, § 2, II sowie zum Erlöschen durch Zweckerreichung Vierter Teil, A, § 1.

710 Siehe oben Vierter Teil, A, § 2, II, 1, b, aa, (2), (iii).

711 *Adolphsen* in MüKo-ZPO[5] (2017), Art. V UNÜ Rn. 68; *Voit* in Musielak/Voit-ZPO[15] (2018), § 1061 Rn. 23; vgl. zur Systematik des *ordre public* im Rahmen der Vollstreckung ausländischer Schiedssprüche in Deutschland nochmals ausführlich: BGH, Beschluss v. 06.10.2016 – I ZB 13/15, NZG 2017, 227 (233 ff.).

ist damit zumindest fraglich und kann nicht mit abschließender Sicherheit festgestellt werden[712].

Der Zweck der Schiedsvereinbarung erschöpft sich jedoch nicht ausschließlich in der Schaffung eines vollstreckbaren Titels. Bei Abschluss der Schiedsvereinbarung vereinbaren die Parteien weiterhin, die jeweilige Streitigkeit unter Ausschluss der staatlichen Gerichtsbarkeit zu entscheiden. Wie im Zweiten Teil der Arbeit dargestellt, bedeutet dies zwar nicht, dass alle einer Schiedsvereinbarung unterfallenden Streigegenstände notwendigerweise vor einem Schiedsgericht entschieden werden müssen[713]. Kommt es jedoch zu Rechtskraftkollisionen, wurde also derselbe Streitgegenstand schon durch ein staatliches Gericht entschieden, kann dieser Zweck für diesen Streitgegenstand endgültig nicht mehr erreicht werden. Das Erlöschen der Schiedsvereinbarung nach § 726 BGB für diesen Streitgegenstand ist damit die konsequente Rechtsfolge[714]. Der Zeitpunkt des Erlöschens ist der Moment, in dem das Urteil in materielle Rechtskraft nach § 322 ZPO erwächst und setzt damit den Ablauf der Rechtsmittelfristen gegen das Urteil voraus und damit den Eintritt der formellen Rechtskraft nach § 705 ZPO[715].

Dieses Ergebnis ist auch aus rechtspolitischer Sicht überzeugend. Durch das Erlöschen der Schiedsvereinbarung bei einem rechtskräftigen Urteil über den entsprechenden Streitgegenstand wird sichergestellt, dass zu diesem Streitgegenstand kein vollstreckbarer Schiedsspruch mehr ergehen kann. Damit wird das Vertrauen in die Beständigkeit gerichtlicher Entscheidungen und damit schlussendlich auch das Vertrauen in die Rechtssicherheit sowie den Rechtsstaat im Allgemeinen geschützt.

Als Konsequenz aus dem Erlöschen der Schiedsvereinbarung tritt dazu neben die Aufhebbarkeit des Schiedsspruchs wegen eines Versoßtes gegen den *ordre public* nach § 1059 Abs. 2 Nr. 2 lit. b ZPO auch noch die Aufhebbarkeit des Schiedsspruchs nach § 1059 Abs. 2 Nr. 1 lit. a 2. Alt. ZPO. Danach können

---

712 Die Vollstreckung im Ausland scheitert im Ergebnis jedoch aufgrund des Erlöschens der Schiedsvereinbarung für den Streitgegenstand, zu dem bereits ein Urteil entgangen ist, gemäß Art. V Abs. 1 lit. a 2. Alt. NYC. Siehe dazu im Detail weiter unten in diesem Abschnitt.

713 Siehe oben, Zweiter Teil, A, § 1, II, 1, c, bb, (3).

714 Bezüglich der Möglichkeit des teilweisen Erlöschens der Schiedsvereinbarung nach § 726 BGB siehe im Detail unten, Vierter Teil, A, § 2, III.

715 *Gottwald* in MüKo-ZPO[5] (2016), § 322 Rn. 24; *Gruber* in BeckOK-ZPO[29] (2018), § 322 Rn. 1; *Musielak* in Musielak/Voit-ZPO[15] (2018), § 322 Rn. 5; *Saenger* in Saenger-ZPO[7] (2017), § 322 Rn. 1.

Schiedssprüche aufgehoben werden, wenn diese ergehen, obwohl die zugrundeliegende Schiedsvereinbarung unwirksam ist. Das Merkmal der Unwirksamkeit ist dabei weit auszulegen und umfasst neben der Formumwirksamkeit auch sonstige Erlöschensgründe wie die Anfechtung oder Kündigung[716] und damit auch das Erlöschen nach § 726 ZPO. Für die internationale Vollstreckbarkeit bedeutet dies, dass unabhängig von dem jeweiligen nationalem *ordre public* die Vollstreckung eines solchen Schiedsspruchs nach Art. V Abs. 1 lit. a 2. Alt. NYC verhindert werden kann, da sich dieser Aufhebungsgrund seinem Wortlaut nach auf die Wirksamkeit der Schiedsvereinbarung nach dem für sie maßgeblichen Recht, und damit für deutsche Schiedsvereinbarungen nach dem deutschen Recht, bestimmt. Zu beachten ist jedoch, dass der Vollstreckungsversagungsgrund des Art. V Abs. 1 lit. a 2. Alt. NYC nicht von Amts wegen, sondern entsprechend seinem Wortlaut nur auf Vorbringen einer Partei geprüft wird.

Nicht zum Erlöschen der Schiedsvereinbarung nach § 726 BGB führt dagegen der Erlass eines Urteils, das lediglich präjudizielle Wirkungen auf etwaige, einer Schiedsvereinbarung unterfallende Streitgegenstände entfaltet. Bei Erlass des Urteils ist es weiterhin möglich, den entsprechenden Streitgegenstand endgültig durch ein Schiedsgericht entscheiden zu lassen. Der Umstand, dass ein staatliches Gericht eine Vorfrage entschieden hat, führt zwar dazu, dass die Streitigkeit nicht mehr vollständig unter Ausschluss der staatlichen Gerichtsbarkeit entschieden wird, allerdings obliegt weiterhin in Bezug auf den der Schiedsvereinbarung unterfallendem Streitgegestand dem Schiedsgericht die endgültige – rechtskräftige – Entscheidung. Die Rechtsfolge der *ipso iure* Nichtigkeit der Schiedsvereinbarung nach § 726 BGB ist für diese Konstellation unangemessen hart. Da andererseits jedoch auch keine ausschließliche Streitbeilegung vor einem Schiedsgericht mehr möglich ist, entsteht den Parteien ein Kündigungsrecht aus wichtigem Grund wegen teilweiser Undurchführbarkeit nach § 723 Abs. 1 S. 2 BGB[717].

Die vorstehend genannten Konstellationen dürften insgesamt jedoch eher selten sein, denn in den meisten Fällen dürfte in dem Betreiben des staatlichen Gerichtsverfahrens eine konkludente Aufhebung der Schiedsvereinbarung gesehen werden[718]. Gelingt dies nicht, erlischt die Schiedsvereinbarung allerdings

---

716 *Münch* in MüKo-ZPO[5] (2017), § 1059 Rn. 15; *Saenger* in Saenger-ZPO[7] (2017), § 1059 Rn. 9; *Voit* in Musielak/Voit-ZPO[15] (2018), § 1059 Rn. 8; *Wilske/Markert* in BeckOK-ZPO[29] (2018), § 1059 Rn. 36.

717 Zu den Voraussetzungen und Fallgruppen der Kündigung aus wichtigem Grund siehe ausführlich oben Dritter Teil, A, § 1, II, 1.

718 Siehe oben Zweiter Teil, A, § 1, II, 1, c.

nach § 726 BGB mit Erwachsen des Urteils in Rechtskraft. Weiterhin ist es ausgeschlossen, dass sich die Parteien im Nachgang an ein staatliches Gerichtsverfahren auf eine neue Schiedsvereinbarung verständigen und auf diese Weise versuchen, die Rechtskraftwirkungen des Urteils zu umgehen.

2. *Tatsächliche Unmöglichkeit der Zweckerreichung*

Neben rechtlichen Aspekten kann die Zweckerreichung der Schiedsvereinbarung auch durch tatsächliche Umstände dauerhaft unmöglich gemacht werden. Diese Fallgruppe überschneidet sich in Teilen mit den bei der Kündigung aus wichtigem Grund erfassten Fällen der Undurchführbarkeit der Schiedsvereinbarung[719]. Auch hier darf das Hindernis nicht nur vorübergehender Natur sein. So würde der Wegfall der Schiedsinstitution beispielsweise zu einem Erlöschen der Schiedsvereinbarung nach § 726 BGB führen[720]. Kriegerische Ereignisse können eine solche Undurchführbarkeit ebenfalls begründen[721]. Auch hier liegt allerdings kein Automatismus vor, stattdessen muss im Einzelfall geprüft werden, nicht jede kriegerische Auseinandersetzung hat das Ausmaß, eine Durchführung gleich dauerhaft und nicht nur vorübergehend unmöglich werden zu lassen.

In der Rechtsprechung wurde auch die Weigerung, bei einer finanziell angeschlagenen Gesellschaft zusätzliches, unerlässliches Kapital der Gesellschaft zuzuführen, als eine Fallgruppe der Unmöglichkeit der Zweckerreichung angesehen[722]. Auch wenn auf den ersten Blick naheliegend, lässt sich diese Entscheidung nicht ohne Einschränkung auf die Weigerung, den Vorschuss für das Schiedsgericht zu bezahlen, übertragen, sodass in solchen Fällen zumeist immer noch die Kündigung der Schiedsvereinbarung erforderlich sein wird[723]. Entscheidendes Merkmal für Annahme der Unmöglichkeit in dem Urteil des OLG Köln war nämlich, dass die Gesellschaft sich in großen wirtschaftlichen Schwierigkeiten befand und ohne zusätzliches Geld der Gesellschafter nicht mehr hätte weiter existieren können[724]. Der Beschluss der Gesellschafter hatte

---

719 Siehe oben Dritter Teil, A, § 1, I, 1, b, aa, (1).

720 Zu dieser Fallgruppe: BGH, Urteil v. 20.01.1994 – III ZR 143/92, BGHZ 125, 7 (13).

721 Dazu nochmals LG Kassel, Urteil v. 02.04.1992 – 11 O 2778/91, NJW 1992, 3107; auch *Stürmer* nimmt in solchen Fällen einen Wegfall der Schiedsvereinbarung nach § 726 BGB an: *Stürmer*, Die Vereinbarung von Verfahren privater Streitbeilegung (2008), S. 45 f.

722 OLG Köln, Urteil v. 14.03.2002 – 7 U 112/01, BeckRS 2002 30247051, unter I. 1.).

723 Zur Kündigung siehe oben Dritter Teil, A, § 1, I, 1, b, aa, (1).

724 OLG Köln, Urteil v. 14.03.2002 – 7 U 112/01, BeckRS 2002 30247051, unter I. 1.).

also unmittelbare Folgen für die wirtschaftliche Fortexistenz und wäre auch durch eine spätere Meinungsänderung nicht mehr rückgängig zu machen gewesen. Anders verhält es sich jedoch bei der Weigerung, den Vorschuss an das Schiedsgericht zu zahlen. Dieses wird zwar so lange nicht tätig, bis der Vorschuss nicht gezahlt wurde, sobald dies allerdings zu einem späteren Zeitpunkt irgendwann erfolgt, steht einer Verfahrensaufnahme durch das Schiedsgericht nichts im Wege. Damit stellt die Weigerung, den Vorschuss an das Schiedsgericht zu zahlen, ebenfalls nur eine vorübergehende und keine endgültige Vereitelung des Gesellschaftszwecks dar und genügt damit nicht für eine Auflösung der Gesellschaft nach § 726 BGB.

III. Rechtsfolge

Grundsätzlich wird die Gesellschaft mit Eintritt der Zweckerreichung oder Zweckvereitelung aufgelöst und ist anschließend zu liquidieren[725]. Da die Schiedsvereinbarung eine reine Innengesellschaft ohne eigenes Vermögen ist, wird regelmäßig keine Liquidation notwendig sein[726]. In jedem Falle erlöschen ab Eintritt des Auflösungsgrundes alle gesellschaftsrechtlichen Pflichten im Hinblick auf die Zweckförderung, sodass die Schiedsbindung ab diesem Moment entfällt[727].

Die Reichweite der Auflösungswirkung hängt dabei von der Art des Auflösungsgrundes ab – zwar sieht § 726 BGB seinem Wortlaut nach keine Teilauflösung einer Gesellschaft vor, § 726 BGB ist allerdings nur insoweit zwingendes Recht, als eine Gesellschaft, deren Zweck unmöglich oder erreicht wurde, nicht mehr werbend tätig sein darf[728]. In Hinblick auf die Auflösung durch Zweckerreichung ergibt sich insoweit eine Besonderheit, als die Schiedsvereinbarung nur für den Teil erlischt, für den auch der Schiedsspruch ergangen ist – ansonsten behält sie jedoch ihre Wirksamkeit[729]. Dies entspricht auch der gesetzlichen Systematik der ZPO. So lebt die Schiedsvereinbarung gemäß § 1059 Abs. 5 ZPO bei Aufhebung des Schiedsspruchs im Zweifel für diesen Streitgegenstand wieder auf, was im Umkehrschluss bedeutet, dass die Schiedsvereinbarung auch nur für diesen Teil durch Erlass des Schiedsspruchs erloschen ist.

---

725 *H.P. Westermann* in Erman-BGB[15] (2017), § 726 Rn. 2.

726 Vgl. *Schäfer* in MüKo-BGB[6] (2013), § 726 Rn. 7.

727 *Kersting*, Die Beendigung einer Schiedsvereinbarung durch Anrufung staatlicher Gerichte, SchiedsVZ 2013, 297 (304).

728 *Schäfer* in MüKo-BGB[6] (2013), § 726 Rn. 9.

729 *Stürmer*, Die Vereinbarung von Verfahren privater Streitbeilegung (2008), S. 45 f.

Es spricht nichts dagegen, eine Teilauflösung auch in Hinblick auf die Fallgruppe der Zweckverfehlung anzunehmen. Diese Situation dürfte vor allem in den Fällen eintreten, in denen es zu Verfahren vor staatlichen Gerichten kommt, welche in einer rechtskräftigen Entscheidung über den der Schiedsvereinbarung unterfallenden Streitgegenstand münden[730]. Ansonsten dürfte die Teilauflösung eher selten sein. So dürfte bei einer Unzuständigkeitserklärung des Schiedsgerichts nach § 1040 Abs. 1 ZPO diese zumeist auf Gründen basieren, welche die Undurchführbarkeit der gesamten Schiedsvereinbarung zur Folge haben. Stellt wiederum das Schiedsgericht fest, dass nur der geltendgemachte Streitgegenstand nicht der Schiedsvereinbarung zwischen den Parteien unterfällt, bleibt die Wirksamkeit der Schiedsvereinbarung ansonsten gänzlich unberührt. Kriege und andere äußere Umstände wiederum, die ein Verfahren unmöglich machen, werden zumeist wiederum die ganze Schiedsvereinbarung betreffen oder ebenfalls nicht endgültig zur Unmöglichkeit führen, sodass dann auch in diesem Fall § 726 BGB in den meisten Fällen keine Anwendung finden wird.

§ 3 Ergebnis

Die Schiedsvereinbarung erlischt somit *ipso iure* mit Erlass eines wirksamen Schiedsspruchs oder dem Abschluss eines Schiedsvergleichs für den erledigten Teil gemäß § 726 BGB. Ebenso erlischt die Schiedsvereinbarung mit Unmöglichwerden der Zweckerreichung. Das Merkmal der Unmöglichkeit ist dabei restriktiv auszulegen. Die Unmöglichkeit muss sowohl endgültig als auch dauerhaft sein und unterscheidet sich damit wesentlich von der Kündigung der Schiedsvereinbarung auf Grund von Undurchführbarkeit.

B. Erlöschen nach § 727 BGB

Der Tod eines Gesellschafters führt nach § 727 BGB als gesetzlicher Regelfall zur Auflösung der Gesellschaft. Begründet wird dies mit dem persönlichen Verhältnis, welches die Gesellschafter untereinander eingehen[731]. Gemäß § 727 Abs. 1 2. HS BGB ergibt sich jedoch, dass die Gesellschafter im Gesellschaftsvertrag eine abweichende Regelung treffen können. Dies wird im Rahmen einer Schiedsvereinbarung regelmäßig passieren. Die für viele andere gesellschaftsrechtliche Beziehungen bedeutsame persönliche Beziehung zwischen den Gesellschaftern

---

730 Siehe oben Vierter Teil, A, § 2, II, 1, b.

731 *Kilian* in Henssler/Strohn[3] (2016), § 727 Rn. 1; *Schäfer* in MüKo-BGB[6] (2013), § 727 Rn. 1; *Schöne* in BeckOK-BGB[47] (2018), § 727 Rn. 1.

spielt im Rahmen der Schiedsvereinbarung nur eine untergeordnete Rolle, stattdessen steht das Ziel der Streitbeilegung im Vordergrund[732]. Entsprechend geht auch die Literatur größtenteils davon aus, dass Schiedsvereinbarungen bei Tod einer der Parteien mit dem Rechtsnachfolger fortgeführt werden sollen[733]. Dies ist auch konsequent, denn die Gründe für ein Schiedsverfahren, wie Vertraulichkeit, größere Flexibilität des Verfahrens oder Loslösung von nationalen Gerichten, bestehen unabhängig von der Identität des Vertragspartners. Für den Fall, dass die Identität des Vertragspartners doch ausschlaggebend war, bleibt den Parteien dann die Möglichkeit, das Bestehen der Schiedsvereinbarung auch an diese Personen zu knüpfen.

C. Schlussbetrachtung Vierter Teil

Der vierte Teil hat gezeigt, dass die Einordnung der Schiedsvereinbarung als Verfahrensgesellschaft entsprechend der §§ 705 ff. BGB den Vorteil bietet, in § 726 BGB eine Kodifizierung von Rechtsfolgen zu bieten, welche Literatur und Rechtsprechung bereits lange Zeit für die Schiedsvereinbarung anerkannt haben. So erlischt die Schiedsvereinbarung bei Zweckerreichung sowie dauerhafter und endgültiger Unmöglichkeit der Zweckerreichung bereits *ipso iure*.

Insbesondere die Fallgruppe der Unmöglichkeit der Zweckerreichung ist dabei, aufgrund des großen Eingriffs in die gesellschaftsrechtliche Struktur und damit in die Privatautonomie der Parteien, äußerst restriktiv auszulegen. Nur wenn tatsächlich der Zweck der Schiedsvereinbarung erfüllt oder vollständig unmöglich geworden ist, deckt sich die Rechtsfolge des automatischen Erlöschens mit dem Parteiinteressen und nur dann rechtfertigt sich auch dieser Eingriff in die Privatautonomie. Dabei hat sich im Zuge der Untersuchung gezeigt, dass der relevanteste Unterpunkt der rechtlichen Unmöglichkeit die Kollision der Rechtskraft eines Schiedsspruchs nach § 1055 ZPO mit einem bereits vorangegangenen Urteil bei identischem Streitgegenstand darstellt. Wie im Verhältnis zweier staatlicher Gerichtsentscheidungen zueinander geht in diesen Fällen die Rechtskraft der älteren Entscheidung vor. Genausowenig wie es den Parteien eines staatlichen Gerichtsverfahrens möglich ist, die Rechtskraft eines Urteils aufzuheben, können sie einen rechtskräftig entschiedenen Streitgegenstand zur nochmaligen Entscheidung einem Schiedsgericht vorlegen, denn die

---

732 *Stürmer*, Die Vereinbarung von Verfahren privater Streitbeilegung (2008), S. 51 f.

733 Obiter BGH, Urteil v. 28.05.1979 – III ZR 18/77, NJW 1979, 2567 (2568); *Saenger* in Saenger-ZPO[7] (2017), § 1029 Rn. 21; *Schlosser* in Stein/Jonas-ZPO[23] (2014); § 1029 Rn. 85; *Voit* in Musielak/Voit-ZPO[15] (2018), § 1029 Rn. 8.

Kompetenz des Schiedsgerichts reicht nur so weit, wie die prozessuale Dispositionsbefugnis der Parteien. Schiedssprüche, die trotz entgegenstehender Rechtskraft eines Urteils ergehen, verstoßen gegen den verfahrensrechtlichen *ordre public* und können daher nach § 1060 Abs. 2 S. 2 ZPO in Verbindung mit § 1059 Abs. 2 Nr. 2 lit. b ZPO nicht vollstreckt werden. Dies führt dazu, dass ab dem Zeitpunkt, in dem ein Urteil zu einem einer Schiedsvereinbarung unterfallenden Streitgegenstand in materielle Rechtskraft erwächst, die Schiedsvereinbarung *ipso iure* erlischt, da es ab diesem Moment nicht mehr möglich ist, die Streitigkeit durch ein Schiedsgericht entscheiden zu lassen.

Damit hat sich die letzte Arbeitsthese bestätigt, dass unter engen Voraussetzungen ein *ipso iure* Erlöschen der Schiedsvereinbarung nicht im Konflikt zu der privatautonomen Natur der Schiedsvereinbarung steht, sondern stattdessen aus ihr folgt.

Schlusswort

Im Gang der Untersuchung haben sich vielseitige Beendigungsmöglichkeiten der Schiedsvereinbarung aufgezeigt. Die Beendigungsmöglichkeiten sind dabei in ihren Voraussetzungen davon abhängig, ob sie durch die Parteien gemeinschaftlich oder nur einseitig ausgeübt werden können (oder *ipso iure* eintreten).

Entscheidend zur Herleitung dieser Beendigungsmöglichkeiten ist zunächst die rechtliche Qualifikation der Schiedsvereinbarung. Im Ersten Teil der Arbeit hat sich gezeigt, dass es sich bei Schiedsvereinbarungen um atypische Innengesellschaften des bürgerlichen Rechts handelt. Die atypische Form folgt daraus, dass die Schiedsvereinbarung eine Verfahrensgesellschaft darstellt und ihrer Rechtsnatur dem Prozessrecht zuzuordnen ist. Das Schiedsverfahrensrecht leitet dabei seine Legitimation aus der prozessualen Dispositionsbefugnis der Parteien ab.

Im Zweiten Teil hat sich bei der Untersuchung der konsensualen Beendigungsmöglichkeiten der Leitgedanke der Privatautonomie und das Primat der Parteien über die Schiedsvereinbarung zu jedem Zeitpunkt des Schiedsverfahrens bestätigt. So konnte herausgearbeitet werden, dass die Parteien die Schiedsvereinbarung jederzeit ganz oder teilweise ohne Berücksichtigung etwaiger Formvorschriften aufheben können. Die Formvorschrift des § 1031 ZPO ist dabei dahingehend auszulegen, dass Teilaufhebungen der unstreitig formlos möglichen vollständigen Aufhebung der Schiedsvereinbarung gleichzustellen sind. Für welche Streitgegenstände die Schiedsvereinbarung aufgehoben werden soll, bemisst sich nach der Reichweite des Aufhebungswillens der Parteien und ist nach §§ 133, 157 BGB durch Auslegung zu ermitteln. Lassen sich die Parteien vor einem staatlichen Gericht ein, wurde der Aufhebungswille der Parteien bisher entweder nur auf den betroffenen Streitgegenstand oder gleich die gesamte Schiedsvereinbarung erstreckt. Am interessengerechtesten ist es jedoch, die Aufhebung der Schiedsvereinbarung, sofern Indikationen für einen anderslautenden Willen fehlen, auf den dem staatlichen Gerichtsverfahren zugrundeliegenden Lebenssachverhalt zu erstrecken.

Vor dem Hintergrund, dass die Form des § 1031 ZPO bei Schiedsvereinbarungen unter Unternehmern nur noch der Beweissicherheit dient, wäre es weiterhin konsequent und vorzugswürdig, auch den Abschluss der Schiedsvereinbarung formfrei zu ermöglichen. Den Parteien sollte es selbst überlassen werden, welches Maß an Beweissicherheit sie für notwendig erachten.

Im Dritten Teil hat sich gezeigt, dass die Parteien jederzeit in der Lage sind, die Schiedsvereinbarung auch einseitig zu beenden. Relevanteste Beendigungsmöglichkeit ist dabei die Kündigung der Schiedsvereinbarung nach § 723 Abs. 1 S. 2 BGB aus wichtigem Grund. Obwohl es sich bei der Schiedsvereinbarung grundsätzlich um eine auf unbestimmte Zeit geschlossene Gesellschaft handelt, ist das gesetzliche ordentliche Kündigungsrecht aufgrund der prozessualen Besonderheiten wie der Funktionalität der Schiedseinrede nach § 1032 ZPO ausgeschlossen. Die wichtigen Gründe, welche zur Kündigung der Schiedsvereinbarung berechtigen, entsprechen den bereits durch Rechtsprechung und Schrifttum zu § 242 BGB sowie § 314 BGB ausgearbeiteten. Sie lassen sich dabei in verhaltensbezogene wichtige Gründe sowie Gründe, welche zur Undurchführbarkeit der Schiedsvereinbarung führen, unterteilen. Insgesamt sind an die Annahme eines wichtigen Grundes bei der verhaltensbezogenen Kündigung höhere Ansprüche zu stellen als bei einer auf der Undurchführbarkeit der Schiedsvereinbarung basierenden Kündigung. Damit soll nach Möglichkeit Fehlverhalten der Parteien innerhalb des Schiedsverfahrens sanktioniert werden, um zu verhindern, dass sich eine Partei durch Obstruktion aus der Schiedsvereinbarung herauskündigen lässt und so durch die Hintertür ihr eigenes Kündigungsrecht schafft.

Entgegen der Position in der Rechtsprechung sollte dabei auch bei einer Undurchführbarkeit der Schiedsvereinbarung noch am Kündigungserfordernis festgehalten werden. Dies hat den Vorteil, dass die Parteien das rechtliche Schicksal der Schiedsvereinbarung selbst bestimmen können. Gerade bei nur vorübergehenden Durchführungshindernissen würde man den Parteien ansonsten die Unwirksamkeit der Schiedsvereinbarung aufnötigen, obwohl sie eventuell in der Zukunft wieder nutzbar wird. Dies gefährdet auch nicht den effektiven Rechtsschutz der Parteien während der Undurchführbarkeit, denn so lange wie das Durchführungshindernis anhält, entfällt unabhängig von der materiell-rechtlichen Wirksamkeit der Schiedsvereinbarung die Möglichkeit, ein staatliches Gerichtsverfahren durch Erheben der Schiedseinrede nach § 1032 ZPO zu verhindern. Als weitere einseitige Beendigungsmöglichkeiten kommen dazu noch die Anfechtung der Schiedsvereinbarung nach §§ 119 ff. BGB sowie der Rücktritt nach § 323 Abs. 1 BGB wegen Nichtzahlung des Vorschusses an das Schiedsgericht.

Neben den konsensualen sowie einseitigen Beendigungsmöglichkeiten erlischt die Schiedsvereinbarung nach § 726 BGB in zwei Fallkonstellationen *ipso iure*. Dies ist zum einen dann der Fall, wenn der Zweck der Schiedsvereinbarung durch Erlass eines wirksamen Schiedsspruchs erfüllt wurde. Dies ist weiterhin dann der Fall, wenn die Zweckerreichung der Schiedsvereinbarung endgültig und dauerhaft nicht mehr möglich ist. Dies ist nur in eng begrenzten Ausnahmefällen anzunehmen. So tritt rechtliche Unmöglichkeit der Zweckerreichung mit dem Erlass eines rechtskräftigen Urteils zu einem der Schiedsvereinbarungen unterfallenden Streitgegenstand ein, sodass die Schiedsvereinbarung für diesen Streitgegenstand mit Erlass des Urteils erlischt. Dies folgt daraus, dass das Schiedsgericht seine Entscheidungsbefugnis aus der prozessualen Dispositionsbefugnis der Parteien bezieht und sich damit, genauso wenig wie die Parteien selbst, über die materielle Rechtskraft eines Urteils hinwegsetzen kann. Entscheidet das Gericht trotzdem, ist der Schiedsspruch wegen Verstoßes gegen den *ordre public* aufhebbar. Dies wiederum führt dazu, dass der Schiedsspruch in Deutschland nicht mehr vollstreckt werden kann. Weiterhin ist die vereinbarte, endgültige Streitbeilegung durch einen Schiedsspruch unmöglich geworben, da die materielle Rechtskraft des Urteils als ältere Entscheidung vorangeht. Entsprechend erlischt mit Erlass eines solchen Urteils die Schiedsvereinbarung. Neben rechtlichen Gründen kann die Zweckerreichung auch aus tatsächlichen Gründen unmöglich werden, allerdings gilt es auch hier zu beachten, dass es sich um eine dauerhafte und endgültige Unmöglichkeit der Zweckerreichung handeln muss. Denn nur dann liegt der schwere Eingriff in die Vertragsfreiheit durch ein *ipso iure* Erlöschen auch im Interesse der Parteien.

Endergebnis in Thesen

- Das Schiedsverfahrensrecht ist ein alternativer Streitbeilegungsmechanismus, der auf der Privatautonomie der Parteien basiert. Dies bedeutet, dass Schiedsvereinbarungen auch weiterhin freiwillig abgeschlossen werden müssen. Die Erweiterung der schiedsfähigen Streitgegenstände, die Aufhebung von § 1025 ZPO a.F. sowie die subjektive Gleichwertigkeit des Schiedsverfahrens ändern daran nichts.
- Die Schiedsvereinbarung stellt dabei eine (Verfahrens-) Gesellschaft bürgerlichen Rechts dar.
- Die Parteien können im Rahmen ihrer Privatautonomie die Schiedsvereinbarung jederzeit formlos und durch schlüssiges Verhalten aufheben. Dies gilt unabhängig:
  - vom Zeitpunkt der Aufhebung,
  - vom Stand des Verfahrens,
  - von der Reichweite der Aufhebung, und
  - von der Beteiligung eines Verbrauchers.
- *de lege ferenda* wäre eine formlose Abschlussmöglichkeit der Schiedsvereinbarung dogmatisch stimmig
- Den Parteien stehen zu jedem Zeitpunkt einseitige Beendigungsmöglichkeiten der Schiedsvereinbarung zur Verfügung. Bis zur Einleitung des Schiedsverfahrens ist dies die ordentliche Kündigung sowie der Rücktritt. Ab Einleitung des Schiedsverfahrens ist dies die Kündigung aus wichtigem Grund nach § 723 Abs. 1 S. 2 BGB sowie alternativ aufgrund einer Störung der Geschäftsgrundlage gemäß § 313 Abs. 3 S. 2 BGB.
- Die Schiedsvereinbarung kann jederzeit gemäß §§ 119 ff. BGB angefochten werden.
- Die Schiedsvereinbarung erlischt *ipso iure* in den Fällen der Zweckerreichung sowie Zweckverfehlung gemäß § 726 BGB. Das Merkmal der Zweckverfehlung ist dabei restriktiv als endgültige und dauerhafte Zweckverfehlung zu verstehen. In diesen Fällen fehlt den Parteien jedwedes Interesse am Festhalten an der Schiedsvereinbarung, sodass die Rechtsfolge des Erlöschens *ipso iure* keinen Eingriff in ihre Privatautonomie darstellt. Als einer der Hauptfälle des *ipso iure* Erlöschens hat sich dabei die Situation herausgestellt, in der zu einem der Schiedsvereinbarung unterfallenden Streitgegenstand ein materiell-rechtskräftiges Urteil ergangen ist.

Literatur

ADOLPHSEN, Jens, Internationale Dopingstrafen Mohr-Siebeck, Tübingen 2003

ARTUNC, Cicek Ersoy, Vertragsfreiheit als Erscheinungsform der Privatautonomie im deutschen Zivilrecht, Annales XL, N. 57, 295

BACHMANN, Birgit (Hrsg.), BREIDENBACH, Stephan (Hrsg.), COESTER-WALTJEN, Dagmar (Hrsg.), HESS, Burkhard (Hrsg.), NELLE, Andreas (Hrsg.), WOLF, Christian (Hrsg.), Grenzüberschreitungen – Beiträge zum Internationalen Verfahrensrecht und zur Schiedsgerichtsbarkeit Festschrift für Peter Schlosser zum 70. Geburtstag, Mohr Siebeck, Tübingen, 2005 (zitiert als: *Autor,* Titel, in FS Schlosser (2005), S.)

BALLERSTEDT, Kurt, Der gemeinsame Zweck als Grundbegriff des Rechts der Personengesellschaften, JuS 1963, 253

BAMBERGER, Heinz Georg (Hrsg.), ROTH, Herbert (Hrsg.), HAU, Wolfgang (Hrsg.), POSECK, Roman (Hrsg.), Beck'scher Online Kommentar, BGB Verlag C.H.Beck, München, 46. Edition 2018 (zitiert als: *Bearbeiter*, BeckOK-BGB[47] (2018), § Rn.)

BAUMBACH, Adolf (Begr.), LAUTERBACH, Wolfgang (Hrsg.), ALBERS, Jan (Hrsg.), HARTMANN, Peter (Hrsg.), Zivilprozessordnung, 76. Auflage 2018, Verlag C. H. Beck, (zitiert als: *Hartmann* in Baumbach/Lauterbach-ZPO[76] (2018), § Rn.)

BAUMGÄRTEL, Gottfried, Wesen und Begriff der Prozesshandlung einer Partei im Zivilprozess, 2. Aufl. 1972, Carl Heymanns Verlag, Köln

BECKMANN, Mark, Statutarische Schiedsklauseln im deutschen Recht und internationalem Kontext, Peter Lang Verlag, Frankfurt am Main 2007

BERGER, Klaus-Peter, Internationale Wirtschaftsschiedsgerichtsbarkeit, De Gruyter, Berlin, 1991

BERGER, Klaus-Peter, Parteiautonomie in der internationalen Wirtschaftsschiedsgerichtsbarkeit, RiW 1994, 12

BERGER, Klaus-Peter, Herausforderungen für die (deutsche) Schiedsgerichtsbarkeit, SchiedsVZ 2009, 289

BERNHARD, Wolfgang (Verf.), BLOMEYER, Karl (Verf.), et. al., Beiträge zum Zivilprozessrecht Festgabe zum 70. Geburtstag von Leo Rosenberg, C.H. Beck Verlag, München 1949 (zitiert als *Autor*, Titel in Festgabe Rosenberg (1949), S.)

BITTNER, Ludwig (Hrsg.), KLICKA, Thomas (Hrsg.), KODEK, Georg E. (Hrsg.), OBERHAMMER, Paul (Hrsg.), Festschrift für Walter H. Rechberger zum

60. Geburtstag, Springer Verlag, Wien 2005 (zitiert als *Autor,* Titel, in FS Rechberger (2005), S.)

Blank, Hubert (Hrsg.), Börstinghaus, Ulf P. (Hrsg.), Miete, 5. Aufl. 2017, C.H. Beck Verlag, München (zitiert als: *Bearbeiter* in Blank/Börstinghaus[5] (2017), § Rn.)

Bleistein, Romana, Degenhart, Christoph, Sportschiedsgerichtsbarkeit und Verfassungsrecht Schiedsvereinbarungen und Anti-Doping Gesetzgebung auf dem Prüfstand, NJW 2015, 1353

Bork, Reinhard (Hrsg.), Roth, Herbert (Hrsg.), Stein/Jonas Kommentar zur Zivilprozessordnung, Band 10 – §§ 1025 – 1066, 23. Aufl. 2014, Mohr Siebeck, Tübingen (zitiert als: *Bearbeiter* in Stein/Jonas-ZPO[23] (2014), § Rn.)

Bork, Reinhard, Der Begriff der objektiven Schiedsfähigkeit (§ 1025 Abs. 1 ZPO), ZZP 100, 249

Böckstiegel, Karl-Heinz (Hrsg.), Kröll, Stefan Michael (Hrsg.), Nacimiento, Patricia (Hrsg.), Arbitration in Germany – The Model Law in Practice –, Kluwer Law International, Niederlande 2007 (zitiert als: *Bearbeiter* in Arbitration in Germany (2010), § Rn.)

Bökelmann, Erhard (Hrsg.), Henckel, Wolfram (Hrsg.), Jahr, Günther (Hrsg.), Festschrift für Friedrich Weber zum 70. Geburtstag, Walter de Gruyter, Berlin 1975 (zitiert als *Autor*, Titel in FS Weber (1975), S.)

Bruns, Rudolf, Zivilprozessrecht, 2. Aufl. 1979, Verlag Franz Vahlen, München 1979

Bucher, Andreas, Die neue internationale Schiedsgerichtsbarkeit in der Schweiz, Helbing Lichtenhahn Verlag, Basel 1989

Buchwitz, Wolfram, Schütt, Philipp, Die Durchsetzung von Vorschussansprüchen im Schiedsverfahren, SchiedsVZ 2015, 1

Burandt, Wolgang, Rojahn, Dieter, Erbrecht, 2. Aufl. 2014, Verlag C.H. Beck, München (zitiert als *Bearbeiter* in Burandt/Rojahn[2] (2014), § Rn.)

Busche, Jan, Privatautonomie und Kontrahierungszwang, Mohr Siebeck, Tübingen 1999

Canaris, Claus-Wilhelm, Die Vertrauenshaftung im deutschen Privatrecht, Verlag C.H. Beck, München 1971

Dauner-Lieb, Barbara (Hrsg.), Heidel, Thomas (Hrsg.), Ring, Gerhard (Hrsg.), BGB – Schuldrecht Band 2/1: §§ 241 – 610, 3. Aufl. 2016, Nomos Verlagsgesellschaft, Baden-Baden (zitiert als: *Bearbeiter* in Dauner-Lieb/Langen BGB[3] (2016), § Rn.)

Distler, Wolfram, Private Schiedsgerichtsbarkeit und Verfassung, Peter Lang Verlag, Frankfurt am Main 2000

Duve, Christian, Keller, Moritz, Privatisierung der Justiz – bleibt die Rechtsfortbildung auf der Strecke? – Ein Beitrag zur Auflösung des Spannungsverhältnisses von Privatautonomie und Rechtsfortbildung in der Schiedsgerichtsbarkeit –, SchiedsVZ 2005, 169

Duve, Christian, Rösch, Karl Ömer, Der Fall Pechstein – kein Startschuss für eine Neugestaltung der Sportschiedsgerichtsbarkeit, SchiedsVZ 2014, 2016

Feldhahn, Peer, Die Störung der Geschäftsgrundlage im System des reformierten Schuldrechts, NJW 2005, 3381

Flume, Werner, Allgemeiner Teil des Bürgerlichen Recht Band 1, Teil 1 – Die Personengesellschaft, Springer Verlag, Berlin 1977

Geimer, Reinhold (Hrsg.), Internationales Zivilprozessrecht, 7. Aufl. 2015, Verlag Dr. Otto Schmidt, Köln

Geimer, Reinhold (Hrsg.), Wege zur Globalisierung des Rechts Festschrift für Rolf A. Schütze zum 65. Geburtstag, C. H. Beck Verlag, München, 1999 (zitiert als: *Autor,* Titel, FS Schütze (1999) S.)

Genzow, F. Christian (Hrsg.), Grunwald, Barbara (Hrsg.), Schulte-Nölke, Hans (Hrsg.), Zwischen Vertragsfreiheit und Verbraucherschutz Festschrift für Friedrich Graf von Westphalen zum 70. Geburtstag, Verlag Dr. Otto Schmidt, Köln 2010 (zitiert als: *Autor*, Titel, in FS Westphalen (2010), S.)

Goldmann, Franz, Kündigung des Schiedsvertrages aus wichtigem Grunde, ZZP 51, 442

Goldschmidt, James, Der Prozess als Rechtslage Eine Kritik des prozessualen Denkens, Scientia Verlag, Aalen 1962

Gottwald, Peter, Adolphsen, Jens, Das neue deutsche Schiedsverfahrensrecht, DStR 1998, 1017

Granzow, Joachim H., Das UNCITRAL-Modellgesetz über die internationale Handelsschiedsgerichtsbarkeit von 1985, Verlag V. Florentz, München 1987

Haas, Ulrich, Internationale Sportschiedsgerichtsbarkeit und EMRK, SchiedsVZ 2009, 73

Haas, Ulrich, Hauptmann, Markus, Schiedsvereinbarungen in Ungleichgewichtslagen – am Beispiel des Sports –, SchiedsVZ 2004, 175

Habscheid, Walther J., Die Rechtsnatur des Schiedsvertrages und ihre Auswirkungen, KTS 1955, 33

Habscheid, Walther J., Aus der höchstrichterlichen Rechtsprechung zur Schiedsgerichtsbarkeit, KTS 1957, 161

Habscheid, Walther J., Das Problem der Unabhängigkeit der Schiedsgerichte, NJW 1962, 5

Habscheid, Walther J., Die Kündigung des Schiedsvertrages aus wichtigem Grunde, KTS 1980, 285

von Hase, Karl, Fristlose Kündigung und Abmahnung nach neuem Recht, NJW 2002, 2278

Hau, Wolfang, Grenzen der Beachtlichkeit von Schies- und Gerichtsstandsvereinbarungen nach lex fori und Vereinbarungsstatut (zu OLG Frankfurt a.M., 01.10.1998 – 1 U 163/96), IPRax 1999, 232

Häsemeyer, Ludwig, Die gesetzliche Form der Rechtsgeschäfte: objektive Ordnung und privatautonome Selbstbestimmung im formgebundenen Rechtsgeschäft, Athenäum, 1971

Hedemann, Justus Wilhelm, Die Fortschritte des Zivilrechts im 19. Jahrhundert, 1910

Heermann, Peter, Freiwilligkeit von Schiedsvereinbarungen in der Sportgerichtsbarkeit, SchiedsVZ 2014, 66

Heermann, Peter, Die Sportschiedsgerichtbarkeit nach dem Pechstein-Urteil des BGH, NJW 2016, 2224

Hefermehl, Wolfgang (Hrsg.), Gmür, Rudolf (Hrsg.), Brox, Hans (Hrsg.), Festschrift für Harry Westermann zum 65. Geburtstag, Verlag C.F. Müller, Karlsruhe 1974 (zitiert als: *Bearbeiter,* Titel, in FS Westermann (1974), S.)

Henn, Günter, Schiedsverfahrensrecht Handbuch für die Praxis, 3. Aufl. 2000, C. F. Müller Verag, Heidelberg

Henssler, Martin, Strohn, Lutz, Gesellschaftsrecht, 3. Aufl. 2016, C. H. Beck-Verlag, München (zitiert als *Autor* in Henssler/Strohn[3] (2016), § Rn.)

Heidbring, Alfried, Die Insolvenzanfechtung im Schiedsverfahren, SchiedsVZ 2009, 258

Heinrich, Christian, Formale Freiheit und materiale Gerechtigkeit, Mohr Siebeck, Tübingen 2000

Hesselbarth, Franziska, Schiedsgerichtsbarkeit und Grundgesetz, Harland Media Verlag, Lichtenberg (Odw) 2004

Hilpert, Horst, Die Geschichte des Sportrechts, Richard Boorberg Verlag, Stuttgart 2011

Hirsch, Günter, Schiedsgerichte – ein Offenbarungseid für die staatliche Gerichtsbarkeit?, SchiedsVZ 2003, 49

Hofmann, Karsten, Zur Notwendigkeit eines institutionellen Sportschiedsgerichtes in Deutschland Eine Untersuchung der nationalen Sportschiedsgerichtsbarkeit unter besonderer Beachtung der §§ 1025 ff. ZPO, Verlag Dr. Kovac, Hamburg 2009

Hollerbach, Alexander, Selbstbestimmung im Recht Sitzungsbericht der Heidelberger Akademie der Wissenschaften, Jg. 1996, Bericht 2, Universitätsverlag C. Winter, Heidelberg

HOLTZMANN, Howard M., NEUHAUS, Joseph E., A Guide to the 1985 UNCITRAL Model Law Kluwer Law International (1989/2006)

HUBER, Peter, Das Verhältnis von Schiedsgericht und staatlichen Gerichten bei der Entscheidung über die Zuständigkeit, SchiedsVZ 2003, 73

ILLMER, Martin, Der Arglisteinwand an der Schnittstelle von staatlicher Gerichtsbarkeit und Schiedsgerichtsbarkeit, Mohr Siebek, Tübingen 2007

JONAS, [Vorname unbekannt], Besprechung zu RG, Urteil v. 31.12.1934 - VII 237/34, JW 1935, 1027

KERSTING, Christian, Die Beendigung von Schiedsvereinbarungen durch die Anrufung staatlicher Gerichte, SchiedsVZ 2013, 297

KIESOW, Bernd-Joachim, Die Vereinbarkeit des Schiedsgerichtswesen mit dem Grundsgesetz, KTS 1962, 224

KIESSLING, Erik, BECKER, Thorsten, Die Teilkündigung von Dauerschuldverhältnissen, WM 2002, 578

KISCH, WILHELM, Besprechung zu RArbG, Urteil v. 04.03.1931- RAG 200/30, JW 1931, 2399 f.

KISCH, WILHELM, Einige Bemerkungen zum Wesen des Schiedsvertrages, ZZP 51, 321

KNIEPER, Rolf, Interpretation, Analogie und Rechtsfortbildung: delikate Abgrenzungen zwischen Judikative und Legislative, WiRO 2003, 65

KOCHER, Eva, Funktionen der Rechtsprechung – Konfliktlösung im deutschen und englischen Verbraucherprozessrecht –, Mohr Siebeck, Tübingen 2007

KÖNIG, Ute, Zur Bestimmung des Schiedsvertragsstatuts bei fehlender Gesetzesgrundlage nach Inkrafttreten der Rom-1 VO, SchiedsVZ 2012, 129

KOUSSOULIS, Stelios, Beiträge zur modernen Rechtskraftlehre, Carl Heymanns Verlag, Köln 1986

KREINDLER, Richard H., SCHÄFER, Jan K., WOLFF, Reinmar, Schiedsgerichtbarkeit Kompendium für die Praxis, Verlag Recht und Wirtschaft, Frankfurt a.M. 2009

KREMER, Michael J.R., WEIMANN, Thomas, Die Einrede der verarmten Partei – ein Ausweg aus der Schiedsvereinbarung oder bloße Verzögerungstaktik?, MDR 2004, 181

KREMER, Michael J.R., WEIMANN, Thomas, Die Aufhebbarkeit von Schiedssprüchen, insbesondere Zwischen- oder Teilschiedssprüchen über den Anspruchsgrund – Widerspruch zu Prinzipien der Prozessökonomie?, SchiedsVZ 2007, 238

KRÖLL, Stefan, Schiedsgerichtbarkeit im Finanzsektor Anmerkung zu BGH Urteil vom 13. 01. 2009 – XI ZR 66/08, BKR 2009, 161

Kröll, Stefan, Die Entwicklung des Rechts der Schiedsgerichtsbarkeit 2001/2002, NJW 2003, 791

Lachmann, Jens-Peter, Handbuch für die Schiedsgerichtspraxis, 3. Aufl. 2008, Verlag Dr. Otto Schmidt, Köln

Lachmann, Jens-Peter, Zehn Jahre Rechtsprechung zum 10. Buch der ZPO, SchiedsVZ 2009, 9

Larenz, Karl, Methodenlehre der Rechtswissenschaft, 6. Aufl. 1991, Springer Verlag, Berlin

Lederman, Leandra, Precedent Lost: why encourage settlement, and why permit non-party involvement in settlements?,. Notre Dame Law Review 75 (1999), 221, 263.

Lenenbach, Markus, Die Behandlung von Unvereinbarkeiten zwischen rechtskräftigen Zivilurteilen nach deutschem und europäischem Zivilprozeßrecht, Duncker & Humblot 1997

Limbach, Jutta, Das Rechtsverständnis in der Vertragslehre, JuS 1985, 10

Lionnet, Klaus, Lionnet, Annette, Handbuch der internationalen und nationalen Schiedsgerichtsbarkeit, 3. Aufl. 2005, Richard Boorberg Verlag, Stuttgart

Longrée, Sebastian, Wedel, Dominik, Die Entscheidung über die Einrede der Schiedsvereinbarung nach § 1032 Abs. 1 ZPO als finaler verfassungs- und europarechtlicher Kontrollgegenstand – (K)ein Ende des Prozessmarathons im Fall Pechstein in Sicht?, SchiedsVZ 2016, 237

Lorenz, Werner, Die Rechtsnatur von Schiedsvertrag und Schiedsspruch, Archiv der Civilistischen Praxix (AcP), 157, 265

Lühmann, Tobias B., Die Rechtskraft des Schiedsspruchs im deutschen und US-amerikanischen Recht, Mohr Siebeck, Tübingen, 2014

Maier, Hans Jakob, Handbuch der Schiedsgerichtsbarkeit, Verlag Neue Wirtschafts-Briefe, Herne 1979

Maunz, Theodor (Begr.), Dürig, Günter (Begr.), Grundgesetz Kommentar, Band I – Texte, Art. 1–5, Stand 82. EL 2018, Verlag C. H. Beck, München (zitiert als *Bearbeiter* in, Maunz/Dürig, GG, EL, Art Rn.)

Mertens, Bernd, Die Reichweite gesetzlicher Formvorschriften im BGB, JZ 2004, 431

Monheim, Dirk, Das Ende des Schiedszwangs im Sport, -Der Fall Pechstein- SpuRt 2014, 90

Musielak, Hans-Joachim (Hrsg.), Voit, Wolfgang (Hrsg.), Zivilprozessordung mit Gerichtsverfassungsgesetz, Verlag Franz Vahlen, München, 15. Aufl. 2018 (zitiert als: *Bearbeiter* in Musielak/Voit-ZPO[15] (2018), § Rn.)

NICKLISCH, Fritz, Privatautonomie und Schiedsgerichtsbarkeit bei internationalen Bauverträgen, RiW 1991, 89

OSCHÜTZ, Frank, Zur Überprüfung von Schiedssprüchen des TAS/CAS durch das schweizerische Bundesgericht, SpuRt 2007, 177

PALANDT, Otto (Begr.), Bürgerliches Gesetzbuch, Verlag C.H. Beck, München, 76. Aufl. 2017 (zitiert als *Bearbeiter* in Palandt[76] (2017), § Rn.)

PAULUS, Christoph G., Der Anfechtungsprozess, ZInsO, 1999, 242

PFEIFFER, Thomas, Rechtsgeschäftliche Entscheidungsfreiheit bei Abschluss von Schiedsvereinbarungen Bemerkungen zum Pechstein-Urteil des Landgerichts München-I vom 26. Februar 2014, SchiedsVZ 2014, 161

PRAGER, Franz, Schiedsrecht Recht des privaten Schiedsverfahrens, J. Schweitzer Verlag, München 1931

PRÜTTIMG, Hanns (Hrsg.), GEHRLEIN, Markus (Hrsg.), ZPO - Kommentar, 10. Aufl. 2018, Luchterhand, Köln (zitiert als *Bearbeiter* in PG-ZPO[10] (2018), § Rn.)

PRÜTTING, Hanns (Hrsg.), WEGEN, Gerhard (Hrsg.), WEINREICH, Gerd (Hrsg.), BGB - Kommentar, 13. Aufl. 2018, Luchterhand, Köln (zitiert als *Bearbeiter* in PWW[13] (2018), § Rn.)

PRYLES, Michael, Limits to Party Autonomy in Arbitral Procedure, Journal of International Arbitration 2007, 327

QUINKE, David, § 1061 ZPO und der Meistbegünstigungsgrundsatz des UNÜ – Zugleich Anmerkung zu BGH, Urt. v. 8. 6. 2010 (XI ZR 349/08) und BGH, Beschl. v. 30. 9. 2010 (III ZB 69/09) –, SchiedsVZ 2011, 169

RAUSCHER, Thomas (Hrsg.), WAX, Peter (Hrsg.), WENZEL, Joachim (Hrsg.), Münchener Kommentar zur Zivilprozessordnung mit Gerichtsverfassungsgesetz und Nebengesetzen, Verlag C.H. Beck, München, 5. Aufl. 2016/2017 (zitiert als: *Bearbeiter* in MüKo-ZPO[5] (Jahr), § Rn.)

RISSE, Jörg, Undurchführbarkeit der Schiedsvereinbarung bei Mittellosigkeit des Klägers, Ein Kommentar zu BGH, Urteil v. 14.9.2000 - III ZR 33/00, BB 2001, Beilage 6, 9

ROSENBERG, Leo (Begr.), SCHWAB, Karl Heinz (Fortgef.), GOTTWALD, Peter, Zivilprozessrecht, Verlag C.H.Beck, München, 17. Aufl. 2010, 18. Aufl. 2018 (zitiert als *Rosenberg/Schwab/Gottwald,* Zivilprozessrecht[Aufl] (Jahr), § Rn.)

RÜSSMANN, Helmut (Hrsg.), Festschrift für Gerhard Käfer, Juris, Saarbrücken 2009 (zitiert als *Autor,* Titel, FS Käfer (2009), S.)

SÄCKER, Franz Jürgen (Hrsg.), RIXECKER, Roland (Hrsg.), OETKER, Hartmut (Hrsg.), LIMPERG, Bettina (Hrsg.), Münchener Kommentar zum Bürgerlichen

Gesetzbuch, Verlag C.H. Beck, München, 7. Aufl. 2016/2018 (zitiert als *Bearbeiter* in MüKo-BGB[7] (Jahr), § Rn.)

Saenger, Ingo (Hrsg.), Zivilprozessordnung, Nomos, Baden-Baden, 7. Aufl. 2017 (zitiert als *Bearbeiter* in Saenger-ZPO[7] (2017), § Rn.)

Schäfer, Hans-Bernd, Ott, Claus, Lehrbuch der ökonomischen Analyse des Zivilrechts, Springer Gabler, Berlin, 5. Aufl. 2012

Schäfer, Manuela, Verträge zur Durchführung des Schiedsverfahrens Teil 1 und 2, Peter Lang Verlag, Frankfurt am Main 2010

Schiedermair, Gerhard, Buchbesprechung zu Baumbach/Schwab Schiedsgerichtsbarkeit, ZZP 1961, 141

Schiffer, K. Jan, Wirtschaftsschiedsgerichtsbarkeit, Carl Heymanns Verlag, Köln 1999

Schlosser, Hans, Grundzüge der Neueren Privatrechtsgeschichte Rechtsentwicklungen im europäischen Kontext, C.F. Müller Verlag, Heidelberg, 10. Aufl. 2005

Schlosser, Peter F., Das Recht der internationalen privaten Schiedsgerichtsbarkeit, Mohr Siebeck, Tübingen, 2. Aufl. 1989

Schlosser, Peter F., Integritätsprobleme im Umfeld der Justiz – Die Organisation der Rechtsberatung; Schiedsgerichtsbarkeit und Verfassungsrecht – Gieseking Verlag, Bielefeld 1997

Schlosser, Peter F., Anmerkung zu BGH III ZR 33/00m, JZ 2001, 260

Schmidt, Karsten, Das neue Schiedsverfahrensrecht und die Gesellschaftsrechtspraxis, ZHR 1998, 265

Schmidt, Karsten, Gesellschaftsrecht, Carl Heymanns Verlag, Köln, 4. Aufl. 2002

Schmidt-Ahrendts, Niels, Höttler, Philipp, Anwendbares Recht bei Schiedsvereinbarungen mit Sitz in Deutschland, SchiedsVZ 2011, 267

Schroeter, Ulrich, Der Antrag auf Feststellung der Zulässigkeit eines schiedsrichterlichen Verfahrens gemäß § 1032 Abs. 2 ZPO, SchiedsVZ 2004, 288

Schulze, Jörn-Christian, Grenzen der objektiven Schiedsfähigkeit im Rahmen des § 1030 ZPO, Peter Lang, Frankfurt am Main, 2003

Schulze, Reiner, Bürgerliches Gesetzbuch Handkommentar, Nomos Verlag, 9. Aufl. 2017 (zitiert als *Bearbeiter* in HK-BGB[9] (2017), § Rn.)

Schütze, Rolf A., Schiedsgericht und Schiedsverfahren, Verlag C.H. Beck, München, 5. Aufl. 2012

Schütze, Rolf A., Tscherning, Dieter, Wais, Walter, Handbuch des Schiedsverfahrens Praxis der deutschen und internationalen Schiedsgerichtsbarkeit, Walter de Gruyter, Berlin, 2. Aufl. 1990

SCHWAB, Karl-Heinz, WALTER, Gerhard, BAUMBACH, Adolf (Begr.), Schiedsgerichtsbarkeit, Verlag C. H. Beck, München, 7. Aufl. 2005

SEDLMEIER, Kathleen, Rechtsgeschäftliche Selbstbestimmung im Verbrauchervertrag, 2012, Mohr – Siebeck, Tübingen

SOEHRING, Kay, Die Nachfolge in Rechtslagen aus Prozessverträgen, Heymann, Köln 1968

SOERGEL, Theodor (Begr.), Bürgerliches Gesetzbuch mit Einführungsgesetzbuch und Nebengesetzen, Band 11/1, 13. Aufl. 2012, Verlag W. Kohlhammer, Stuttgart (zitiert als *Bearbeiter* in Soergel-BGB[13] (2012), § Rn.)

SOLOMON, Dennis, Die Verbindlichkeit von Schiedssprüchen in der internationalen privaten Schiedsgerichtsbarkeit, Sellier, 2007

STAUDINGER, Julius v. (Begr.), Kommentar zum Bürgerlichen Gesetzbuch mit Nebengesetzen Buch 1 – Neubearbeitung 2012/2015/2017 Buch 2 – Neubearbeitung 2009 Buch 7 – Neubearbeitung 2015, Sellier – de Gruyter, Berlin (zitiert als: *Bearbeiter* in Staudinger BGB (Jahr), § Rn.)

STEINBRÜCK, Ben, Die Unterstützung ausländischer Schiedsverfahren durch staatliche Gerichte, Mohr Siebeck, Tübingen 2009

STEINER, Udo, Das Verhältnis von Schiedsgerichtsbarkeit und staatlicher Gerichtsbarkeit, SchiedsVZ 2013, 15

STELKENS, Paul (Hrsg.), BONK, Heinz Joachim (Hrsg.), SACHS, Michael (Hrsg.), Verwaltungsverfahrensgesetz, Verlag C.H.Beck, 9. Aufl. 2018 (zitiert als: *Bearbeiter* in Stelkens/Bonk/Sachs, Verwaltungsverfahrensgesetz[9] (2018), § Rn.)

STOBER, Rolf, Staatsgerichtsbarkeit und Schiedsgerichtsbarkeit, NJW 1979, 2001

STÜRMER, Philipp Heinrich, Die Vereinbarung von Verfahren privater Streitbeilegung, Kölner Universtitätspublikationsserver, Köln 2008

STÜRNER, Rolf (Hrsg.), Jauernig Bürgerliches Gesetzbuch, Verlag C. H. Beck, 16. Aufl. 2015 (zitiert als: *Bearbeiter* in Jauernig[17] (2018), § Rn.)

SYNATSCHKE, Dagmar, Die Unzuständigkeitserklärung des Schiedsgerichts, Sellier, 2006

TEUFER, Tobias, Alternative Beilegung privater Wettbewerbsstreitigkeiten Katellmediation, Kartellschiedsgerichtsbarkeit und Wettbewerbsvergleich im Spannungsfeld zwischen Privatautonomie und staatlicher Regelung, Peter Lang, Frankfurt a.M. 2006

TRIEBEL, Volker, COENEN, Tilman, Parallelität von Schiedsverfahren und staatlichem Gerichtsverfahren, BB 2003, Beilage Nr. 5 1

VAN DEN BERG, Albert Jan, The New York Arbitration Convention of 1958, T.M.C. Asser Institute, Den Haag 1981

Vogl, Thorsten, Das Schicksal von Schiedsklauseln bei regenloser Einlassung auf den Prozess vor staatlichen Gerichten, RiW 2015, 269

Voit, Wolfgang, Privatisierung der Gerichtsbarkeit, JZ 1997, 120

Vorwerk, Volkert (Hrsg.), Wolf, Christian (Hrsg.), Beck'scher Online Kommentar ZPO, Verlag C. H. Beck, München, 22. Edition (Stand 01.10.2016) (zitiert als: *Bearbeiter* in BeckOK-ZPO[29] (2018), § Rn.)

Wagner, Gerhard, Prozessverträge – Privatautonomie im Verfahrensrecht –, Mohr Siebeck 1998

Wagner, Gerhard, Impecunious Parties and Arbitration Agreements, SchiedsVZ 2003, 206

Wagner, Gerhard, Insolvenz und Schiedsgerichtsverfahren KTS, Zeitschrift für Insolvenzrecht, 2010, 39

Wandt, Manfred (Hrsg.), Reiff, Peter (Hrsg.), Looschelders, Dirk (Hrsg.), Bayer, Walter (Hrsg.), Versicherungsrechts, Haftungs- und Schadensrecht Festschrift für Egon Lorenz zum 80. Geburtstag, Verlag Versicherungswirtschaft GmbH, Karlsruhe, 2014 (zitiert als *Bearbeiter*, Titel, in FS Lorenz (2014), S.)

Westermann, Harm-Peter (Hrsg.), Grunewald, Barbara (Hrsg.), Meier-Reimer, Georg (Hrsg.), Erman, Bürgerliches Gesetzbuch Handkommentar, Verlag Dr. Otto Schmidt, Köln, 15. Auflage 2017 (zitiert als: *Bearbeiter* in Erman BGB[15] (2017), § Rn.)

Wieczorek, Bernhard (Hrsg.), Schütze, Rolf A. (Hrsg.), Zivilprozessordnung und Nebengesetze Großkommentar, Band 11 – §3 916–1066, ZPO De Gruyter, 4. Aufl. 2014 (zitiert als: *Bearbeiter* in GK-ZPO[4] (2014), § Rn.)

Wirth, Christian, Zur Auslegung und Reichweite eines Schiedsspruchs bzw. einer Schiedsvereinbarung – Urteilsanmerkung zu BGH, 13. 1. 2009 – XI ZR 66/08 –, SchiedsVZ 2009, 203

Wolff, Reinmar (Hrsg.), New York Convention Convention on the Recognition and Enforcement of Foreign Arbitral Awards of 10 June 1958 Commentary, C.H.Beck Verlag – Hart – Nomos, München 2012 (zitiert als *Bearbeiter* in New York Convention (2012), Art. Rn.)

Zöller, Richard (Begr.), Zöller Zivilprozessordnung, Verlag Dr. Otto Schmidt, Köln, 32. Auflage 2018 (zitiert als *Bearbeiter* in Zöller-ZPO[32] (2018, § Rn.)

Gebraucht werden die üblichen Abkürzungen, vgl.

Kirchner, Hilbert/Pannier, Dietrich: Abkürzungsverzeichnis der Rechtssprache[7] (2013)

www.ingramcontent.com/pod-product-compliance
Ingram Content Group UK Ltd.
Pitfield, Milton Keynes, MK11 3LW, UK
UKHW020712041026
15590UKWH00002B/623

9 783631 780558